中国社会科学院创新工程学术出版资助项目

理解中国丛书
Understanding China Series

Managing Ethno-national Issues of Road with Chinese Characteristics

中国特色解决民族问题之路

郝时远 著
By Hao Shiyuan

中国社会科学出版社
CHINA SOCIAL SCIENCES PRESS

图书在版编目（CIP）数据

中国特色解决民族问题之路／郝时远著 . —北京：中国社会科学出版社，2015.12

（理解中国丛书）

ISBN 978 – 7 – 5161 – 7143 – 1

Ⅰ.①中… Ⅱ.①郝… Ⅲ.①民族政策—研究—中国 Ⅳ.①D633.0

中国版本图书馆 CIP 数据核字（2015）第 283381 号

出 版 人	赵剑英
责任编辑	王　茵
特约编辑	孙　萍
责任校对	刘　娟
责任印制	王　超

出　　版	中国社会科学出版社
社　　址	北京鼓楼西大街甲 158 号
邮　　编	100720
网　　址	http：//www.csspw.cn
发 行 部	010 – 84083685
门 市 部	010 – 84029450
经　　销	新华书店及其他书店

印　　刷	北京七彩京通数码快印有限公司
装　　订	北京七彩京通数码快印有限公司
版　　次	2015 年 12 月第 1 版
印　　次	2015 年 12 月第 1 次印刷

开　　本	710×1000　1/16
印　　张	23
插　　页	2
字　　数	288 千字
定　　价	85.00 元

凡购买中国社会科学出版社图书，如有质量问题请与本社营销中心联系调换
电话：010 – 84083683
版权所有　侵权必究

《理解中国》丛书编委会

编委会主任： 王伟光

编委会副主任： 李 捷　李 扬　李培林　蔡 昉

编委会成员（以拼音字母为序）：

　　卜宪群　蔡　昉　高培勇　郝时远　黄　平

　　金　碚　李　捷　李　林　李培林　李　扬

　　马　援　王伟光　王　巍　王　镭　杨　义

　　周　弘　赵剑英　卓新平

项目联络： 王　茵　朱华彬

出版前言

自鸦片战争之始的近代中国，遭受落后挨打欺凌的命运使大多数中国人形成了这样一种文化心理：技不如人，制度不如人，文化不如人。改变"西强我弱"和重振中华雄风需要从文化批判和文化革新开始。于是，中国人"睁眼看世界"，学习日本、学习欧美以至学习苏俄。我们一直处于迫切改变落后挨打、积贫积弱、急于赶超这些西方列强的紧张与焦虑之中。可以说，在一百多年来强国梦、复兴梦的追寻中，我们注重的是了解他人、学习他人，而很少甚至没有去让人家了解自身，理解自身。这种情形事实上到了1978年中国改革开放后的现代化历史进程中亦无明显变化，20世纪80、90年代大量西方著作的译介就是很好的例证。这就是近代以来中国人对"中国与世界"关系的认识历史。

但与此并行的一面，就是近代以来中国人在强国梦、中华复兴梦的追求中，通过"物质（技术）批判""制度批判""文化批判"一直苦苦寻求着挽救亡国灭种、实现富国强民之"道"，这个"道"当然首先是一种思想，是旗帜，是灵魂。关键是什么样的思想、什么的旗帜、什么样的灵魂可以救国、富国、强民。一百多年来，中国人民在屈辱、失败、焦虑中不断探索、反复尝试，历经"中学为体，西学为用"、君主立宪实践的失败，西方资本主义政治道路的破产，以及20世纪90年代初世界社会主义的重大挫折，终于走出了中国革命胜利、民族独立解放之路，特别是将科学社会主义理论逻辑与中国社会发展历史逻辑结合在一起，走出了一条中国社会主义现代化之路——中国特色社会主义道路。经过最近三十多年的改革开放，我国社会主义市场经济快速发展，经济、政治、文化和社会建设取得伟大成就，综合国力、文化软实力和国际影响力大幅提升，中国特色社会主义取得了巨大成功，虽然还不完善，但可以说其体制制度基本成型。百年追梦的中国，正以更加坚定的道路自信、理论自信和制度自信的姿态，崛起于世界民族之林。

与此同时，我们应当看到，长期以来形成的认知、学习西方的文化心理习惯使我们在中国已然崛起、成为当今世界大国的现实状况下，还很少积极主动地向世界各国人民展示自己——"历史的中国"和"当今现实的中国"。而西方人士和民族也深受中西文化交往中"西强中弱"的习惯性历史模式的影响，很少具备关于中国历史与当今发展的一般性认识，更谈不上对中国发展道路的了解，以及"中国理论""中国制度"对于中国的科学性、有效性以及对于人类文明的独特价值与贡献这样深层次问题的认知与理解。"自我认识展示"的缺位，也就使一些别有用心的不同政见人士抛出的"中国崩溃论""中国威胁论""中国国家资本主义"等甚嚣尘上。

可以说，在"摸着石头过河"的发展过程中，我们把更多的精力花在学习西方和认识世界上，并习惯用西方的经验和话语认识自己，而忽略了"自我认知"和"让别人认识自己"。我们以更加宽容、友好的心态融入世界时，自己却没有被客观真实地理解。因此，将中国特色社会主义的成功之"道"总结出来，讲好中国故事，讲述中国经验，用好国际表达，告诉世界一个真实的中国，让世界民众认识到，西方现代化模式并非人类历史进化的终点，中国特色社会主义亦是人类思想的宝贵财富，无疑是有正义感和责任心的学术文化研究者的一个十分重要的担当。

为此，中国社会科学院组织本院一流专家学者和部分院外专家编撰了《理解中国》丛书。这套丛书既有对中国道路、中国理论和中国制度总的梳理和介绍，又有从政治制度、人权、法治，经济体制、财经、金融，社会治理、社会保障、人口政策，价值观、宗教信仰、民族政策，农村问题、城镇化、工业化、生态，以及古代文明、文学、艺术等方面对当今中国发展的客观描述与阐释，使中国具象呈现。

期待这套丛书的出版，不仅可以使国内读者更加正确地理解一百多年来中国现代化的发展历程，更加理性地看待当前面临的难题，增强全面深化改革的紧迫性和民族自信，凝聚改革发展的共识与力量，也可以增进国外读者对中国的了解与理解，为中国发展营造更好的国际环境。

2014 年 1 月 9 日

前　言

从延安走来

在世界上，国民结构为多民族、多族裔（移民）的国家比比皆是。但是，像中国在宪法中申明"统一的多民族国家"则并不多见。为什么中国会形成统一的多民族古老国家？这是一个十分独特的历史故事；如何治理一个现代的、统一的多民族国家？也是一个非常复杂的现实问题。自秦汉建立统一的中原王朝至清朝覆灭，在两千多年的几十个朝代更迭中，中国延续了统一的多民族国家的古代历史；在近代遭受了当时世界上帝国主义列强的侵略，在一个世纪之久的存亡绝续危难中，中国维护了统一的多民族国家的现代格局。这种历史经历在世界范围内十分罕见，这是了解中国，尤其是理解"中国特色"不可或缺的基本前提。统一象征着稳定、牢固的国家体制，多民族意味着存在长期、复杂的民族关系。在这样一个民族多样的统一国家中实现现代的繁荣发展，必须具备有效处理和正确解决民族问题的国家治理能力。当代中国特色解决民族问题的道路抉择、制度设计、政策指向，并非出自高文典册的庙堂之中，而是源自黄土高原窑洞的烛光之下。所以，"延安的经验在中共历史上是极其重要的"[1]。

---

[1] ［美］徐中约：《中国近代史：1600—2000，中国的奋斗》，计秋枫、朱庆葆译，茅家琦、钱乘旦校，世界图书出版公司2008年版，第480页。

一

1947年3月，中国的北方春寒料峭。经历了寒冬的黄土高原，大地尚未复生，沟壑中仍残留着冰雪。不过，按照陕北农村的传统，春节过后的农民已经开始整理耕具，准备迎接新一年的耕耘。然而，在陕北腹地的一个小山城，此刻迎来的却不是一年一度的春忙，一片关系中国前途命运的战争乌云已逼近这个举世闻名的"红色之都"——延安。这里是中国共产党在战争年代历时最长的政治和军事指挥中心，是中国共产党绘制国家独立、民族复兴蓝图的发源地，也是中国共产党承前启后、继往开来建立统一的多民族社会主义国家，制定解决民族问题基本政策的根据地。

自1921年中国共产党成立，中国形成了以执政的国民党和在野的共产党为代表的政党政治格局。在此后的十多年间，立足于中国工农革命的共产党不断壮大，建立了自己的武装——中国工农红军。这支新兴的政治力量，于1931年在江西瑞金建立了革命根据地，成立了中华苏维埃共和国，颁布了《中华苏维埃共和国宪法大纲》（以下简称《宪法大纲》），宣布"在苏维埃政权领域内的工人，农民，红军兵士及一切劳苦民众和他们的家属，不分男女，种族（汉、满、蒙、回、藏、苗、黎和在中国的台湾、高丽、安南人等），宗教，在苏维埃法律前一律平等，皆为苏维埃共和国公民"[1]。这是中国共产党对中国未来提出的宪法原则之一。

---

[1] 《中华苏维埃共和国宪法大纲》，载中共中央统战部《民族问题文献汇编》，中共中央党校出版社1991年版，第166页。

在这份《宪法大纲》中，中国共产党提出了解决国内民族问题的政治主张："中国苏维埃政权承认中国境内少数民族的民族自决权，一直承认到各弱小民族有同中国脱离，自己成立独立的国家的权利。蒙古、回、藏、苗、黎、高丽等，凡是居住在中国地域内，他们有完全自决权：加入或脱离中国苏维埃联邦，或建立自己的自治区域。中国苏维埃政权在现在要努力帮助这些弱小民族脱离帝国主义、国民党、军阀、王公、喇嘛、土司等的压迫统治而得到完全自主，苏维埃政权更要在这些民族中发展他们自己的民族文化和民族语言。"[①]显然，承认国内少数民族自决权、组建联邦国家的构想源自苏联。

作为以马克思列宁主义为指导思想的中国共产党，在政权草创时的《宪法大纲》中借鉴苏联宪法的文本并不奇怪，在当时的历史条件下也不可避免。自1922年中共加入共产国际之后，接受共产国际的领导和向苏联共产党学习是基本原则，中共的党纲、政纲，包括解决民族问题的政治主张，都源自共产国际的指示，甚至直接由共产国际派驻中共的苏联代表起草。但是，这并不影响中共立足国情实际、探索中国革命和建设国家的自主性，包括探索符合中国实际的解决民族问题的正确道路。对中国正在发生的革命，无论是哪一种政治力量，只有立足中国的国情才能取得革命的成功，多民族即是中国最重要的基本国情之一。中共对国内少数民族及其社会情况的直接认识，是在中国工农红军身陷逆境、被迫长征的过程中实现的。

1934年，面对国民党对中共根据地的第五次重兵围剿，中共领导机构和红军不得不放弃江西等地的根据地，开始了可歌可泣、艰苦卓绝的战略转移。这支完全徒步行进的政权和军队，在装备精良的国

[①]《中华苏维埃共和国宪法大纲》，载中共中央统战部《民族问题文献汇编》，第166页。

民党军队围追堵截的枪林弹雨、狂轰滥炸中，跨越了十一个省份，行程两万五千里（1.25万公里），经历了九死一生的考验。其间，红军经过了广西、贵州、云南、四川、西康、甘肃、宁夏等少数民族聚居的地区，与苗、瑶、侗、布依、土家、白、纳西、彝、藏、羌、回等众多少数民族接触，初步认识了他们的社会状况、经济类型、语言文化、宗教信仰、生活习俗等特点。红军以尊重当地风俗习惯、平等相待、公平交易、保护宗教的实际行动，赢得了少数民族的信任，传播了各民族一律平等、反对民族歧视、反对民族压迫的政治主张，为形成中国共产党的民族政策奠定了实践的基础。

二

1935年10月，3万多名饱经风霜、衣衫褴褛的红军将士抵达陕北。延安，这一贫困偏僻的黄土高原山城，成为中共在存亡绝续的危难中重整旗鼓的新根据地。红军到达延安的这一年，正值中国、中华民族国难当头的危急时刻：在民间，电影《风云儿女》的主题歌《义勇军进行曲》唱响了"中华民族到了最危险的时候"；在苏联，中共驻共产国际的代表团以中华苏维埃政府和中国共产党中央的名义发表了《为抗日救国告全体同胞书》；在延安，毛泽东发表了题为《论反对日本帝国主义的策略》的讲话；等等。延安，正在成为动员全国人民抵抗日本帝国主义侵略的北方政治中心。

自1931年日本帝国主义发动"九一八"事变之后，中国的"东三省"沦为日本的殖民地，出现了日本帝国主义制造的"满洲国"。1933年，日军占领连接东北和华北的热河省，将其纳入所谓"满洲国"的统治。1935年日本关东军将侵华战争之火引向了中国的华北平原，企图制造脱离中国政府的"华北自治"。而此刻的国民党南京政府，依然在抗日和"剿共"的利益权衡中置国家与民族危亡的局势于不顾，陷在蒋介石"攘外必先安内"的泥沼中难以自拔。这也决定了中共必然成为动员全国人民奋起抗日的中坚力量，其中包括中共对边疆少数民族地区反抗帝国主义侵略、肢解、分裂斗争形势的高度关注。

1840年清王朝在鸦片战争中失败以后，中国沿海地区门户洞开，帝国主义势力依仗船坚炮利的优势，通过一系列不平等条约从中国攫取利益，进而交相从陆路边疆的云南、西藏、新疆、蒙古和东北地区入侵中国。进入20世纪，在帝国主义列强环伺下的中国犹如一席东方的"盛宴"，陷入了被蚕食、鲸吞、肢解和分裂的危机之中。特别是辛亥革命推翻清王朝的统治之后，中国的边疆危机接踵而至。1911年沙俄策动外蒙古活佛宣布建立"大蒙古国政府"，1914年英国通过"西姆拉会议"制造"西藏独立"，1932年日本在东三省建立"满洲国"，1933年在英国支持下新疆一度出现"东突厥斯坦伊斯兰国"。1935年日本关东军拉拢内蒙古的德王，启动的建立"蒙古国"计划，成为日本全面实施"欲征服中国，必先征服满蒙"侵华战略的信号。而且，当时长期对中国西北地区渗透的日本军国主义组织"黑龙会"，也在宁夏展开了建立"回回国"的特务活动。[①] 中国处于被分裂的危险边缘。

中共敏锐地洞察到日本帝国主义利用民族问题分裂中国的阴谋，预见到日本发动全面侵华战争的危局，到达延安后率先发表了《中华苏维埃中央政府对内蒙古人民宣言》，这是中共在延安针对边疆少数民族地区发表的第一份团结抗战的宣言书，它明确提出在反对帝国主

---

① 《中共中央西北工作委员会关于回回民族问题的提纲》，载中共中央统战部《民族问题文献汇编》，第165页。

义、封建压迫和官僚资产阶级统治的人民解放斗争中,"首先就是要帮助解决内蒙古民族的问题"的任务。[①] 中共坚决主张停止一切内战、共同抗日,号召建立全国的抗日民族统一战线。其中,动员少数民族共同抗日是结成最广泛的抗日民族统一战线的题中之义。

在日本帝国主义发动全面侵华战争之际,欧洲正处于第二次世界大战的前夜,德国纳粹的崛起及其野心已昭然若揭。然而,直到1936年德国和意大利建立"柏林—罗马轴心",英、法等大国仍在《凡尔赛条约》的框架下,处于结盟签约、寻求妥协的绥靖政策之中。东方的亚洲、中国正在发生什么,欧洲人并不知晓,所以也没有人料到第二次世界大战在欧洲爆发后,发动全面侵华战争的日本会立刻加入法西斯轴心。1936年的岁末,世界终于关注了中国,国民党将领张学良、杨虎城发动了抗日救国的"兵谏",扣押了蒋介石。在这一震惊中外的"西安事变"发生后,中共在和平解决这一事件中发挥了主导作用,也因促成停止内战、国共合作、共同抗日而声名远扬。

三

在中共进入国际视野的同时,美国记者埃德加·斯诺(Edgar Snow)正在整理他的延安采访经历。埃德加·斯诺作为第一位访问延安、采访毛泽东等中共领导人的外国记者,他的初衷就是想了解长期为媒体封锁且被妖魔化的"中共""红军""苏维埃"究竟是些什么样的人、他们的主张是什么、他们正在做什么。1937年10月,他的

[①] 《中华苏维埃中央政府对内蒙古人民的宣言》,载中共中央统战部《民族问题文献汇编》,第322页。

种模糊的看法。而这种看法对目前和将来的内蒙古革命事业是不利的。因此，必须实事求是地认真学习、认清中国共产党及其民族政策，了解内蒙古革命与中国共产党的关系及其历史事实。"① 近70年后的今天，这段话无论对中国还是对世界仍然具有现实意义。如果说内蒙古自治区的成立是中共民族政策从延安开始结出的一个硕果，那么新中国成立以来，中国的民族政策已经形成以国家基本政治制度为载体、以《中华人民共和国民族区域自治法》为保障的涉及政治、经济、文化和社会各个领域的完整政策体系。

对此，2014年，习近平总书记在中央民族工作会议上，把这套法律、制度、政策高度凝练地概括为"中国特色解决民族问题的正确道路"，这是中国共产党立足于"尊重历史、符合国情、顺应人心"做出的历史抉择，是中国特色社会主义道路的有机组成部分。在世界范围，中国和中华民族的"历史传统、文化积淀、基本国情不同，其发展道路必然有着自己的特色"，即"中国特色";② 中国特色社会主义，"是科学社会主义理论逻辑和中国社会发展历史逻辑的辩证统一，是根植于中国大地、反映中国人民意愿、适应中国和时代发展进步要求的科学社会主义，是全面建成小康社会、加快推进社会主义现代化、实现中华民族伟大复兴的必由之路"③。因此，了解中国特色解决民族问题正确道路的历史基础，理解这条道路的先进理念，认知这条道路的实践成效，是全面理解中国不可或缺的一个面向。

---

① 乌兰夫:《中国共产党是全国各族人民利益的代表者》，载内蒙古乌兰夫研究会编《乌兰夫论民族工作》，中央文献出版社2013年版，第51页。
② 习近平:《把宣传思想工作做得更好》，载《习近平谈治国理政》，外文出版社2014年版，第155页。
③ 习近平:《毫不动摇坚持和发展中国特色社会主义》，载《习近平谈治国理政》，第21页。

第 一 章

历史基因:统一的多民族国家

中国清代著名思想家龚自珍说:"欲知大道,必先为史。灭人之国,必先去其史。"所谓"大道",其实就是规律,而规律是通过历史过程验证的必然趋势。所以,历史过程是一个民族、一个国家的根基,如同人类传承的基因。"一个民族最深沉的精神追求,一定要在其薪火相传的民族精神中来进行基因测序。"[1] 无视历史过程,就难以理解现实,也就不能展望未来。所谓"灭人之国,必先去其史",就是通过毁诽、丑化、抹杀一个民族、一个国家的历史,造成历史虚无主义的自嘲、自卑和自弃,从而亦步亦趋地仰慕、屈从、追随他者,最终失去了自我。从这个意义上说,知人之国,也必先知其史,知其大道。因此,了解中国形成统一的多民族国家的历史,是认识中国、理解中国特色解决民族问题正确道路的基础。

---

[1] 习近平:《在亚欧大陆架起一座友谊合作之桥》,载《习近平谈治国理政》,第283页。

一 "五方之民"共天下

中国,是世界上唯一没有中断古老文明的东方大国,这在世界古代文明发展史上可谓绝无仅有。因此,解读中国古代文明的绵延传承也绝非轻而易举。但是多样性构成了统一性,"大一统"包容了多民族,无疑是"中国特色"的历史背景。在中国远古的历史中,文明发祥具有类型多样性、分布广泛性的特点。在当代中国的地理版图内,已发现的远古人类化石遗迹数以百计,旧石器时代的文化遗址数以千计,而新石器时代的文化遗址则数以万计。这些分布广泛的人类文明遗迹,反映了中华文明多源多流的历史格局。

从中国新石器时期各个文化系统的分布、交汇和传承情况来看,它们与早期人类群体的关系大体上可以勾画出这样的脉络:在仰韶文化及其发展出来的龙山文化基础上,逐渐形成了华夏人群;在大汶口文化及其发展出来的山东龙山文化基础上,逐渐形成了东夷人群;在河姆渡文化、马家浜文化、良渚文化、大溪文化、屈家岭文化以及南方其他新石器文化的基础上,逐步形成了南蛮人群;在新乐下层文化、富河文化、红山文化以及北方其他新石器文化基础上,逐渐形成了北狄人群;在马家窑文化和西部其他新石器文化基础上,逐渐形成了西戎人群。这就是先秦历史概括的"五方之民"。

在中国传统的"天圆地方"宇宙观中,"五方之民"共天下。其中"居天地之中者曰中国,居天地之偏者曰四夷"[①]。华夏之属为

[①] (宋)石介:《中国论》,《徂徕集》卷十,四库全书。

"中间之国"或"中心之国",位居四方的群体统称为"夷",这是古代中国最早的"中心—边缘"观。据文献记载:"五方之民"各有特性,他们的资质才艺因居住的自然地理环境不同而相异,他们的饮食、衣着、民居、器物、工具各不相同,价值观念和行为方式也不一样,"五方之民,言语不通,嗜欲不同",相互之间的交往需要翻译。① 这段描述,可以说是中国古代文献对人类群体文化多样性最早的民族志记录。这些群体之间表现出的不同文化因素,正是古今中外识别不同人类群体最基本的要素。这类群体,在中国古代汉语中统称为"民族"。

在中国的文化传统中,人以群分、物以类聚是最基本的分类标准,称为"类族辨物",即以"族"作为自然万物的分类口径,如水中的生物归为"水族",鸟禽之属称为"羽族",等等。对人类则区分为家族、氏族、宗族、部族和更加广义的民族。人类社会群体形式的发展,经历了由家庭扩展而成的具有血缘关系的氏族、部落,具有地缘联系的部落联盟、酋邦,诸侯林立的城邦国家,进而形成君主统治或皇权至上的帝国,这是人类社会群体形式和古代国家形态演进的一般规律。

正如世界各民族都有远古祖先的神话传说一样,中国也有"盘古开天地""三皇五帝"的历史记述。根据历史文献和考古资料,中国古代纪年的历史,大约可追溯到公元前 2000 年的夏代。在夏、商、周的传承中,夏代一般被认为属于部落联盟的酋邦时期,商代以殷墟古城遗址、甲骨文和青铜礼器(鼎)而著称于世,周代的西周时期(公元前 11 世纪—前 8 世纪)则是以礼乐制度折服天下诸侯的时代,

---

① 《礼记·王制第五》,《十三经注疏》。

"周礼"成为统治权威合法性和人伦仪轨的制度标准。东周时期（公元前770年—前221年），是中国的春秋战国时代，周天子之于诸侯"共主"的权威地位已被束之高阁，思想激荡、百家争鸣，各个强势的诸侯国开始争夺继承"周礼"的法统地位，最终形成七国争霸的局面。

在"周礼"的思想体系中，地处中原农业社会的华夏对周边"四夷"的天下共处之道，概括为"修其教不易其俗，齐其政不易其宜"①。意思是说以中原的文化礼仪教化四方，要入乡随俗；以中原的政令法律统一四方，要因地制宜。可以说，这是一种相当开明的思想。在实践中，"修其教"之"礼义"、"齐其政"之"刑禁"产生的正统观念，成为"夷夏之辨"的分类认同标准。遵循和维护"周礼"，"蛮夷"可变"华夏"，反之"华夏"也可视为"蛮夷"。因此，在春秋战国时期，展现了中原"诸夏"争霸、"四夷"内化为"夏"的激烈互动过程。当时，所谓"周之同姓诸侯而克永世者，独有燕在焉"，而"吴、楚、秦、越皆蛮夷之国"②。秦国即是吸收了西戎成分的诸侯大国。

二 秦汉王朝"大一统"

公元前221年，秦始皇统一了中国的中原地区，建立了秦王朝。这一王朝与一百多年后欧洲出现的罗马帝国大相径庭，这是一个内向统一的王朝，而非外向扩张的帝国。秦王朝针对战国时期"田畴异

---

① 《礼记·王制第五》，《十三经注疏》。
② （清）王植：《皇极经世书解》卷六，"观物内篇"，《四库全书》。

亩、车涂异轨、律令异法、衣冠异制、言语异声、文字异形"的社会异质性，[①] 实行了一系列社会整合的制度和政策，如"书同文""车同轨"、统一度量衡、制定统一的国家律法等，开启了中国统一的国家历史，加速了中原地区华夏群体的整合，其中文字的统一对中国社会产生的影响尤为深刻。从古至今，构成中国人口主体的汉族（Han）就是在此基础上形成的。

然而，通过对外军事征服建立的罗马帝国，虽然先后建立了数以百计的行省，但是它"摧毁所有的城邦制度，同时又不设立任何的组织。它取消各处的制度，却又不给当地带去制度。他们甚至没有想过为当地人创立可用的新制度。罗马没有用于帝国全体民众的宪法，也没有订立一些固定的条例来治理他们"[②]。秦王朝奠定的皇权统治制度，为其后继者汉代所承袭、发展和完善，成为中国封建王朝传承的稳定国家制度体系。而罗马帝国崩解之后，虽然留下众多的露天剧院、引水渠、凯旋门、罗马柱等物化标志，但是却没有直接的王朝继承者，从东、西罗马帝国到神圣罗马帝国，不过是欧洲列强竞争中交相攀附的"罗马化"标签，罗马帝国治下的臣民没有整合为一个"罗马民族"。

秦王朝统一中国及其对社会的一体化统治，对形成中国的主体文化产生了重大作用。对这种文化主体性特别是以儒家学说为核心的政治文化的认同、传承和维护，成为中国王朝继承的合法性标志。在这一历史过程中，周边的"四夷"所包含的各类群体，也经历着从氏族、部落到民族共同体的整合过程，并在中原农业文明的扩散性影响

---

① （汉）许慎：《说文解字》，中华书局1963年版，第315页。
② ［法］库朗热：《古代城邦——古希腊罗马祭祀、权利和政制研究》，谭立铸等译，广西师范大学出版社2006年版，第350页。

下，在经济文化生活的互动中，不断融入农业社会、融入汉族之中，这一现象历朝各代从未中断。中国的传统文化产生了在礼教、制度、政令、法律统一条件下包容多样性的观念。

秦王朝是建立在农业文明基础上的皇权至上封建王朝，它开启了中国"大一统"的国家历程。几乎与此同时，公元前209年，北狄之属的匈奴以冒顿为单于，统一了北方草原各个游牧部落，建立了草原帝国。自此以后，中国北方游牧民族与中原农业民族之间的互动关系，成为中国封建王朝兴衰嬗替进程中最重要的因素。农业社会对役畜（牛、马、骆驼）和皮革、羊毛、肉食等畜牧业产品的需求，游牧社会对铁器、布帛、粮食和手工业产品的渴望，使这两种文明之间形成了经济、社会发展相互依存的互补关系，尽管这种互补关系往往伴随着战争的形式，但这是那个时代必然的特征。秦朝及其后继者大规模地修筑长城，目的就是为了防御北方游牧民族的侵扰。

中国的万里长城，作为世界文明的奇迹几乎无人不晓。这条源自春秋战国、完善于秦汉时期、延续到明代修建的防御工事，横贯中国北方、蜿蜒万里、历经岁月沧桑。在国外对中国历史的研究中，存在所谓"长城之外非中国"的观点，这种以现代国家的边界观念去认识古代中国历史疆域的看法，是对中国形成统一的多民族国家的误解。其实，差不多与中国秦汉长城同一时代，欧洲也出现了防御蛮族侵袭的哈德良长城、上日耳曼—雷蒂安边墙。不过，在欧洲史的研究中不会有人把这些古代军事设防与现代意大利或者英国、德国的领土边界混为一谈。这些罗马帝国扩张时期的军事防御设施，随着帝国的崩解而留在了异国他乡。中国的长城，随着北方游牧民族入主中原而永存于中国。这就是中国不同于其他国家的史证之一。

中国的国家形成过程，是一个以中原地区农业社会为中心、周边

"四夷"不断融入的过程。所谓周边"四夷"的"内附"之说，就是一个内向吸引、凝聚的过程。所以，西方世界对中国的认识，也是建立在经济贸易和文化交流基础之上，而非穷兵黩武、对外扩张的声威。公元 1 世纪的中国东汉时期，从中国古都长安（今西安）起步的"丝绸之路"（Silk Road），成为最早连接东方和西方的经济文化纽带。当时，希腊人克罗狄斯·托勒密（Claudius Ptolemaeus）所撰《地理书》中的东方秦尼国（Sinae）、赛里斯国（Serice），就是指中国之地。汉朝是中国封建王朝体制趋于完善、定型的时代，它最终消除了北方匈奴游牧帝国的长期挑战，匈奴南北分裂，南匈奴归附汉朝，内徙汉地，逐步融合于汉族之中；北匈奴遁走西方，推动了欧亚草原的民族大迁徙。有人认为，公元 5 世纪出现在东、西罗马城下的"上帝之鞭"——阿提拉（Attila）所统领的匈人（Hun），属于西迁匈奴的后裔。

汉朝之后的中国，经历了几个世纪的群雄争霸，除了举世闻名的"三国演义"外，魏晋南北朝的"六朝"格局伴随着五胡十六国，掀起了争夺中国王朝权力的大动荡，揭开了中国"五方之民"新一轮激烈互动"争天下"的历史。越过长城、内徙中原的北狄、西戎等族系的游牧民族，交相打出汉室宗亲的旗号，加入了争夺天下统一的行列。作为北方游牧帝国的继承者，鲜卑人占据了匈奴留下的空旷草原，进而统治了中国北方，建立了北魏王朝。避祸南迁的中原汉族士绅、商贾、手工业者和农民，在定都于建康（今南京市）的南朝（宋、齐、梁、陈四朝）统治下，对长江以南的经济、文化和社会发展产生了重大推动作用，其中包括对"五方之民"南蛮族系各群体的政治、经济、文化和社会生活影响。

中国南北朝时期，也是欧洲的东、西罗马时代。不过，中国在经历近4个世纪的割据分裂状态后，出现了隋唐的大统一。而在欧洲，西罗马帝国的疆域已经被日耳曼族系的部落所瓜分，如同伏尔泰（Voltaire）的生动描述："优美的拉丁语被20种蛮族的土语所取代。……各行省的竞技场、圆形剧场换成了茅屋。"① 同时，伊比利亚半岛大部陷于摩尔人统治，拜占庭帝国则因伊斯兰哈里发帝国的崛起而丧失了对北非的统治。

三　不修长城的唐王朝

公元7世纪，中国进入了唐朝大一统的时期，唐朝皇室几乎一半的血统来自北狄、西戎族群。唐朝继承了秦汉大一统的王朝体制，但是放弃了秦汉修筑长城的传统。其实，长城在中国的历史进程中经常只是农耕社会"围墙经济"的放大，正如著名汉学家拉铁摩尔所说：中国长城内外的"经济差异并没有形成政治上的隔绝。虽然费了很大的力气将长城造起来，边疆却从来没有一条绝对的界限"②。这是一条农耕社会与游牧社会之间的"资源界线"。尤其是在鲜卑人建立北魏王朝之后，秦汉统一的"华夏帝国"已转变为"中原王朝"，唐朝即是"一个接纳、混合各方传统的新王朝"③。中原王朝代表着中国自秦汉统一以后的权力正统，但是谁来做皇帝则不再限于是"夏"是

---

① ［法］伏尔泰：《风俗论》上册，梁守锵译，商务印书馆1995年版，第308页。
② ［美］拉铁摩尔：《中国的亚洲内陆边疆》，唐晓峰译，江苏人民出版社2005年版，第45页。
③ 王明珂：《游牧者的抉择：面对汉帝国的北亚游牧部族》，广西师范大学出版社2008年版，第223页。

"夷"或血统是否纯正。唐朝的中国人留给世界的印象是"唐人"。今天在欧美等国普遍存在的"中国城"（Chinatown），传统的表述通常是"唐人街"。

不修长城的唐朝，的确开创了一个繁盛开放的时代，昔日的丝绸之路呈现了商旅熙攘、驼铃交响、络绎不绝的繁荣景象，这是东西方经济、文化交流的一个高潮。佛教在汉代传入中国，基督教、伊斯兰教则在唐朝接踵而至，包括犹太人、阿拉伯人、波斯人以及中亚的各类"胡人"定居于中国，这无不得益于中国社会文化环境的开放和包容。不过，对西方而言，丝绸之路上那些青史无名的各色商旅驼队、传教士、游历者，并没有留下多少中国经历的记载。除了丝绸、瓷器等产品外，中国究竟是什么样的国家，对西方、对世界仍是一个谜。

斯塔夫里阿诺斯（L. S. Stavrianos）认为："游牧民—定居者、排斥—吸引的紧张关系正是几千年人类历史的中心机制。"[①] 这在中国的历史进程中也不例外。但是，中国古代王朝的兴衰除了这种规律外，还包括阶级社会本身无法克服的内在机理，即阶级矛盾及其所由产生的民族矛盾。每一个王朝的建立，大都有其兴盛或开明的发展阶段，也不乏武功文治的中兴时期，但是最终不可避免地因阶级矛盾、权力斗争、官僚腐败、经济崩溃、外敌入侵等原因而走向衰败。中国经历了盛唐阶段之后，再度走上了新一轮的裂变和统一过程。其中，游牧民族的袭扰及其在内地拥兵自立、挑战皇权的冲突尤为激烈。

公元 10 世纪初唐朝覆灭之后，长期与唐朝争雄的吐蕃王朝也随之衰落，中国进入了五代十国、北宋、辽、南宋、金王朝的更迭过

---

① ［美］斯塔夫里阿诺斯：《远古以来的人类生命线》，吴象婴等译，中国社会科学出版社1992年版，第102页。

程。其中契丹人建立的辽朝、女真人建立的金朝，都类似鲜卑人建立的北魏王朝，实现了中国北方地区的统一。当时，西北地区党项人建立的西夏王朝也趁势而起，在今天中国的宁夏地区留下了以西夏王陵、西夏文为代表的历史文化遗产。这一延续两个世纪的过程，随着1206年成吉思汗在北方草原建立蒙古游牧帝国而告结束。游牧社会是一种流动的"草原行国"。著名历史学家汤因比（Arnold Joseph Toynbee）曾说："所有由游牧民族的征服者所建立起来的帝国一般说来都很快就衰颓下去，还没有成长就已经死亡。"① 这是一个普遍的事实。但是每一个游牧帝国留给世界，包括留给中国的影响却不尽相同。成吉思汗留给世界的是一幅兵锋直抵维也纳城下的庞大蒙古帝国的想象"版图"，而忽必烈留给中国的则是元朝疆域之内的真实领土。

四　元王朝奠定中国历史疆域

公元13世纪的世界，在因海洋隔绝的各大陆之间，人们的相互认知十分有限。即便欧亚大陆之间的丝绸之路，也不是一条安全畅通的坦途。沙漠戈壁的严酷，漫长旅途的煎熬，使充满商机和利润的希冀，始终伴随着死亡的挑战。何况这条道路不仅经常受到轮番崛起于内亚草原游牧民族铁骑的袭扰、劫掠和控遏，而且"欧亚之门"也曾在几个世纪中被崛起于中东、扩张到西亚和中亚地区的伊斯兰帝国势力所控制。"直到13世纪，蒙古人征服了从太平洋到波罗的海和黑海的整个欧亚大陆时，才有了再一次重新打开陆路，从而为中世纪的马

---

① ［英］汤因比：《历史研究》，曹未风等译，上海人民出版社1966年版，第216页。

可波罗及其同行商人扫清道路的可能。"① 这些蒙古人不仅是内亚草原游牧社会兴衰嬗替历史的继承者和终结者,而且也建立了中国自秦汉以来疆域最辽阔的"中原大国",② 即元朝。

在元朝建立以前,匈奴、鲜卑、柔然、回鹘、突厥、契丹、女真等北方游牧民族,一波又一波地跨越了长城,包括来自西南的吐蕃、西北的西夏,建立了众多的政权和王朝,大都形成了问鼎中原的力量,但是也大都以融入中国主流文化的结局而告终。鲜卑人建立的北魏王朝,最终以主动着汉装、讲汉语、改汉姓、行汉俗而融入了汉族之中。契丹建立的辽朝、女真建立的金朝,都以中原王朝的规制实施"因俗而治"的统治,而且利用汉字的形态和笔画创制了契丹文、女真文。迁入中原的契丹人、女真人在元朝被视为汉人,最终也消融于汉文化之中。

这些王朝虽然没有实现统一中国的目标,并非没有这个愿望而是能力不济,但是它们都载入了中国古代官修的王朝编年史(《二十四史》)。其他强势的政权,如吐蕃、西夏,同样与中原王朝形成了密不可分的政治、经济和文化关系,著名的西夏文也是模仿汉字形制和笔画创制的。利用汉字创制符合本民族语言表达习惯的文字,在南蛮之属的群体中也十分多见,如壮、瑶、苗、白、水等民族中的方块字。不仅如此,蒙古人的文字是在成吉思汗时代借助回鹘文字母创制的,而忽必烈建立元朝后又利用吐蕃字母创制了方体字型的官方八思巴蒙古文。"五方之民"及其后裔在政治、经济、文化和社会生活方面的

---

① [美]斯塔夫里阿诺斯:《全球通史:1500年以前的世界》,吴象婴、梁赤民译,上海社会科学院出版社1988年版,第137页。
② (宋)富弼:《上神宗答诏问北边事宜》,(宋)赵汝愚编《宋名臣奏议》卷一三七,"边防门·辽夏九",《四库全书》。

《红星照耀的中国》(*Red Star over China*，又名《西行漫记》) 在伦敦出版。这部著作，"对于树立成长中的中国共产党在西方的正面形象，有着无可比拟的重要意义"[1]，为世界认识中国、认识中共及其领导的解放事业，刻画了具有划时代意义的生动形象。

世界开始关注中国，目光开始聚焦延安。继埃德加·斯诺之后，延安几乎成了一个"国际化"的山城，一批又一批的外国记者、医生、学者、专家相继来到延安，或观察采访，或投身工作。诸如美国记者艾格尼丝·史沫特莱（Agnes Smedley）、加拿大医生诺尔曼·白求恩（Norman Bethune）、德国记者汉斯·希伯（Hans. Shippe）、印度医生柯棣华（Kwarkanath S. Kotnis）、英国记者詹姆斯·贝特兰（James Bertram）、美国汉学家欧文·拉铁摩尔（Owen Lattimore）、英国学者林迈克（Mical Lindsay）、新西兰专家路易·艾黎（Alley Rewi）、美国医生马海德（George Hatem），以及1946年来延安采访毛泽东的美国作家安娜·路易斯·斯特朗（Anna Louise Strong），等等。他们通过耳濡目染的观察、采访和交流互动，甚至投身中国革命的无私奉献和流血牺牲，为中国人民的解放事业做出了重要贡献，为世界理解中国、支持中国的正义事业留下了不可磨灭的历史记录。

经历了两次大革命失败的挫折和艰难困苦的长征之后，延安时期的中共在抗日战争这一事关国家危亡、民族生存的政治主题中，对中国人民的解放事业展开了新的思考。这是一个在延安窑洞烛光下产生思想的时期。中共对历史经验和教训的系统总结，为探索中国革命的客观规律，形成具有中国特色的马克思列宁主义奠定了基础，毛泽东在凝聚、提炼和阐释全党的思想智慧方面居功至伟。用埃德加·斯诺

---

[1] ［澳］马克林：《1949年以来中国在西方的形象》，张勇先、吴迪译，香港中和出版有限公司2013年版，第36页。

的话来说，毛泽东对中国的人民大众特别是对"占中国人口绝大多数贫穷饥饿、受剥削、不识字，但又宽厚大度、勇敢无畏、如今还敢于造反的"农民的"迫切要求做了综合和表达"。斯诺认为，假如农民的这些诉求在中共的领导下成为"可以复兴中国的动力，那末，在这个极其富有历史性的意义上，毛泽东也许可能成为一个非常伟大的人物"①。事实证明了这一具有预见性的论断。

埃德加·斯诺在采访毛泽东的时候，也涉及了中共对少数民族的政策。虽然在中共早期解决民族问题的政治纲领中，一直显现着苏联的联邦建国身影，但是少数民族"在中华苏维埃共和国之内成立自治区"② 同样是中共解决民族问题的道路选项。毛泽东对斯诺说明抗日战争的政策目标时，专门指出了内蒙古地区的前景："至于内蒙古，这是蒙汉杂居的地区，我们要把日本赶出那里，并帮助内蒙古建立一个自治的政府。"③ 这不仅是一个政策宣示，而且已经开始在中共领导的陕甘宁边区付诸实践。

以延安为政治中心的陕甘宁边区，包括了陕西北部、甘肃东部和宁夏的部分区域，面积约 13 万平方公里，辖 20 多个县，人口约 150 万，这里的少数民族主要是回族。斯诺在陕甘宁边区采访时，专门访问了回族聚居的豫旺镇，当时那里正在筹备建立回民自治政府。斯诺在与回族红军士兵交流中，十分惊奇这些农民子弟对中共民族政策、宗教政策的理解和信任，他认为共产党能在这么短的时间内消除回、

---

① ［美］埃德加·斯诺：《红星照耀的中国》，董乐山译，《斯诺文集》第二卷，新华出版社 1984 年版，第 63 页。
② 《关于中国境内少数民族问题的决议案》，载中共中央统战部《民族问题文献汇编》，第 170 页。
③ ［美］埃德加·斯诺：《红星照耀的中国》，第 85 页。

汉关系中的历史积怨，简直"令人难以置信"，以致他对中共承诺的回民自治能否兑现有些将信将疑。

巧合的是，他正好赶上了来自各个乡村的 300 多名回族穷苦农民的代表（其中包括一些阿訇、教师、商人和几个地主）共商成立自治政府的大计这一事件。① 与他同行的美国医生马海德应邀将体现会议宗旨的标语译写为阿拉伯文，这对信仰伊斯兰教、讲汉语方言的回族民众产生了具有象征意义的积极影响，② 这一细节足见中共对少数民族实行自治的真诚和对宗教信仰的尊重。1936 年 10 月 20 日，豫海县回民自治政府在宁夏同心县的清真大寺中宣告成立。这是中共通过民族区域自治的方式解决民族问题的一次重要尝试，也是 1936 年 5 月中共发布《中华苏维埃中央政府对回族人民的宣言》付诸实践的结果。这份宣言明确提出："在民族平等的原则上，回民自己管理自己的事情，建立回民自治的政府。"③

四

延安时期，中共的少数民族事务比较集中地指向西北地区和内蒙古地区，因为这两个地区在抗日战争时期是中共少数民族事务的前沿地带。1937 年 10 月，在日本策划下，内蒙古的德王在归绥（今呼和

---

① ［美］埃德加·斯诺：《红星照耀的中国》，第 301、304 页。
② 杨文元：《我国历史上第一个县级回民自治政权——豫海县回民自治政府》，《宁夏画报》1996 年第 5 期。
③ 《中华苏维埃中央政府对回族人民的宣言》，载中共中央统战部《民族问题文献汇编》，第 367 页。

浩特)成立了"蒙古联盟自治政府",宣布蒙古"自治"。同时,日本军队延平绥线进袭包头,直逼宁夏,觊觎新疆,企图占领中国的西北地区。其重要手段就是以建立"回回国"利诱和策反西北的回族军阀,利用民族、宗教因素分化中国的抗日民族统一战线。因此,中共对内蒙古的蒙古族、西北地区的回族实行的政策,成为巩固和扩大抗日民族统一战线的重要组成部分。中共对内蒙古、宁夏等西北地区进行的适时形势分析、具体工作指导、深入政策宣传和广泛社会动员,包括建立抗日武装和根据地的军事部署,形成了比较完整的政策体系,并集中体现在1940年4月、7月相继发表的《中共中央西北工作委员关于回回民族问题的提纲》《中共中央西北工作委员关于抗战中蒙古民族问题提纲》这两份具有施政纲领特点的文献之中。[1]

这些体现中共在解决民族问题方面的政治思考、科学研究、行动规范的政策原则,在实践中成为许多具体、细微的工作要求和行为方式,包括在日常生活中对少数民族风俗习惯的尊重。如果说,在豫海县回民自治政府成立时,中共以阿拉伯文标语表达了对回族及其宗教信仰的尊重。那么,1939年6月位于内蒙古伊克昭盟的成吉思汗陵避祸南迁,在延安受到中共和社会各界隆重的迎送祭奠,则体现了中共对蒙古族及其祖先崇拜的恭敬。当时,逼近伊克昭盟的日本军队已将占领成吉思汗陵作为重要目标,企图将这一蒙古族崇敬的历史象征物作为"蒙古联盟自治政府"合法性和号召力的资本。经当地爱国抗日王公与国民政府联系,决定将成吉思汗陵寝南迁,路经延安。中共对此积极响应,在延安成立了迎灵办事处,建立了灵堂,组织了2万多人夹道

---

[1] 参见《中共中央西北工作委员关于回回民族问题的提纲》《中共中央西北工作委员关于抗战中蒙古民族问题提纲》,载中共中央统战部《民族问题文献汇编》,第648—667页。

相互吸收、相互借鉴由此可见一斑。

蒙古入主中原建立的元朝，第一次实现了中国历史疆域最广阔的全国统一，吐蕃地区被纳入了中央王朝的统辖治理，成为中国不可分割的领土。元朝设立澎湖巡检司以辖制台湾。蒙古以武功争得天下，以中原王朝的政治制度治理天下，巩固了中国统一的多民族国家基础。今天中国的首都北京，虽然有上溯春秋战国时期的历史痕迹，也有契丹建立都府、女真建立中都的基础，但是成为古代中国的国都则始于元朝，至今在北京市区的核心地带仍保留着元大都遗址。元朝也是中国古代交通发展最快的一个时期，修建了贯通南北、直达首都的京杭大运河，设立了星罗棋布、通达全国的驿站，而且发展了海洋运输能力。交通运输的发展，也为西方人深入中国内地创造了条件，马可波罗（Marco Polo）能在中国四处游历即得益于这种条件。

13 世纪的元朝，是西方传教士、商贾、工匠大量来到中国及其北部蒙古地区的时代，很多对中国的记录也产生于这个时期。其中最著名的人物之一是广为人知的马可波罗。他生于意大利威尼斯的一个商人家庭，17 岁时随同父亲和叔父踏上了东方中国之旅。在历经千辛万苦的旅途后，他们终于进入中国的西域地区，并于 1257 年抵达了元大都，觐见了中国皇帝忽必烈。在此后的 17 年中，马可波罗的足迹遍及中国大江南北，这段奇特的经历记录在了他口授的《马可波罗行记》（又称《东方闻见录》）一书中。这是西方世界获知中国政治、经济、文化和社会生活知识最有影响力的一部著作。例如，有关元朝对西藏地区的统治和管理，马可波罗记述称："此土番州是一个极大之州，居民自有其语言，并是偶像教徒"，他强调说"惟关涉土番者，君等应知其隶属大汗"①。虽然今天西方学术界对马可波罗是否来过中国仍存争议，但是这部古代"根据原稿传抄传译的大约 140 种抄本"，当今"在世界上流传的 120 多种文字的刊本"②，已足见其在中西文化交流中无可替代的历史地位。

几乎与马可波罗来中国同期，出生于元大都的畏兀儿人列班·巴·扫马（Rabban Bar Cauma），以基督教聂思脱里派教士的身份，开始了西行游历，并于 1287 年出使罗马教廷、法国和英国，③ 他在欧陆的见闻经后人整理为《中国皇帝忽必烈汗的僧侣》传世。当时，西方国家派遣到中国的使者，也多为教士。元朝对各种宗教兼容并蓄的宽容态度，促进了中国本土宗教和外来宗教的兼容发展，也促使来自西亚、中亚、欧洲的各色人等留驻中国，元代统称的"色目人"多达几十种，其中信仰伊斯兰教的"回回"、基督教系统的"也里可温"等都成为人口统计的口径，足见其数量之多，其中"回回"这一群体也成为后来中国回族的来源之一。元朝皇帝对藏传佛教的尊奉和扶持，不仅对吐蕃地区政教合一制度的形成和发展产生了重要影响，而且也为藏传佛教在内地的传播提供了条件，北京的白塔寺即是由忽必烈的帝师八思巴主持建立的著名寺庙。

忽必烈时期依靠色目人不花剌、札马剌丁汇集天下"万方"的图集，包括了当时波斯等地的"回回图子"，以及通过福建沿海从事洋

---

① 《马可波罗行纪》，冯承钧译，上海书店出版社 2000 年版，第 278 页。马可波罗所记"惟关涉土番者，君等应知其隶属大汗"一说，就是说所有的"吐蕃人"都归忽必烈皇帝统治。

② [英] 弗朗西斯·伍德（吴芳思）：《马可·波罗到过中国吗?》，洪允息译，新华出版社 1997 年版，第 6 页。

③ 参见张星烺编著、朱杰勤校订《中西交通史料汇编》第一册，中华书局 1977 年版，第 213 页。

路贸易的"回回"人收集的海路地理信息。这一绘制元朝全图之举，不仅涵盖了元朝设治的疆域，而且包括了察合台汗国、伊利汗国和钦察汗国的疆域。① 可以说，元朝打开的世界视野是前所未有的。其实，多着笔墨述说元朝的统一，不是为元朝的历史歌功颂德，而是为了说明中国为什么会成为一个统一的多民族国家。一位美国人类学家在研究蒙古和元朝这段历史时，认为中国古代的知识分子总是坚守一个难以实现的梦想，即"建立一个大一统的国家，所有人民都在一个政府的统治之下"，这种"'中国'的观念经久不衰"，而忽必烈建立的元朝将这个梦想变为了现实。② 元朝结束了五代十国、宋、辽、金、夏的王朝分立、疆域割据的历史，而且其"领土之大，超过汉唐盛时，奠定了后来中国疆域的规模"③，这的确是不争的事实。

在当代有关蒙古帝国和元朝历史的研究中，质疑元朝是否属于中国王朝的声音一直存在，特别是在美国的"新清史"学派声名鹊起之后，有关元朝历史"非中国"的观点也再度响起，日本学者杉山正明的观点最为新近。他认为忽必烈建立的元朝在本质上是对"蒙古世界帝国"的改造，"忽必烈帝国本身绝未成为中华王朝"，只是把中原王朝的体制做了"部分引进"，等等。④ 事实上，忽必烈建立元朝，实行中原王朝的制度并非引进，而是顺应和适应。元朝虽然将臣民分

---

① 参见刘迎胜《海路与陆路：中古时代东西交流研究》，北京大学出版社2011年版，第217—218页。

② [美] 杰克·威泽弗德：《成吉思汗与今日世界之形成》，温海清、姚建根译，重庆出版社2006年版，第207—208页。

③ 萧启庆：《内北国而外中国：蒙元史研究》上册，中华书局2007年版，第148、164页。

④ [日] 杉山正明：《忽必烈的挑战》，周俊宇译，社会科学文献出版社2013年版，第134页。

为四等：蒙古人、色目人、汉人和南人，以彰显蒙古人的统治地位，但是在国家统治制度和治理方式上仍承袭中原王朝的规范（包括"因俗而治"），甚至蒙古草原地区也纳入了名义上与内地统一的行省之制。这种适应，是对中原王朝制度的接受，因此也必然维护了中原王朝的正统观念。

事实上，自窝阔台汗以后，蒙古帝国已经因汗位争夺而发生裂变。所以，元朝皇室作为蒙古帝国汗位继承的"正统"嫡系，并没有花气力去关心"蒙古世界帝国"的命运，而是在因袭中原王朝皇权的顺应中，逐步废弃了蒙古帝国汗位传承之根本——忽里勒台。除了维护纳入元朝统辖的岭北行省家乡故土，元朝皇室与分封建立、相互疏离的四大汗国之间，形成了维护蒙古汗位等同于维护大元皇权的激烈斗争。自元朝建立后，统治钦察、斡罗思地区的钦察汗国，走上了突厥—伊斯兰化的独立进程；受封统治波斯、阿拉伯地区的伊利汗国"自帝一方"，与元朝形成"同盟"关系；而位居中亚的窝阔台汗国，因挑战皇权汗位被元朝击溃；时服时叛的察合台汗国，或为宗藩进贡，或起兵挑战，最终陷入四分五裂。因此，忽必烈建立的元朝并非对"蒙古世界帝国"的改造，而是在蒙古汗位的"统一"转变为中原皇帝的"一统"过程中，解构了"蒙古世界帝国"。

作为"蒙古世界帝国"的组成部分，统治钦察、斡罗思地区200多年的钦察汗国，不可否认是促成古代俄罗斯从公国林立、封建割据的分立局面，走向统一的外部动因之一。而元朝的建立，结束了中国历史进程中延续300年的王朝分立，并且将吐蕃地区纳入统治。"蒙古世界帝国"占领的疆土，随着元朝域外的汗国覆灭而回归异国他乡。元朝治下的疆域，却奠定了中国历史版图的基础。从这个意义上说，杉山正明对明朝的"中华统一王朝"评价是客观的，即明朝的

"'中华'以大元汗国为镜,吸收了其他国家模式变身为'巨大中华',以至明清及民国、当代"①。

在中国每一次改朝换代的历史过程中,新的统治者都要面对王朝的合法性及其对前朝法统继承性的问题,而且在知识分子等精英阶层中也会出现争议和抗拒。元朝统一江南后,南宋遗民中就有以文天祥为代表的一些精英,誓死效忠前朝旧主而不在元朝供职。如果说,这其中包括了视蒙古为"北狄"之属的"不共戴天"观念,那么元朝覆灭以后,除了一批留驻中原的蒙古、色目遗民坚守对元朝的忠诚外,②一些著名的汉族知识分子也"皆不肯屈节仕宦"于明朝的现象,则反映了中国历史过程中的"王朝认同"。③这些被载入史册的忠烈之士,并不因统治者是"夷"是"夏"而改变其信念和节操,而是以中国传统的政治文化坚守了对其所供职的中原王朝的效忠。这种政治文化的认同,产生了中国王朝后继者编修前朝历史的传统。元朝编修了《宋史》《辽史》和《金史》,朱元璋虽然以"驱逐胡虏、恢复中华"为口号建立了明王朝,但是却编修了《元史》,这就是中国古人承袭中原王朝法统地位的历史认同。

五 郑和远航后的中国

自《马可波罗行纪》这一记录东方中国的著作在欧洲广为流行之后,西方人对东方的认识,已经从成吉思汗铁骑征服的阴影中,转向

---

① [日]杉山正明:《忽必烈的挑战》,第259页。
② 萧启庆:《内北国而外中国:蒙元史研究》上册,第148、164页。
③ 姚大力:《北方民族史十论》,广西师范大学出版社2007年版,第259、273页。

了对繁荣和财富的向往。在人类社会发展的历史进程中，公元15世纪通常被认为是人类历史从地区走向全球的开端。航海事业的发展，使人类走出了相互隔绝的大陆，展开了全球视野。如果说，公元13世纪蒙古帝国的扩张开启了欧亚大陆更加通畅的东西方交流，那么200年后中国明王朝的郑和远航，则是中国走向海洋世界的先声。对中国与未来世界的互动关系而言，这次航海的经历也成为中国社会发展进程中的一个重大转折点。

明王朝时的中国，造船业及其航海能力非常发达，并实现了中国人通过海路认识多样性世界的远航。1405—1433年，"回回"人郑和率领庞大的官方船队七度远航，遍及东南亚、南亚、西亚，远抵东非海岸，访问了30多个国家和地区。无疑，这是15世纪人类社会通过航路进行洲际交流的先声和壮举。为什么不是中国人发现了"新大陆"？这是许多世界史研究者思考的问题。2002年，英国伦敦传出了令人震惊的信息：中国人最早跨越了太平洋到达美洲，郑和的船队绕过了非洲好望角。[1] 提出证据的是一位英国退休的海军军官，他以《1421：中国发现世界》为题的著作重构了郑和远航的历史。当然，即便真是如此，也无法改变一个事实：明王朝规模浩大的远航并未对世界的历史产生直接的重大影响。事实上，中国人发现了"新大陆"但并未去占领"新大陆"。

当时中国与世界的交流，目的仅限于广施皇恩、邦交万国、怀柔远人，并未改变中国以"天朝大国"自居的封闭和满足于朝贡体系的优越感，以及重农抑商的传统价值观。正所谓"他们的航海活动是为了炫耀天威，而不是开眼界和学习；是为了表示自己的存在，而不是

---

[1] ［英］加文·孟席斯：《1421：中国发现世界》，师研群译，京华出版社2005年版，第42页。

留驻；他们接受尊重与进贡，而不是去采购"①。郑和船队带回的长颈鹿、斑马、鸵鸟等异兽，似乎更加巩固了中国皇帝不屑于与放大到海外"蛮夷"之地交往的信念。因此，中国一度居世界领先地位的航海能力，随着闭关锁国的海禁而丧失。然而，"这样的海禁在当时的欧洲是绝对不可理解的，在那里，敌对国的君主和商业公司正在其各自从事的海外事业中进行着狂热的竞争"②。欧洲人即将走向世界，去发现和侵袭原本存在的所谓"新大陆"。

当中国的航海事业偃旗息鼓半个多世纪之后，1491 年已经取得对摩尔人决定性胜利的西班牙王室，批准了哥伦布的远航计划，这是一个以获取黄金和彻底打击伊斯兰势力为目标的计划，即寻找"西印度"这个伊斯兰基地。③ 1492 年 10 月 12 日，寻找东方的哥伦布登上了美洲大陆海岸的一个小岛并举行了占领仪式，他至死都认为自己已经到达了东方的印度。无论如何，始于伊比利亚半岛发现"新大陆"的探险，掀起了欧洲人持续的远航和冒险。"西方社会已达到起飞点。即将起飞，而它一旦起飞，必将扫清海路，不可阻挡地向全球扩张。"④ 而且也必将给各大陆的古老文明和传统社会带来灾难。中国也不例外。

明朝时期，退居北方草原的蒙古仍旧是令中原王朝统治者头疼的挑战者。这也是明朝花大力气修长城的原因。明长城的修筑先后延续了二百年，建成了东起鸭绿江江畔、西抵祁连山山脉长达 8850 多公

---

① ［美］戴维·S. 兰德斯：《国富国穷》，门洪华等译，新华出版社 2001 年版，第 120 页。
② ［美］斯塔夫里阿诺斯：《全球通史：1500 年以前的世界》，第 120 页。
③ ［法］让·德克拉：《西班牙史》，管震湖译，商务印书馆 2003 年版，第 297 页。
④ ［美］斯塔夫里阿诺斯：《全球通史：1500 年以前的世界》，第 474 页。

里的长城，今天供游人攀登的著名的北京八达岭长城，即为明代修筑。如果说长城起到了阻遏蒙古势力的一定作用，却无法阻止蒙古人控扼西域、进入青海等地的态势。对此，明朝虽然施以封王的怀柔之策，但依然忧心忡忡。而吐蕃地区藏传佛教的教派发展却为明朝解决这一问题提供了契机。

明朝对吐蕃地区的治理，基本上延续了元朝扶持藏传佛教的政策，广为封授"法王""王""国师"等，通过"多封众建"以期达成"用僧徒化导为善"的目的。当时，宗喀巴创建的格鲁派（俗称"黄教"），以其迅速传播并进入青海地区而受到明朝皇帝的关注，借助藏传佛教劝导蒙古势力退回其故地，成为明朝政府与格鲁派首领达成的一项协议。[①] 1578年，在青海湖畔的一个寺庙中，蒙古土默特部的俺答汗（明朝封号顺义王）与格鲁派首领索南嘉措会面，相互追认为元朝皇帝忽必烈、帝师八思巴的转世者。俺答汗授予索南嘉措"圣识一切瓦齐尔达喇达赖喇嘛"的称号，这不仅意味着蒙古皈依藏传佛教格鲁派之始，而且也确立了藏传佛教格鲁派首领享有了一个世代传承的"达赖喇嘛"称号。

皈依藏传佛教的俺答汗返回蒙古后，即在漠南蒙古的中心库库和屯（又称归化城，今内蒙古呼和浩特）建立了第一座藏传佛教寺庙。此后，藏传佛教开始在蒙古的漠南、漠北和漠西地区广为传播。[②] 1588年格鲁派首领索南嘉措在蒙古地区传教时圆寂，蒙古俺答汗的

[①] 牙含章：《达赖喇嘛传》，人民出版社1984年版，第12页。
[②] 在蒙古高原的中部地区是一片广阔的荒漠地区，历史上称"大漠"或"瀚海"，故有"漠南""漠北"之分。元朝灭亡后，蒙古势力逐步分化，到明朝后期基本形成了漠北外喀尔喀部（其地含现蒙古国）、漠南阿鲁—察哈尔部（其地含今中国内蒙古地区）、漠西额鲁特部地区（其地含今中国新疆部分地区），部众繁多，各有统属。

后代云丹嘉措被认定为转世灵童,成为藏传佛教格鲁派的第四世达赖喇嘛。[①] 蒙古与吐蕃之间的关系日益密切。藏传佛教在广泛影响蒙古地区的同时,也为蒙古势力介入吐蕃地区的政治和宗教事务提供了空间。

明朝固守北方长城,并逐步消除来自蒙古的压力,虽然取得一定成效,但是,其面对来自海洋的挑战却正在加剧。当时,中国的东南沿海地区不仅长期遭到倭寇的侵扰,而且从1517年葡萄牙武装商船抵达广州开始,揭开了中国和西方世界之间冲突的序幕,1521年爆发了中葡之间的"屯门之战"。这次冲突虽然驱赶了葡萄牙人,但是没有避免葡萄牙人在澳门落脚的后果,澳门也因此成为欧洲传教士进入中国的门户。意大利传教士利玛窦(Matteo Ricci)就是由此进入广东,并于1601年到达北京,直至1610年去世,成为明朝万历皇帝批准的第一个安葬在中国的西方传教士,其墓葬坐落在今天北京西城一隅。利玛窦作为西方的传教士,他不仅通过创制天主教的中文神学话语奠定了西方天主教在中国传播的基础,而且在天文、地理、数学、地图等方面为中西文化交流做出了重要贡献。其后继者德国人汤若望(Johann Adam Schall von Bell),在崇祯年间被任命为执掌天文历算的钦天监官员,他在译介西方冶金技术和制造火炮等方面亦功不可没。

明朝后期,继葡萄牙、西班牙之后,欧洲人开拓海洋帝国的舰队展开了全球性远航,在美洲、东亚、东南亚地区的海面上,西方舰船的桅杆鳞次栉比,欧洲国家"在水上经商成了民族成长

---

① 藏传佛教格鲁派首领索南嘉措获得达赖喇嘛称号后,上溯格鲁派的宗喀巴传人,即在日喀则建立札什伦布寺的根敦朱巴为第一世达赖喇嘛,根敦朱巴的转世根敦嘉措为第二世,他作为根敦嘉措的转世称为第三世,故云丹嘉措为第四世。

的引擎"①，随之而来的是到处建立殖民地和海洋霸权。伊曼纽尔·沃勒斯坦（Immanuel Wallerstein）在构建其现代世界体系理论时曾讨论过中国"为什么不想进行海外扩张"的问题，他认为中国热衷于推广稻米生产的"内部扩张"，而由"小帝国、民族国家和城市国家"组成的欧洲，新兴的资产阶级及其所代表的"新生的世界经济体系"则需要地理扩张。②沃勒斯坦的多种因素论证是有见地的，但是所谓"内部扩张"之说却忽视了中国历史上的"夷夏"之间割不断的密切关系。无论如何，世界的历史正在发生重大变化，虽然最早具备远航能力的中国"没有在海外搞殖民地化"③，此时却面临着被殖民地化的威胁。从西班牙统治下获得独立建国权力的荷兰，于1602年建立了东印度公司，成为西班牙、葡萄牙在东方海上霸主地位的有力竞争者，荷兰人在1624年侵占了中国的台湾。1626年西班牙人也入侵台湾，十多年后为荷兰殖民势力驱逐。

在中国遭逢西方殖民扩张的海上威胁之际，挑战明朝统治的内部力量也在积聚。500年前曾经问鼎中原、建立金朝的女真人后裔，在努尔哈赤统领下再度崛起于东北地区。这个自称"大金"（后金）的政权，实现了女真各部落的统一，借用蒙古文字母创制了文字系统，建立了一套兵民合一的军政制度，于1625年定都盛京（今沈阳），并将蒙古的势力分化、笼络为联盟，成为明王朝最有力的挑战者。1636年，努尔哈赤的后继者皇太极称帝，改国号为"大清"，中国的满族

---

① ［美］费正清：《伟大的中国革命（1800—1985年）》，刘尊棋译，世界知识出版社2000年版，第6页。
② ［美］伊曼纽尔·沃勒斯坦：《现代世界体系》第一卷，郭方、刘新成、张文刚译，社会科学文献出版社2013年版，第39页。
③ ［美］费正清：《伟大的中国革命（1800—1985年）》，第12页。

由此兴起，中国最后一个封建王朝——清朝，即将诞生。

进入 17 世纪 40 年代的明王朝，重演了前朝各代必然发生的农民起义。几乎与此同时，吐蕃地区的政教权力争夺也愈演愈烈，尊奉藏传佛教噶举派的藏巴汗势力对格鲁派的排斥和打压，促使第五世达赖喇嘛向漠西的蒙古首领固始汗求援。蒙古势力由此控制青海、进兵西藏、攻入拉萨和日喀则，消灭了与格鲁派对立的藏巴汗政权。固始汗在扶持格鲁派达赖喇嘛政教权威的同时，尊奉札什伦布寺的罗桑曲杰为师，授予其"班禅博克多"称号，并按照格鲁派的传承习惯，追认宗喀巴的大弟子克珠杰为第一世班禅，确定罗桑曲杰为第四世班禅，管辖以日喀则为中心的后藏部分地区，格鲁派的班禅传承体系由此确立。

六　清王朝的"康乾盛世"

公元 1643 年，当踌躇满志、羽翼丰满的满族势力兵临长城脚下时，明朝末期延续十多年的农民起义军在李自成带领下攻入北京，推翻了明朝。作为驻守长城东部山海关的明朝将领吴三桂，随即选择了向长城外的"大清"势力投降，长城门户洞开，"大清"军队长驱直入，于 1644 年进入北京，扮演了剿灭明朝遗存势力和农民起义军的角色，统一了中国。这是继元朝之后，再度由少数民族入主中原建立的全国大一统王朝，清代的版图奠定了现代中国的领土。

从康熙到乾隆的 130 多年间，是清朝历史中称为"康乾盛世"的时期。其间，国家的统一、领土的巩固、边疆的治理得到前所未有的加强。从 1681 年到 1792 年，清朝先后平息了云南地区的藩镇叛乱，收复了台湾，抵御了沙皇俄国对黑龙江流域的军事侵略，消除了漠西蒙古准噶尔汗国对漠北和西藏地区的威胁，平定了四川大、小金川藏族土司的兼并之乱，完成了对天山南北（今新疆地区）的军政统一治理，驱逐了廓尔喀（今尼泊尔历史上的王国）在西藏地区的侵略势力，等等。不难看出，当时的清朝政府已经面对了来自周边国家扩张的威胁，如果说廓尔喀入侵中国的西藏地区只是历史中的偶然，那么已经崛起的俄罗斯帝国对中国东北、北方、西北地区则构成了长久的威胁。康熙年间击溃入侵黑龙江流域的沙俄哥萨克军队之后，1689年清朝政府与俄国签订了中俄《尼布楚条约》，划定了中国东北地区与俄罗斯的边界，这是中国签署的第一份具有现代意义的国际边界条约。

清朝政府对边疆地区的治理虽然承袭了"因俗而治"等羁縻政策，但是通过制度和法律形式实施统治的治理能力显著增强。清朝建立之初，不仅承认了蒙古固始汗在西藏的世俗统治地位，而且先后正式册封了藏传佛教格鲁派的达赖喇嘛和班禅额尔德尼的名号，将西藏地方的政教权力纳入了中央王朝的权力结构之中，颁布《钦定藏内善后章程二十九条》，明确规定驻藏大臣办理西藏地方事务，形成与达赖喇嘛共同治理西藏地区的体制，确立以"金瓶掣签"方式认定达赖喇嘛、班禅额尔德尼等大活佛转世灵童的制度；在蒙古地区实行满族皇亲贵戚与蒙古上层的联姻政策，制定《蒙古律例》和《理藩院则例》，推行统一的盟旗制度；在新疆设置伊犁将军，总统天山南北两路事务，各地设办事大臣、领队大臣，征调东北、华北等地的满、蒙古、锡伯、达斡尔、汉等旗兵携眷驻防，颁行《回疆则例》，实行郡县制度；在云南、贵州、广西、四川、湖北、湖南等地推行改土归流，设置府、厅、州、县；等等。

从康熙年间开始，清朝在距离北京180公里的承德修建了一座体现中国大江南北园林、皇家宫廷、庙宇风貌的避暑山庄，陆续形成"七十二景"。这是清朝皇帝避暑北狩的夏宫，也是处理国家内政外交事务、特别是边疆少数民族事务的政治陪都。以外八庙为代表的皇家寺院群，尤其是仿造拉萨布达拉宫、日喀则札什伦布寺修建的"布达拉·行宫"，突出了清朝政府对蒙古、西藏、新疆等边疆地区施政的象征意义。清朝皇帝在这里接见边疆地区少数民族政教首领、王公贵族，包括1771年不堪忍受沙俄统治毅然率领蒙古土尔扈特部众东归祖国的渥巴锡，也在此受到乾隆皇帝的接见和封授。乾隆年间，台湾的土著居民来大陆朝觐，也曾在避暑山庄参加皇帝的贺寿活动。[①] 值得一提的是，清朝对蒙古地区实施的统治，消除了自秦汉以来北方游牧民族对中原王朝的挑战，从而也意味着绵延万里的长城完成了历史使命。康熙年间，曾有大臣上疏，建议维修长城。康熙皇帝则认为："守国之道，惟在修德安民，民心悦服则邦本得，而边境自固。所谓众志成城者是也。"[②] 中国的长城之制自此废弃。

自16世纪藏传佛教传入蒙古地区，先后在外蒙古和内蒙古地区形成了哲布尊丹巴呼图克图、章嘉呼图克图两大活佛转世系统。清朝政府虽然按照西藏达赖、班禅喇嘛之例，给予外蒙古哲布尊丹巴呼图克图封号、金印、敕书，但为了平息活佛转世引起蒙古各部汗王、贵族权力争夺之乱，防止教权依托于蒙古各部而做大之弊，乾隆时期确定自第三世哲布尊丹巴呼图克图转世开始，后继者必须出自藏族地区，并在西藏拉萨履行金瓶掣签等仪轨，由班禅额尔德尼、达赖喇嘛

[①] 参见拙文《清代台湾原住民赴大陆贺寿朝觐考》，《中国社会科学》2008年第1期。

[②] 《圣祖仁皇帝圣训》卷七，"圣治二"，《四库全书》。

和清廷驻藏大臣现场监临。① 通过西藏地区的教权对蒙古地区实施控制，并削弱蒙古地区政教合一的影响，是清朝政府在整个蒙古地区实施统治的重要措施。包括内蒙古的章嘉活佛也是如此，对其地位虽尤加礼遇，甚至在京城供职，但仅限于宗教事务而无政治权利。

清朝时期，满族统治阶级较元朝的上层贵族更加开放，虽然它一方面以满族的风俗（剃头留辫等）强制改造中原社会，但另一方面又自觉崇尚中原政治文化和礼仪，鼓励满人学习汉语文。清朝皇帝的汉文化修养水平之高，超过了历史上任何一个入主中原的北方游牧民族统治者。乾隆皇帝成为中国历史上用汉文题字、赋诗最多的帝王。不仅如此，从顺治皇帝开始，在明朝为官的外国传教士汤若望等即受到礼遇和重用，使西方的学问和技艺得到进一步的传播。康熙时期的比利时传教士南怀仁（Ferdinand Verbiest），除供职钦天监和制造天文仪器外，在火炮制造、地图绘制等方面的贡献尤为显著，他用中文撰写的科技著作也最为丰富。南怀仁去世后，康熙皇帝赐其谥号"勤敏"，南怀仁成为明清时期客死中国的西方传教士中唯一获此殊荣者。此外，供职于康熙、雍正、乾隆三朝的宫廷画家意大利人郎世宁（Giuseppe Castiglione），在融合中西绘画艺术、参与设计圆明园的西式建筑等方面都留下了浓墨重彩。这些受朝廷重用的西方传教士，在传播西方科学技术方面的同时，也获得了传播西方宗教的空间。

清朝经历了从康熙到乾隆的极盛发展，是当时世界上首屈一指的经济帝国，对此古今中外的记载和评论均有共识。当时，中国作为一个人口已达 3 亿之众的农业大国，纺织、瓷器等传统制造业得到长足的发展，1750 年中国的工业产量在全球的比重达到 32.8%，而整个

---

① 参见德勒格编著《内蒙古喇嘛教史》，内蒙古人民出版社 1998 年版，第 165 页。

欧洲的这一比重只占23.2%①，这也使中国成为吸纳世界白银资本的中心，基于纺织、瓷器、茶叶出口"在世界经济中的主导地位"，使中国的对外"贸易保持着最大的顺差"。② 这也是英国使臣在中国遭到冷遇的原因之一。

七 "跪拜"与"行礼"的悲歌

1793年7月，英国使臣马嘎尔尼（George Macartney）勋爵率领庞大的船队抵达中国，目的是打开中国的市场，建立贸易关系。然而，中国"康乾盛世"的优越自傲折射出的中英文化礼仪之争，使乾隆皇帝以"天朝物产丰盈，无所不有，原不藉外夷货物以通有无"为由，③ 拒绝了英国的通商请求。当时，关于英国使臣觐见乾隆皇帝是"单膝行礼"还是"跪拜磕头"的礼仪之争，的确是一个东西方文化差异的问题，而且表面上也成为导致这次交往失败的原因。但是，在这一礼仪之争的背后，却是东西方之间一次重要的政治文化碰撞，即大英帝国"主权平等"的观念与清王朝"差序包容"的朝贡体系之间的冲突。④ 大英帝国使臣通商中国的失败，虽然反映了中国传统

---

① ［美］保罗·肯尼迪：《大国的兴衰》，梁于华等译，世界知识出版社1992年版，第176页。

② ［德］贡德·弗兰克：《白银资本——重视经济全球化中的东方》，刘北成译，中央编译出版社2001年版，第182页。

③ 《乾隆致英王第二道敕谕》，载萧致治、杨卫东编撰《鸦片战争前中西关系纪事》，湖北人民出版社1986年版，第254页。

④ ［美］何伟亚：《怀柔远人：马嘎尔尼使华的中英礼仪冲突》，邓常春译，社会科学文献出版社2002年版，第251页。

"中心—边缘"观念的世界性放大，但是也预示了中国封建王朝不可避免地遭遇西方资本主义兴起的严峻挑战。

中国在清朝时期，虽然在很多方面仍保持了世界领先的地位，但是它所面对的世界正在发生重大变化，西方世界在殖民贸易的商业革命推动下不断积蓄着工业革命的势能。而世界的东方、中国一直是欧洲人的"大陆神话"，因为当时世界经济的中心在亚洲，"中国、日本和印度居于前列，东南亚和西亚紧随其后"[①]。欧洲开拓海外市场的"全球冲动"，不仅得到工业革命和科学技术的支撑，而且其自身的经济实力也具备了日益增长的优势。到1830年，欧洲的工业产量在全球的比重从1800年的28.1%上升为34.2%，而中国则从1800年的33.3%下降为29.8%。[②] 这种经济实力此消彼长的对比，使欧洲人不再满足于几个沿海港口的贸易，而将眼光转向了中国内地广阔的市场和丰富的资源。马嘎尔尼中国之行的失败，促使英国以鸦片为主的走私贸易侵袭中国，最终爆发了中英之间的鸦片战争。

在19世纪的西方文献中，对1840年中英之间爆发鸦片战争的原因及其影响，揭露最深刻的莫过于1858年卡尔·马克思发表在《纽约每日论坛报》上的《鸦片贸易史》一文。他指出："中国皇帝为了制止自己的臣民的自杀行为，下令同时禁止外国人输入和本国人吸食这种毒品，而东印度公司却迅速地把在印度种植鸦片和向中国私卖鸦片变成自己财政系统的不可分割的部分。"马克思将这一古老帝国"激于道义"的抵制和现代帝国谋求"贱买贵卖的特权"之间的对抗，称为"这是令任何诗人想也不敢想的一种奇异的

[①] [德] 贡德·弗兰克：《白银资本——重视经济全球化中的东方》，第232页。
[②] [美] 保罗·肯尼迪：《大国的兴衰》，第176页。

对联式悲歌"①。鸦片贸易不仅作为"延续最久的有组织的国际性的犯罪活动,为早期英国对中国的侵略输了血"②,而且也成为抵销长久以来中国对外贸易顺差最有效的"商品",中国的白银资本随之大量外流,清朝政府的财政和货币流通"由于总额约达700万英镑的鸦片进口而陷入严重的混乱"③。鸦片战争后的中国,使充满历史优越感的"天朝大国"被迫对帝国主义列强打开了大门,中国被纳入了西方主导的世界体系。为此,中国被迫付出了巨大的代价。

从1840年开始,中国翻开了近代的历史。这一突如其来的历史变故,对当时的中国人来说——无论是至高无上的皇帝,还是束缚田亩的农民,都产生了巨大的心理落差。王朝面对的不再是千百年来的"中心—边缘"互动关系中,那些引弓搭箭、挥舞弯刀的游牧铁骑,而是来自欧陆、西洋和东洋"船坚炮利"的"外夷"。中国人发明的火药虽然在民间早已普及为烟花爆竹,而且也在军事上出现了初级的火箭、火枪、火炮等火器。但是,西方人却以冶金、机械、工艺的优势,制造了更为精良有效的枪弹和火炮。

西方工业革命的成就,在古老的中国留下了一笔又一笔的灾难记录:1842年英国占据了香港;1860年英法联军攻入北京,将具有150多年历史的中西合璧的圆明园洗劫一空、付之一炬,毁灭了世界上规模最大的园林建筑艺术宫殿;1894年清朝海军在甲午海战中失败,台湾成为日本的殖民地;1900年,英国、法国、德国、俄国、美国、

---

① [德]卡尔·马克思:《鸦片贸易史》,《马克思恩格斯文集》第2卷,人民出版社2009年版,第632页。
② [美]费正清、刘广京编:《剑桥中国晚清史》上册,中国社会科学院历史研究所编译室译,中国社会科学出版社1985年版,第233页。
③ [德]卡尔·马克思:《英中条约》,《马克思恩格斯文集》第2卷,第641页。

日本、意大利和奥匈帝国组成的八国联军，入侵北京，烧杀抢掠，洗劫故宫。这一次又一次的劫难，加剧了中国内部的阶级矛盾、民族冲突和国家衰落，加快了中国沦为半封建、半殖民地的历史过程。其间，中国的陆路边疆地区的危机也接踵而至，中国被肢解、分裂的危险日益显现。

八 "大一统"基因的密码

帝国主义列强对中国发动的每一次战争，都伴随着一系列不平等条约的签订，正所谓"条约制度靠武力建立起来，也只有用炮舰外交去维持"①。从1842年清朝政府被迫与英国签订《南京条约》后，帝国主义列强依靠这种"炮舰外交"迫使清朝政府签订的不平等条约达30多个，这些条约带给中国的是国家主权沦丧、领土分割和超乎想象的巨额赔款。据德国学者贡德·弗兰克（Andre Gunder Frank）的统计，从1550年至1800年的近两个半世纪中，通过贸易流入中国和中国自产的白银大约为60000吨，② 而从1840年到1900年的60年间，中国被帝国主义列强勒索的赔款"连利息共约13亿两白银"。③ 也就是说，人口已逾4亿的中国人，几乎每个人都要承担3两白银的"债务"。这种掠夺在世界历史中可谓绝无仅有。

向外来侵略者赔款，这是一个匪夷所思的强盗逻辑，马克思认为这是"惯于吹嘘自己道德高尚"的英国人以"海盗式的借口向中国

---

① ［美］费正清、刘广京编:《剑桥中国晚清史》上册，第225页。
② ［德］贡德·弗兰克:《白银资本——重视经济全球化中的东方》，第208页。
③ 人民出版社地图室编:《百年国耻地图》，"前言"，人民出版社1997年版。

勒索军事赔款，来弥补自己的贸易逆差"①。因此，在进入20世纪之际，中国的大清王朝气数已尽。"这个世界上最大、最进步的王朝在短短的数百年中变成了地球上最贫穷的国家之一。"②而帝国主义列强之所以迅速步入现代发达国家，靠殖民侵略所掠夺的财富、所利用的廉价劳动力和所开拓的产品市场，无疑是最重要的发展动能。

从秦王朝到清王朝，中国的历史在统一的中原王朝政治结构中走过了两千年。在西方历史学家的视界中，欧洲历史上"重建帝国的屡次尝试都失败了，部分原因是这一地区特有的某些内部弱点，另一部分原因是无休止的游牧民入侵造成的骚乱与破坏"；然而，"在中国，汉朝也发生了崩溃，但是它有其他王朝相续，尽管其间有相对短暂的间歇。因此，中国的文明一直处于兴盛时期，几乎没有间断，直至我们所处的时代"③。这的确是一种独特的国家历史。事实上，中国北方游牧民族跨越长城、问鼎中原的频率，引起的战争和破坏，绝对不会少于欧洲的历史经历，但是中华文明及其产生的中原王朝体制建构的国家历史认同却积淀深厚。游牧民族的强弓劲弩争得"天下"，而实施统治"仍只得屈服于被他们夺取了皇位的国家的法律"，因为这种"天下一统"的"思想在人们心中根深蒂固，把这个幅员广大的国家组成一个大家庭"④。

历史证明，中国自秦朝统一、建立中原王朝之后，无论是"五方之民"后裔的哪一个"族类"群体入主中原，都会承袭、认同和维

---

① ［德］卡尔·马克思：《英中条约》，《马克思恩格斯文集》第2卷，第641页。

② ［德］康拉德·赛茨：《中国——一个世界强国的复兴》，许文敏、李卡宁译，国际文化出版公司2007年版，第63页。

③ ［美］斯塔夫里阿诺斯：《远古以来的人类生命线》，第109页。

④ ［法］伏尔泰：《风俗论》上册，第212、216页。

护这一王朝体制。对此，宋代名臣富弼认为：契丹、西夏之所以具有与宋朝抗衡的优势，不仅在于兵强将勇，而且在于他们"称中国位号，仿中国官属，任中国贤才，读中国书籍，用中国车服，行中国法令"[①]。这就是中国历史基因的密码。秦汉、隋唐、元朝、清朝这四次大统一，以及期间难以尽数的王朝和政权，都是"五方之民"及其后裔互动交融的历史记录，也都是统一的多民族国家形成和发展的历史过程。且不论蒙古人、满洲人建立的中国大一统江山，"更早的胡人入侵，非但不是分裂中国，事实上反而是导致中华帝国的重建与再统一"[②]。"天下统一"之大道，"因俗而治"之方略，"和而不同"之目标，贯穿了中国的历史，这是中华文明传承不懈的内在逻辑。"五方之民"及其后裔共同建立了统一的多民族国家。

那么，迈入近代世界历史门槛的中国，结束了封建王朝历史后的中国，是否能够继续统一的多民族国家历史？显然，这不是一个顺历史的自然就能够回答的问题，因为近代的中国已经处于帝国主义列强的宰制之下，在半封建、半殖民地的境遇中挣扎。随着帝国主义列强完成对中国周边地区的侵占和殖民之后，攫取中国陆路边疆地区的利益、割占领土和肢解中国的危机，正在进一步加剧。当时，英国已经将印度变为其在亚洲最大的殖民地，并且通过分而治之的政治伎俩"摧毁了印度社会的整个结构"[③]，它的下一个目标就是图谋从南亚次大陆深入亚洲腹地。通过入侵西藏地区、与沙俄势力在中国新疆地区

---

① （宋）富弼：《上仁宗河北守御十三策》，（宋）赵儒愚编《宋名臣奏议》卷一三五，"边防门·辽夏七"，《四库全书》。

② ［美］王国斌：《转变的中国：历史变迁与欧洲经验的局限》，李伯重、连玲玲译，江苏人民出版社1998年版，第89页。

③ ［德］卡尔·马克思：《不列颠在印度的统治》，《马克思恩格斯文集》第2卷，第679页。

乃至中亚进行角逐，其利用的因素首先是民族关系问题。不过，正如马克思当时的预言："在中国，英国人还没有能够行使这种权力，将来也未必能做到这一点。"① 因为中国的历史不同于印度，帝国主义列强的侵略无法改变中国作为统一的多民族国家的历史基因。

---

① ［德］卡尔·马克思：《对华贸易》，《马克思恩格斯文集》第2卷，第676页。

第二章

百年之殇：边疆裂变的"遗产"

中国古代的国家，诸侯封地为邦，王者属域为国，一般统称为邦国。而皇帝统治的中原王朝，则称为"天下国家"。"天下"指"四海之内"，包括"万邦""万国"。中原王朝位居"天下"中心，皇帝"奉天承运"称为"天子"，确立了四海宾服的朝贡体制，通过举行"万方来朝、千官入贺"、赏赉有差的盛大典礼，展示"天朝大国"皇恩浩荡的威仪。这种以臣服进贡、授受封赏为天下秩序的国家观，在欧洲人从海路到达中国之后，开始受到日益强烈的冲击。维护天下王朝礼仪的尊严，屡屡遭到帝国主义列强"船坚炮利"的羞辱。在1840年鸦片战争之后的一个世纪中，中国的主权和领土及其所承载的资源、物产、市场如同帝国主义列强的"免费的午餐"，不断遭受着帝国主义列强侵蚀、侵占、掠夺和分割。在东南沿海地区门户洞开的危局中，陆路边疆地区也相继遭到帝国主义列强的觊觎、侵略和肢解。而中国的陆路边疆地区，大都属于中国少数民族聚居的地方，帝国主义列强利用民族问题分裂中国的图谋，构成了近现代东西方帝国主义征服、瓜分中国的百年之殇。

一 "莫非王土"遭逢挑战

17世纪初,到达北京的意大利传教士利玛窦,向万历皇帝敬献了自鸣钟、十字架、《圣经》和八音琴等礼物。对此,中国史官径直记录为大西洋人"进贡方物",将其纳入朝贡范畴。在此之前,东亚、东南亚、南亚等地梯山航海的外国朝贡者,带来的不过是农业社会的土特产品或奇珍异兽,而自鸣钟这类体现工业技艺的产品的确令中国皇帝耳目一新,西方的近代科学知识和工业技艺开始为中国统治阶层所关注。不过,这种新奇感并未对自给自足的中国社会产生什么影响,大多被视为"奇技淫巧"之物,藏于内宫取悦皇室而已。

中国的王朝统治者,虽然并不缺乏"天下""环宇"观念下的山川地理知识,甚至早在14世纪末,明朝就绘制了包括欧亚非大陆的世界地图——《大明混一图》,而且这是当时世界上最早正确描绘欧亚非大陆形状的地图,也是郑和远航最重要的世界地理知识背景。[①]但是,郑和远航之后的闭关锁国,使这些认识世界的地理知识淹没在皇宫的收藏之中。及至大西洋人进贡方物,明朝皇帝也不过视为"天下"之边缘的"远夷"来朝。皇帝对西方传教士的兴趣不在于这些状貌奇异的"远夷"来自哪里,而是他们观天象的本领。

自利玛窦之后相继供职于中国朝廷的传教士,大都以谙熟天文历算而受到朝廷的重用,这与中国传统文化的"天命"观不无关系。皇帝的"天子"地位和前途是"奉天承运""天命所归",百姓民众则

[①] 参见刘迎胜《海路与陆路:中古时代东西交流研究》,北京大学出版社2011年版,第219—220页。

"生死有命，富贵在天"。以传教为己任的利玛窦等谙熟中文的教士们，在赢得皇帝信任之后，陆续将数以百计的西方著述编译、改写介绍到了中国，其中精通中文、著述最多的意大利传教士艾儒略（Jules Aleni），以其《职方外记》一书率先为中国的宫廷打开了世界五大洲的国家视野，这些西方传教士开启了"西学东渐"的第一波进程。所谓"西学东渐"，是指明清时期西方知识体系及其世界观传入中国的过程。然而，这些知识在传入中国的同时，以"战争—谈判—条约"为模式的西方规则也率先危及了中国的陆路疆域。

中国自汉代形成的"丝绸之路"，随着元朝的覆灭而趋于衰落。这与明朝面对的国内形势与国际环境的变化直接相关。在内部，它面对来自漠北、漠西蒙古势力的压力而固守长城；在外部，统治西亚、北非的奥斯曼帝国正在向欧洲扩张。因此，当时"北部的商路实际已堵塞。此后，大部分产品汇集到那时以前受控于穆斯林商人的南部的海路"[①]。况且，15世纪的欧洲人已经开通了进入亚洲的航线。因此，当西方帝国主义殖民势力从海路打开中国大门之际，缺乏海上竞争能力的沙俄帝国则从陆路展开了侵略中国的行动。

16世纪末，俄罗斯帝国殖民开拓的先锋哥萨克势力越过了乌拉尔山脉，进入了广袤的西伯利亚地区。这一广袤之地，在中国先秦时代成书的《山海经》中已有记载，秦汉以降更以地理方位、群体称谓、生产方式、生活习俗等具体内容见诸中国文献。这些地区，在历史上或被纳入相继崛起的游牧帝国所统辖，或为中原王朝的羁縻政策、边疆军政设置所治理。在贝加尔湖地区和东北江河流域生活着诸多属于蒙古语族、通古斯语族的古老部落，多以狩猎、渔捞、饲养驯

---

① ［美］斯塔夫里阿诺斯：《全球通史：1500年以后的世界》，吴象婴、梁赤民译，上海社会科学院出版社1992年版，第52页。

迎灵，毛泽东敬献了花圈，中共代表主持祭奠仪式，陕甘宁边区政府代表吟诵祭文，各界人士列队瞻仰。① 这一盛大祭典不仅是国共合作的一段佳话，而且对推进中共领导的内蒙古自治运动产生了重要影响。

中共对少数民族的政策并非出于策略性的选择，也不只是为了巩固和扩大抗日民族统一战线，而且是基于中国统一的多民族国家的历史和现实而确立的大政方针。在辛亥革命前后，建立什么样的现代中国，是包括孙中山在内众多仁人志士共同思考的问题，出现了各种学说和方案，包括"联省自治""五族共和"建国，美国式"共冶一炉"建国，苏联式"统一中国本部，建立一个真正民主共和国"，然后"促成蒙古、西藏、回疆三个自治邦，再联合成为中华联邦共和国"。② 其中都涉及如何认识中国"大一统"的历史和疆域，怎样理解近代形成的"中华民族"概念，尤其是如何保障边疆少数民族在现代中国的平等地位和群体权利问题。中共在延安时期的思考，从理论上解决了这些问题。

五

在中国结束了封建王朝统治之后，建立现代民族—国家（nation-state）成为必然的选择。源自西方资本主义发展历程中的民族—国家形态，突出了主权独立、领土完整、民族整合、公民权利等基本特

---

① 参见郝维民、齐木德道尔吉总主编，金海、赛航主编《内蒙古通史》第六卷，《民国时期的内蒙古》（二），人民出版社2011年版，第704页。
② 《中国共产党第二次全国代表大会宣言》，载中共中央统战部《民族问题文献汇编》，第17页。

征。在马克思主义看来，资本主义取代封建社会，民族—国家取代王朝帝国，公民取代臣民，是人类社会发展的巨大进步。但是，西方资本主义在建立民族—国家之后，却依仗武力展开了全球扩张，走上了建立世界殖民帝国的道路。19世纪末的世界已经被西方资本主义列强瓜分殆尽，中国不仅陷入了半殖民地的境地，而且面对着日本帝国主义的侵略战争。因此，中国要建立独立自主的现代国家，必须从帝国主义的压迫统治中获得解放，实现中国、中华民族的自决。这一历史任务责无旁贷地落在了中国共产党的肩头。

延安时期，是中共勾画新中国蓝图最重要的时期，建立统一的多民族国家、包括少数民族在内的中华民族的国民属性、在国家统一领导下少数民族实行区域自治，这些重大政治原则的理论阐释，确立了中共代表中华民族整体利益的地位。中共在陕甘宁边区建立的政治体制、经济制度、教育体系、社会政策，在实践中已经体现了国家治理的雏形。其中，1941年建立的延安民族学院，成为学习马克思主义民族理论、研究民族问题、传播中共民族政策、培养少数民族人才的重要基地，为推动内蒙古、西北等地区的少数民族革命运动培养了骨干力量。培养和依靠少数民族各类人才，成为中共民族政策中的重要内容。

从1937年延安的中央党校开办少数民族班，到1939年陕北公学成立蒙古青年队，再到1941年创办延安民族学院，中共先后培养了蒙古、回、藏、苗、满、彝、汉等各族学员500多人，其中蒙古族最多，达到150多人。[①] 事实证明，如果中共没有一批蒙古族党员，其倡导的内蒙古自治运动不可能在抗日战争时期取得长足的发展。1945年4月，在中共第七届全国代表大会上，乌兰夫（蒙古族）当选为中

---

① 参见王铎《五十春秋：我做民族工作的经历》，内蒙古人民出版社2012年版，第132页。

共中央候补委员。7月,他被任命为中共建立的绥蒙政府主席,主持内蒙古地区自治运动的大局。当时,抗日战争即将结束,中共领导的内蒙古自治运动即将为新中国的蓝图增光添彩,决定中国命运的最后时刻正在到来。

自1937年日本帝国主义全面发动侵华战争之后,在国共合作的抗日民族统一战线领导下,中国人民进行了8年的艰苦抗战,为世界反法西斯战争的胜利付出了巨大牺牲、做出了重大贡献,为人类社会维护正义、创造和平谱写了壮丽的诗篇。1945年8月日本宣布投降后,中国人民在胜利的喜悦中希冀着重整河山。当时,中共提出"成立包括更广大范围的各党各派和无党无派代表人物在内的同样是联合性质的民主的正式的政府,领导解放后的全国人民,将中国建设成为一个独立、自由、民主、统一和富强的新国家"的政治主张,[1]凝聚了全国人民的和平民主意愿。然而,经过国共谈判和政治协商,并没有改变国民党将中共视为政治"异己"、必欲去之的基本立场。

1946年3月,在欧洲战场尘埃落定之际,英国首相丘吉尔发表了著名的"铁幕演讲",宣告第二次世界大战后的欧洲展开了资本主义和共产主义的"冷战"。同年6月,中国国共合作、共同抗日、战胜法西斯的硝烟刚刚消散,蒋介石就仰仗美国的支持撕毁了和平协议,发动了国民党消灭共产党的"热战"。1947年3月,美式装备的国民党军队进入了延安。不过,这里已经是一座空城,中共领导机关已经离开了这一运筹帷幄的大本营,转战陕北,东渡黄河,进入河北,在西柏坡建立了决战千里、解放全中国的指挥中心。此时的内蒙古地区,中共领导的内蒙古自治运动联合会已经完成了《内蒙古自治政府

---

[1] 毛泽东:《论联合政府》,《毛泽东选集》第三卷,人民出版社1991年版,第1029页。

施政纲要》《内蒙古自治政府暂行组织大纲》等重要文献的起草，一项重大政治活动即将举行。

1947年4月23日，内蒙古东部地区的王爷庙（今乌兰浩特市）迎来内蒙古人民代表大会的开幕，来自内蒙古各族、各界的393名代表齐聚一堂，共商成立内蒙古自治区的大计。5月1日，大会产生的第一届内蒙古临时参议会选举出内蒙古自治政府成员，乌兰夫当选为主席，内蒙古自治区正式成立。1935年中共对蒙古人民宣言中提出"首先就是要帮助解决内蒙古民族的问题"的任务付诸实现。这一在中华人民共和国成立之前成立的少数民族自治区，代表了新中国解决民族问题的道路抉择和基本政治制度的设计。

在中国的传统政治智慧中，"得民心者得天下"是经过历史反复证明的一个基本真理。民心，即人民的意愿，是任何强权、任何统治势力都不能战胜的力量。为什么1935年到达延安的红军只有3万余人，而在抗日战争结束时中共领导的军队已达到百万人之众？为什么蒋介石在抗日战争胜利后发动内战的本钱是四百多万装备精良的大军，而1949年国民党败退台湾时却不过百万之众？顺应人心是中共赢得建立新中国最大的政治资本。1949年中华人民共和国的成立，结束了中国自1840年以来百年受屈辱、受侵略、遭压迫、被分裂的历史，实现了中华民族的自决，即中国共产党领导全国各民族人民在大陆范围驱逐了一切帝国主义势力，建立了一个全新的、统一的多民族国家，使包括少数民族在内的中华民族跻身于世界民族之林，走上了中华民族伟大复兴的新征程。

在1947年内蒙古自治区建立之后，自治区主席乌兰夫曾以"中国共产党是全国各族人民利益的代表者"为题讲过这样一段话："今天有一部分人由于对中国共产党缺乏深刻的了解与认识，所以产生种鹿和游牧为生。沙俄势力的扩张和哥萨克野蛮的屠杀劫掠，受到蒙古、达斡尔、索伦各部的强烈抵抗，最终引发了中俄两国在黑龙江流域的雅克萨之战。1698年的中俄《尼布楚条约》即是这一背景的产物。

这一条约的签订，划定了中俄之间在东北地区的边界，中国古代的舆图（地图）传统开始从相对模糊漫散的天下疆域观，向勒石立碑的现代国家边界观转变。这一事件，对"溥天之下，莫非王土"的"天下国家"是一个重大的冲击。它促使对"西学"兴趣盎然，尤其热衷西方地理测量技术的康熙皇帝决定绘制全国地图。1708年，康熙皇帝委派法国耶稣会士白晋（Joachin Bouvet）组织了一批通晓地理测绘学的传教士开始勘测和绘制《皇舆全览图》，在全国各地官府的配合下，历时10年得以完成。[1] 同期，康熙委派两位藏族僧人负责对西藏地区的勘测和绘图，1717年完成了第一幅西藏地图。[2] 1755年，乾隆皇帝平定西域准噶尔之乱后，又对天山南北进行勘测，历时5年完成了西域地区的地图测绘。这次测绘形成的西域图志，不仅弥补了康熙的《皇舆全览图》，而且参照南怀仁所绘世界地图增加了亚欧地区，完成了中国全图的绘制。[3] 这是"西学东渐"以来中国的国家观念发生变革的一个标志。

但是，如何守卫中国舆图所昭示的国家领土基业，中俄《尼布楚条约》的签订只是一个开端，它并没有打消沙俄帝国向中国外蒙古地

---

[1] 参见孙喆《康乾时期舆图绘制与疆域形成研究》，中国人民大学出版社2003年版，第37、44页。

[2] 参见沈宗濂、柳陞祺《西藏与西藏人》，柳晓青译，邓锐龄审校，中国藏学出版社2014年版，第6页。

[3] 参见孙喆《康乾时期舆图绘制与疆域形成研究》，第59、62页。

区扩张的念头。在中俄签订《尼布楚条约》的冗长谈判中，中俄两国的中段边界，即关涉中国外蒙古与俄国边界的划分问题被俄方搁置，其目的就是为了谋求更多的领土和商业利益。因此，在《尼布楚条约》签订后，俄国以开辟新的贸易通道为名不断向外蒙古地区渗透，将其商埠性的殖民点推进到了恰克图。这种形势迫使清朝政府于1727年签订中俄《布连斯奇条约》《恰克图条约》，这些条约不仅确认恰克图作为两国的边贸城市划归俄国，而且贝加尔湖南部、西部的大片领土，以及蒙古布里亚特部也随之划入俄国。清朝政府则在恰克图对面建立了一个新的商埠"买卖城"。由此形成了一条通达中俄两国的草原商贸之路。

俄国的恰克图北通西伯利亚重镇伊尔库茨克，转道莫斯科，进而通往欧洲。中国的"买卖城"南经外蒙古重镇库伦（今乌兰巴托），通往内蒙古的归化城（今呼和浩特），转道张家口直达北京，延伸到中国南方。中国的茶叶、丝绸和俄罗斯的皮毛成为这条商路上易货贸易的大宗商品。而活跃在这个商道上的中国商人则以晋商最为著名，大盛魁在归化城的商号是当时"旅蒙商"的代表，他们如同行走在中国西南、西北"茶马古道"上向边疆地区输送商品的马帮一样，以络绎不绝的驼队向蒙古地区和俄罗斯运送着茶叶等产品，这不仅是中国内地与边疆、农耕与游牧、汉族和少数民族之间相互依存的"茶马古道"，而且是中国与俄罗斯、欧洲贸易中举足轻重的"茶叶之路"。

然而，从这条贸易之路获得巨大利益的沙俄帝国，在1840年鸦片战争后立即加入了"利益均沾"的列强竞争行列，先后通过《瑷珲条约》《北京条约》等不平等条约大量割占中国领土，并获取了在外蒙古设立领事馆等一系列特权。在中国东北、北方和西北地区相继遭受沙俄帝国侵蚀主权、鲸吞领土之际，英、法帝国主义在东南亚、南亚地区的殖民侵略和征服,也阻断了这些地区与中国传统的朝贡关系,中国的西南边疆地区陆续遭受英、法等国的侵扰,中国的陆路边疆地区出现了帝国主义"南北夹击"的态势。这些帝国主义势力非法入境的考察勘探活动,势必引起当地少数民族的抗拒,而以此为由制造的"事件"则成为武力胁迫清朝政府签订条约的口实,目的就是攫取进入中国云南、西藏等地通商等特权。

1643年,当沙俄远征军第一次进入中国黑龙江流域进行劫掠遭到达斡尔人驱逐时,① 远在中国西南边陲的西藏地区,也发生了驱逐西方传教士的事件。② 在西方人"发现新大陆"的殖民主义时代,传教士、探险者、武夫是先行者。最早进入中国西藏地区的西方人也是传教士。但是,他们面对的绝非"万物有灵"的原始信仰,而是公元7世纪佛教传入西藏与当地苯教相互影响形成的藏传佛教,其典籍丰富、教义深奥、教派林立、僧团庞大、等级森严,牢牢掌控着西藏僧俗民众的精神世界。因此,前赴后继的西方传教士宣扬上帝福音的努力屡屡受挫,只能以贬斥藏传佛教的荒诞来抚慰传教的失败。他们认为西藏人及其宗教的"错误之源"在于"否认上帝的存在",而西藏宗教"这个穷凶极恶的敌人,以微妙的艺术手法,装饰了这个荒谬的论点"③。这种传教活动最终以教会最古老的策略——"嘲弄它无法征服的一切"的自我安慰而终结,④ 在18世纪中叶黯然退出了中国的西藏地区。

---

① [英]拉文斯坦:《俄国人在黑龙江》,商务印书馆1974年版,第11—12页。
② [瑞士]米歇尔·泰勒:《发现西藏》,耿昇译,中国藏学出版社1999年版,第35页。
③ [意]依波利多·德西迪利:《德西迪利西藏纪行》,杨民译,西藏人民出版社2004年版,第238页。
④ [瑞士]米歇尔·泰勒:《发现西藏》,第56页。

不过，这些传教士对西藏地区的记述，却引起西方殖民势力对这片土地的兴趣。在英国殖民势力占领印度之后，从西藏打开进入中国内陆的通道成为其贸易扩张的重要指向。1774年11月，东印度公司的使者乔治·柏格尔（George Bogle）作为第一个进入中国西藏的英国人，见到了第六世班禅喇嘛。但是，英国人通商、结盟的要求，却遭到班禅和西藏地方政府的拒绝，其原因一是西藏地方属于大清王朝，一切要听从皇帝的旨意；二是西藏风闻英国的东印度公司穷兵黩武、劣迹斑斑。① 这类试图绕过清朝政府直接与西藏地方通商的活动虽然屡屡失败，但是其沿途测绘的路线、记录的风俗，尤其是开列的中国内地与西藏地区相互交流的物产清单，却进一步刺激了英国殖民贸易的胃口。

虽然英国殖民者认为"西藏呈现给旅行者的最初印象是天底下条件最差的地方"，但是这一地区潜在的殖民商贸利益空间却令人垂涎。所以，面对西藏"显现出很大程度上的文化之无能"②，使充满优越感的英国人萌生了武力征服的欲望。1788年、1791年廓尔喀势力入侵西藏的背后，就隐蔽着英属东印度公司的身影。在1793年英国使臣马嘎尔尼通商中国失败之际，清朝福康安的大军在西藏取得了驱逐廓尔喀入侵的胜利。但是，隐藏在廓尔喀背后被称为"披楞"的势力，却使清朝政府一直摸不着头脑。直到近半个世纪之后鸦片战争爆发，清朝政府才明白了"披楞即系英国"③，而这股势力先后侵占了

---

① 参见梁俊燕《英国与中国西藏（1774—1904）》，兰州大学出版社2012年版，第38—40页。
② ［英］塞缪尔·特纳：《西藏札什伦布寺访问记》，苏发祥、沈桂萍译，西藏人民出版社2004年版，第156页。
③ 梁俊燕：《英国与中国西藏（1774—1904）》，第179页。

中国西藏的屏藩和边地，最终将矛头指向了西藏地区。

二　师夷之长技以制夷

从利玛窦献世界地图、艾儒略撰《职方外记》到康乾时期绘制地图，这些出于皇帝个人兴趣或功名之需的地理知识，因束之高阁而没有融入中国社会的知识体系。正所谓这一时期的"西学东渐"，虽然"在一小部分较进步的中国士大夫中间隐约闪光，却从未照射到其他地方"[①]。中国人并没有登上"地理台阶"来观察世界和认识自我，直到西方炮舰打开中国的大门。[②] 1840 年鸦片战争失败后，中国从泱泱"天朝上国"的骄傲落入了丧权失地的屈辱，从文化博大的优越落入了技不如人的自卑。这一切迫使中国人"睁眼看世界"，开始主动翻译和介绍西方和世界的资料。被誉为中国"睁眼看世界第一人"的林则徐编辑的《四洲志》，率先为国人展开了世界视野。其后，魏源编辑的《海国图志》及其提出"师夷之长技以制夷"的思想，对中国的近代社会转型产生了重大影响，推动了清朝政府的"洋务运动"。

以清朝官府主导下的"洋务运动"，引进西方科学技术、建立军工企业，雇用外国军官和技术人员，目的是通过"师夷之长技"实现强兵富国。1861 年清朝政府设立了总理衙门，这一机构的出现意味着中国"天下国家"的传统朝贡体系，从对边疆民族的"理藩"事务，转向了面对外国列强的"夷务"外交。通商大臣的委任、海关总

---

① ［美］徐中约：《中国近代史：1600—2000，中国的奋斗》，第 84 页。
② 参见邹振环《晚清西方地理学在中国——以 1815 至 1911 年西方地理学译著的传播为中心》，上海古籍出版社 2000 年版，第 54 页。

税务司的设立，特别是《万国公法》的翻译和颁行，使中国在融入世界体系方面相对主动地适应了西方的体制和国际法。为此，清朝政府在西方知识引进和人才培养方面不遗余力，如设立编译馆翻译西方著述，建立同文馆教授外语，从1872年开始先后向美国派遣了120名少年留学生，等等。

然而，清朝政府的这些努力，在帝国主义列强"嗜利"的敲剥掠夺下，富国只能是一个"中兴"的梦想。不过，在强兵方面则显著改善了清军的武器装备，特别是为了镇压以披头散发方式挑战清朝剃发留辫的太平天国革命，使清朝皇帝启用曾国藩在湖南建立的汉族"新军"，率先获得清朝政府举办的军工企业支持。而且"尤其重要的是，外商把快枪和榴弹炮卖给清军"[1]。西方列强对清朝政府的武备支持，目的是维持一个能够满足它们"合法"攫取中国利益的政权。继曾国藩建立湘军之后，他的学生李鸿章组建的淮军也得益于此。1864年，持续14年的太平天国革命失败之际，"李鸿章的军队已装备了约一万五千支步枪"[2]。这对基本上处于"冷兵器"时代的农民起义军来说，差不多也处于面对"船坚炮利"的劣势。

太平天国革命失败后，国内反抗清朝统治的斗争并未休止，与太平天国革命同期的捻军起义亦声势浩大，一度与太平军协同作战，这场起义持续到1868年。在此期间，1856年云南杜文秀领导的回民起义，1862年兴起于陕西、甘肃并波及整个西北地区的回民起义，交相爆发，这两次起义分别于1872年、1877年失败。从太平天国革命爆发，到西南、西北回民起义遭到镇压，反抗清朝统治的斗争持续了20多年。这些风起云涌、规模浩大的农民起义之所以失败，其根本

---

[1] ［美］费正清：《伟大的中国革命（1800—1985年）》，第131页。
[2] ［美］费正清、刘广京编：《剑桥中国晚清史》上册，第340页。

原因是中国社会的阶级结构尚不具备爆发资产阶级革命的条件。而清朝政府在"洋务运动"中的"强兵"之举,的确增强了国家机器镇压农民起义的能力。然而,这种能力在面对帝国主义列强的侵略中,唯一显示"强兵"成效的战绩,就是清军于1878年驱逐了1865年入侵西域地区的中亚浩罕国阿古柏势力。这一维护中国领土的胜利,与左宗棠统领的西征湘军"增多了对欧洲武器或者中国的仿造武器的使用"不无关系。[①]

"洋务运动"及其所标志的清朝"同治中兴",虽然在技术层面一定程度上取得了"师夷之长技"的效果,但是"中学为体、西学为用"的改良意识,并未促使中国政治思想领域和国家治理体制方面的变革。虽然清朝政府意识到过度依赖洋人,难免会受西方列强的政治干预和接踵而至的利益苛求,[②]但是与西方列强合作却能够苟延其统治地位和获得镇压国内各种民间力量反抗的能力。帝国主义列强正是在清朝政府维护统治地位的需要,权重于维护国家主权的责任这一砝码的抉择中,保留了清朝政府不断在不平等条约上签字画押的权力。因此,所谓"中兴"并没有改变帝国主义压迫下大清王朝每况愈下的衰败趋势,只是在屈从西方压力的"洋务"中获得了昙花一现的生机。

对清朝政府而言,1871年沙俄侵占伊犁、1874年日本侵略台湾,引起朝臣的"海防""塞防"之争,几乎同步推进了"海防"和"塞防"的"自强"意识和措施。但是,在列强环伺、国家主权不断被侵蚀的条件下,远在边陲的疆土、近在咫尺的海岛,已非大清王朝能

[①] [美]费正清、刘广京编:《剑桥中国晚清史》下册,中国社会科学院历史研究所编译室译,中国社会科学出版社1985年版,第280页。

[②] 参见[美]芮玛丽《同治中兴:中国保守主义的最后抵抗(1862—1874)》,房德邻等译,刘北城校,中国社会科学出版社2002年版,第269页。

够守卫的了。面对帝国主义列强的侵略，清朝政府只要吃败仗，就不得不屈从于霸道的"战争—谈判—条约"模式，开埠通商、割地赔款。因此，19世纪末期清王朝"同治中兴"欲求的"自强之道"，在加强"塞防"方面，并未因左宗棠出兵西域、收复伊犁的"制夷"胜绩而尘埃落定。1888年英国军队入侵西藏的战争，导致了1890年《中英会议藏印条约》、1893年《中英藏印续约》的签订。这两个在武力逼迫下签订的不平等条约，为英国打开了侵占中国西藏地区的大门。在加强"海防"方面，也未因李鸿章组建了"船坚炮利"的北洋水师而相安无事。面对虎视眈眈的日本，清朝政府这种"自强"的努力，"到了1894—1895年中日甲午战争一爆发就完结了"[①]。这是一个事实。

三 "甲午折戟"痛失台湾

19世纪中期，继鸦片战争迫使中国门户洞开之后，日本也在西方列强的威慑下被迫开放了国门。在这一阶段，"西学虽然已经传入日本，但是日本朝野对汉学与汉籍的尊崇爱好依然不衰"[②]。鸦片战争之后，中国译介西方知识的书籍最受日本官方和知识界的重视。如魏源的《海国图志》，"是日本幕府末期被广泛阅读的世界地理书籍之一"[③]。该书在1854—1856年间出版的日文选译本达21种之

[①] ［美］费正清：《伟大的中国革命（1800—1985年）》，第145页。
[②] 王晓秋：《近代中日文化交流史》，中华书局2000年版，第21页。
[③] ［日］依田憙家：《日中两国近代化比较研究》，卞立强等译，上海远东出版社2004年版，第58页。

多。①类似被译介为日文的书籍还包括《地理全志》《地球略说》《联邦志略》《万国公法》等,甚至西方传教士在中国办的中文刊物也被大量翻译为日文。

1862 年,日本幕府派出的"千岁丸"商船抵达上海,该使团的成员大多为幕府的藩士,这些深受儒家文化影响但又对中国在鸦片战争中失败十分费解的日本藩士,在两个月的考察中,多与中国官吏文人进行"笔语"(写汉字)交流,他们游走于大街小巷"大量收购有关中国地理、历史、政治方面的书籍以及汉译西书"②,特别对汉译西书"四处求索、唯恐不及"③。当时,上海正是中国人、传教士翻译西方书籍的中心。考察期间,日本人目睹了当时洋人当道、难民如潮、鸦片泛滥、青楼遍布、洋教传播等社会沉沦之状,最终得出"按当今清国风习,文弱流衍,遂至夷蛮恃力而至。这是万邦之殷鉴"的结论。④"千岁丸"的中国之行,使仰慕中国文化的日本藩士得到的最大收获是接受教训。

1868 年日本维新势力推翻德川幕府政权,进入明治维新时期,开启了现代化的进程,实现了由"日本精神、中国知识"转向"东方道德、西方技艺"的变革。⑤ 1874 年日本侵占台湾引发的中日外交争端,彰显了日本对外扩张的意图。而 1876 年日本迫使朝鲜签订《江华条约》,则在事实上终结了中国对朝鲜的唯一宗主权,为日本侵

---

① 参见王晓秋《近代中日文化交流史》,第 34 页。
② 王晓秋:《近代中日文化交流史》,第 116 页。
③ 冯天谕:《"千岁丸"上海行——日本人一八六二年的中国观察》,商务印书馆 2001 年版,第 209 页。
④ 同上书,第 258 页。
⑤ 参见[美]斯塔夫里阿诺斯《全球通史:1500 年以后的世界》,吴象婴、梁赤民译,第 482 页。

略朝鲜打开了缺口。随后围绕着朝鲜问题，中日之间摩擦不断。1894年，即中国农历的甲午年，朝鲜发生了"东学党"叛乱，朝鲜王室向清朝政府派驻朝鲜的大臣袁世凯求援，这一平息朝鲜内乱的事件，立即成为日本期待已久侵占朝鲜的口实。为此，清朝政府决定向朝鲜增兵。7月25日，清朝增兵朝鲜的舰船被日本海军击沉，近千名官兵葬身海底。8月1日，中日双方同时宣战，展开了清朝"同治中兴"与日本"明治维新"的海上较量。

对中国而言，甲午战争是一场极具悲剧式的对垒。在陆地，驻守平壤的清军大败，日本人扶持了朝鲜傀儡政权，宣布独立，朝鲜沦为日本的殖民地，日军随即跨过鸭绿江侵入中国东北地区。在海上，中国的北洋水师遭到日本海军的重创，威海卫的海军基地被日军占领。随之而来的谈判及签署的《马关条约》，开创了清朝政府丧权辱国、割地赔款的"新纪录"，日本割占了台湾、澎湖列岛，从中国攫取了一系列特权，向清朝政府讹诈了包括赎回胶东半岛在内的两亿三千万两白银的赔款，等等。日本成为1840年鸦片战争后入侵中国、后来居上的新列强。

自1662年郑成功驱逐侵占台湾的荷兰殖民势力，到1684年清朝在台湾设立府、县之制隶属福建省，清朝政府在台湾的统治突出了"安番众而靖海疆"的施政特点。就抵御帝国主义列强侵略的"靖海疆"而言，从1841年"英舰窥鸡笼"到1885年"法舰攻澎湖"，英国、美国、法国、德国、日本等列强相继图谋侵占台湾，[1] 正因为如此，1885年清朝政府将台湾地区提升为省治，并加快了台湾的近代化建设。然而，甲午战争的失败，使觊觎台湾已久的日本帝国主义达

---

[1] 郝时远、陈建樾主编：《台湾民族问题：从"番"到"原住民"》，社会科学文献出版社2012年版，第2页。

到了目的，台湾沦为日本的殖民地。从 1895 年到 1945 年的半个世纪中，台湾遭受了日本帝国主义"皇民化"的殖民奴役，其中对台湾少数民族的"理蕃政策"尤为严酷。日本将成为中国、中国人民、中华民族近代百年战胜帝国主义侵略的最终对手。

四 "辛丑之辱"祸及拉萨

甲午战争的惨败，不仅标志着清朝政府"自强"运动的失败，而且立即引起了帝国主义列强在"门户开放"政策下"利益均沾"的竞争，德、俄、英、法纷纷以侵占、租借的形式割据中国的领土，扩张其在中国的势力范围。这一危局对中国社会产生的重大影响，使"洋务运动"以来的变法维新思想获得了新的发展空间，即如胡绳所说："到了洋务派因在中日甲午战争的失败而声名狼藉之后，这种变法的主张日益成为有广泛影响的思潮。"[①] 其代表人物是康有为、严复、梁启超、谭嗣同等一些知识分子，他们的政治主张不仅挑战了洋务派"中学为体、西学为用"的保守观念，而且也借鉴了俄国彼得大帝、日本明治天皇变革的经验，提出了君主立宪的政治方案。这些变法维新的主张，深深打动了年轻的光绪皇帝，也深深刺激了清朝统治阶级的保守势力。

1898 年 6 月 11 日，光绪皇帝登上紫禁城的天安门颁布《明定国是诏》，拉开了晚清"戊戌变法"的序幕。在此后的三个月中，光绪皇帝相继批准和颁布了几十份涉及国家教育、行政管理、工业和国际

---

① 胡绳：《从鸦片战争到五四运动》上册，人民出版社 1981 年版，第 346 页。

交流的法令,[①] 颇有"疾风暴雨"之势。然而,力图变法维新的皇帝和康有为等一批知识分子,面对的是一个封建王朝观念积淀深厚的政治体制,其权力结构的变革方案不仅危及了中央和地方的官吏阶层,而且废除传统的八股考试也阻断了民间知识分子"学而优则仕"的前程。更何况皇帝所器重的维新派均为汉族,引起了满族贵族统治阶级的疑惧和反弹。变法与守旧的矛盾及其所引发的各种利益冲突,导致在颐和园"赋闲"的慈禧太后断然反应,将光绪皇帝囚禁,随即对维新派抓捕治罪,重返政坛亲政,终结了历时103天的变法维新。

慈禧太后的"戊戌政变",打击了倡导西方观念、危及"祖宗之制"的变法维新派,其保守复旧的政治取向,也损害了帝国主义将中国纳入西方规制的努力。所以洋人对其"废帝立储"的行动公开表示了反对,这也成为她试图利用民间反洋教运动惩戒洋人的动因之一。当时朝野之中,对帝国主义列强的宰制和洋教弥漫民间怨愤四起,助长了义和团运动的蔓延。当义和团打起"扶清灭洋"的旗号时,以慈禧太后为代表的极端保守势力,似乎从这种声势浩大的社会动员和装神弄鬼的杀敌法术中,看到了维护其统治地位的"民心"。因此,当义和团在天津和北京围攻租界、攻击使馆形成高潮,导致帝国列强的八国联军进犯北京之际,慈禧太后发布了《宣战诏书》,试图与洋人一决雌雄。

1900年的盛夏,各路义和团游走于北京街头灭洋,而天津到北京途中快枪装备的清军与身兼"法术"的义和团却节节败退,八国联军的炮弹很快就落在了通州城头。8月15日清晨,八国联军在天安门遭遇清朝军队的最后抵抗。当最后一名士兵倒下时,慈禧太后和光绪

---

① 参见[美]徐中约《中国近代史:1600—2000,中国的奋斗》,第299页。

皇帝一行的马车已经冲出皇城的北门，走上了避祸逃亡之路。清朝的国都陷入八国联军之手，在北京的义和团民众惨遭屠戮，烧杀抢掠的暴行遍布街头巷尾，皇宫内帑、颐和园珍宝被洗劫一空，甚至外交使节、牧师教士也放下"尊严"和"神圣"加入杀人、抢劫、叫卖掠夺品的行列。① 在结束 19 世纪、迈入 20 世纪的过程中，大清王朝反抗帝国主义列强的最后一次尝试再度以惨败告终。

进入 20 世纪的中国，清朝政府被迫重蹈 1840 年以来签约、赔款的老路。慈禧太后以"量中华之物力，结与国之欢心"的议和条件，向帝国列强低头认罪。1901 年 9 月清朝政府与英、法、德、俄、美、奥匈、意大利、日本、比利时、西班牙、荷兰签订的《辛丑条约》，以 4.5 亿两白银的赔款、划出"国中之国"的外国使馆区、外国驻军等一系列丧权辱国的条款，以及承诺惩治对开战负有责任的王公大臣和镇压一切反对洋人的敌对行动，换取了慈禧太后重返北京和八国联军撤离北京。至此，清朝政府已彻底沦为帝国主义列强手中的工具。《辛丑条约》的签订，"一方面保住了中国名义上的独立，一方面却造成了这个世界最古老政治实体的崩溃"②。沦为半殖民地的中国丧失了保卫家园的权力和能力。

自 1895 年签订的《马关条约》，日本帝国主义在中国攫取的巨大利益刺激了帝国主义列强交相攀比的无度胃口。沙俄对外蒙古地区的控制不再限于经济利益，利用 1900 年的义和团事变直接派兵进驻库伦，开始从政治上收买外蒙古宗教上层、王公贵族，培植亲俄势力，为策动外蒙古独立创造条件。英国与沙俄在中国新疆、西藏交相谋求

---

① 参见胡绳《从鸦片战争到五四运动》下册，人民出版社 1981 年版，第 625 页。
② ［英］艾瑞克·霍布斯鲍姆：《帝国的年代（1875—1914）》，贾士蘅译，钱进校，江苏人民出版社 1999 年版，第 364 页。

殖民权益的明争暗斗也趋于白热化，并在签订《辛丑条约》之后变得更加有恃无恐。英国对清朝政府施加压力、逼迫中国政府进一步开放西藏，否则将无视中国在西藏的主权，直接与西藏地方政府交涉，甚至放言如果西藏地方政府进行抵制，则采取武力达到目的。当然，无论当时的清朝政府如何孱弱，在关涉国家主权、西藏安全的问题上断不敢轻易让步。西藏地方虽受沙俄诱惑、英国威逼也绝不敢自作主张。因此，随后的历史只能按照侵略者设计的"政治圈套"展开，英国发动了第二次侵略西藏的战争。

1903年年底，英国军队入侵西藏亚东，进占春丕和帕里，继而在英军上校荣赫鹏（Francis Younghusband）率领下长驱直入，于1904年8月侵入拉萨。在8个多月的武装侵略行动中，英国军队受到西藏地方武装的顽强抵抗。但是，侵略者仰仗先进枪炮突破了西藏地方武装的数道防线，屠杀了大量的西藏军民。其间，西藏军民的江孜保卫战持续了3个月，这是西藏人民抵抗帝国主义侵略最重大的战事。在英国侵略军的火炮和马克辛机关枪面前，藏族军民守土有责的顽强抵抗精神，令英国人也感到吃惊："他们几十个人也敢向比他们大得多的力量发起进攻，不顾一切地全部战死。几个强征来的农民为了保卫一个村庄，也会像古罗马的爱国志士一样献身。"[1] 在英军进逼拉萨之际，第十三世达赖喇嘛避祸逃亡，取道青海、甘肃前往外蒙古地区，清廷根据驻藏大臣有泰的建议革除了达赖喇嘛名号，引发了西藏僧众的强烈不满。驻藏大臣急于求得英国撤军，催逼西藏地方政府与英国武装"使团"达成协议，最终导致西藏噶厦（地方政府）在英国人拟定的《拉萨条约》上签字。

---

[1] ［英］埃德蒙·坎德勒：《拉萨真面目》，尹建新、苏平译，西藏人民出版社1989年版，第112页。

第二章 百年之殇：边疆裂变的"遗产"

所谓《拉萨条约》，是英国图谋与中国、中国的西藏地方三方共同签订的不平等条约。其目的不仅在于侵蚀中国的主权从而全面打开殖民西藏地区的大门，而且彰显了独占西藏地区而不容其他列强染指的用心。赔款、占地、自由通商等利益攫取自不待言，更企图将西藏地区从中国肢解出来，制造"西藏独立"的野心已昭然若揭。对此，清朝政府认为该条约有违"不侵中国主权，不占西藏土地"的原则，故申斥驻藏大臣有泰所为，阻止了签字画押，另派专使赴印度与英国谈判。[①] 1904年9月，荣赫鹏带着不具法律效力的《拉萨条约》率领英军撤出了拉萨。

在入侵西藏、离开拉萨的途中，英军洗劫城堡、寺院，掠夺了大量的西藏文物和宗教典籍。虽然这些侵略者像他们的前辈那样认为"藏传佛教独特的令人讨厌"，所有房子和寺院中"总有镀金佛像、俗丽的绘画、魔鬼女妖、五颜六色的壁画、呲牙咧嘴的可怕的魔鬼面具以及喇嘛实行恐怖主义的所有骗人器具"[②]，但是他们掠夺这些"骗人器具"却不遗余力。负责运送这些珍贵文物的大卫·麦克唐纳（David Mcdonald）自述说："我们用了400多头骡子才将这些物品运回来，其中包括很多稀有珍贵的藏传佛教经典著作手稿、塑像和各种各样的宗教随身物品、盔甲、武器、唐卡与瓷器。"[③] 西藏的传统文化遭到洗劫和重创。

为了促使《拉萨条约》合法化，英国与中国政府代表于1905年在加尔各答开始谈判，1906年年初又转到北京继续谈判。双方争论的焦点之一是有关中国政府代为赔付《拉萨条约》向西藏地方勒索的

---

① 参见牙含章编著《达赖喇嘛传》，第181页。
② [英] 埃德蒙·坎德勒：《拉萨真面目》，第182页。
③ 转引自梁俊燕《英国与中国西藏（1774—1904）》，第308页。

赔款。英国人认为如同意中国政府支付赔款，也就意味着承认西藏地方属于中国，而《拉萨条约》本身就是试图"去中国主权化"的产物。然而，由于《拉萨条约》凸显了英国独享在西藏的利益，规定了"无论何外国皆不许派员或派代理人进入藏境"的条款，激起了其他帝国主义列强的反对，英国不得不做出让步。1906年4月，中英签订了第二次条约，将《拉萨条约》作为了附约。

1908年清政府付清了涉藏赔款，英军也不得不根据条约退出了其占领的春丕地区。在这场危机中，十三世达赖喇嘛流亡并受到清朝政府革除名号的惩戒，西藏地方政府被迫与英国签订《拉萨条约》，背后都有驻藏大臣有泰的昏庸无能，这不仅使英国获得了继续影响西藏局势的空间，而且造成了西藏地方政府与中央政府之间的矛盾。为此，清朝政府委派张荫棠查办藏事，将有泰等一批官员革职处分，提出了一系列治藏新政，包括对达赖、班禅优加封号、厚给岁俸，加强吏治，增加驻军、培训藏兵，以及修路、通邮、办学、办报、铸币、开矿、贸易，办枪械制造厂等工厂，并针对西藏"差徭之重、刑罚之苛"进行改革，等等。清末新政始在西藏地区推行。当时，新任川滇边务大臣的赵尔丰也在西康藏族聚居地区强力推行改土归流。这些"新政"都将深刻地触及西藏政教合一的制度和传统社会组织。

从18世纪英国殖民势力觊觎中国的西藏地区，到20世纪初英国入侵西藏，在英国人等西方人眼中，西藏是一个极其落后愚昧之地，而且在两个世纪中没有任何变化。虽然这些记录中透出了西方优越的心理，但是他们也的确看到了这个地方的社会沉疴。1864年在拉萨居住的法国传教士古伯察（Régis-Evariste Huc）曾做出这样的概括："达赖喇嘛是西藏所有地区的政治和宗教首领，任何立法、司法和行政权力都集中于他一人之手。习惯法和由宗喀巴留下的某些规则指导他行使其巨大的权力。"而且"其权力的行使完全取决于他一时的兴致和乐意，既没有宪章也没有宪法来约束他的活动方式"①。时隔40年后，1904年随英军进入拉萨的《泰晤士报》记者埃德蒙·坎德勒（Edwund Candler）面对神圣的布达拉宫时，他的感受是"这座居住着佛教领袖、菩萨化身的宫殿比起欧洲血债最多的中世纪城堡来说，它目睹的杀人场面和怂恿人去犯罪的情景更多"②。

可以说，英国人在中国西藏地区唯一做对的事情，就是在东西方社会历史比较中，率先向世界揭示了中国西藏地区是一个政教合一的封建农奴制社会：这里的"人民还停留在中世纪的年代，不仅仅是在他们的政体、宗教方面，在他们的严厉惩罚、巫术、灵童转世以及经受烈火与沸油的折磨方面是如此，而且在他们日常生活的所有方面也都不例外。我敢说，在世界历史上顽固和黑暗如此突然地暴露在科学的面前是没有先例的"③。这些西方人，在西藏政教合一的封建农奴社会中，身临其境地体会了欧洲中世纪的残酷和黑暗。因此，无论英国人入侵和图谋殖民中国西藏地区的目的何在，西藏地区远离现代社会的黑暗现实，必然随着20世纪上半叶中国的政治大变局而发生改变。

五 辛亥后的边疆危机

1911年是中国农历的辛亥年，10月10日爆发的中国资产阶级革

---

① ［法］古伯察：《鞑靼西藏旅行记》，耿昇译，中国藏学出版社1991年版，第509—510页。
② ［英］埃德蒙·坎德勒：《拉萨真面目》，第192页。
③ 同上书，第186页。

命党人领导的武昌起义，因此被称为辛亥革命。这场革命，不再是历史上更换皇帝的变革，而是一场社会制度性的革命。发动革命的阶级力量已经不再是食不果腹的农民，而是在欧美的"西学"、日本的"东学"、中国的"新学"影响下，在知识分子、留学生、军校士官、进步士绅中产生的革命党人。这种革命，在世界近代历史中最具代表性和影响力的当属1789年的法国大革命，路易十六被送上了断头台。霍布斯鲍姆（Eric Hobsbawm）对此评价说：这场革命不仅使"法国为民族主义提供了第一个伟大的榜样、观念和语汇"，而且使"现代世界的思想观念首次渗透进迄今曾抗拒欧洲思想的古老文明世界"①。孙中山领导的这场革命及其倡导的三民主义，即是这种渗透的结果。

辛亥革命以湖北新军在武昌发动的起义拉开帷幕，起义本身并不是一场艰难残酷的战争，某种程度上说可谓"轻而易举"。然而，这"轻而易举"的背后，是中国革命蓄势已久、清朝政府尽失民心的社会政治环境。1908年慈禧太后、光绪皇帝相继去世后，年仅3岁的溥仪即位。摇摇欲坠的清朝皇室，在"驱逐鞑虏、恢复中华"的种族—民族主义革命动员的"排满"声浪中更加保守。1911年5月，清朝政府在立宪派的国会请愿政治压力下，任命了由13名国务大臣组成的新内阁，其中9名是皇室宗亲和满族贵族，只有4名汉族官僚。这一被称为"皇族内阁"的出炉，使清朝政府承诺的所谓君主立宪变革化为乌有，集权于皇族的政治选择不仅使保皇党人大失所望，而且更深刻地激发了已经弥漫于朝野的"种族革命"意识。加之清朝政府卖国求荣的"铁路国有"政策，引发四川等地轰轰烈烈的"保路运动"，使推翻清朝统治的革命蓄势待发了。

---

① ［英］艾瑞克·霍布斯鲍姆：《革命的年代》，王章辉等译，钱进校，江苏人民出版社1999年版，第70页。

武昌起义的枪声引发了中国多地响应，短短的一个多月时间，湖南、陕西、江西、山西、云南、浙江、贵州、江苏、安徽、广西、福建、广东、四川等省相继宣布独立，脱离清朝政府的统治。其间，虽然清朝政府调兵遣将试图扑灭革命的烈火，但为时已晚。11 月，各地革命党人的代表齐聚武昌，宣布建立中华民国，决定中华民国临时政府建于南京。12 月 25 日，颠沛流离于国外 16 年的孙中山回到中国，并在 29 日的选举大会上当选为中华民国临时大总统。1912 年 1 月 1 日，孙中山在南京宣誓就任时宣示："武汉首义，十数行省先后独立。所谓独立，对于清廷为脱离，对于各省为联合，蒙古、西藏意亦同此。行动既一，决无歧趋，枢机成于中央，斯经纬周于四至。是曰领土之统一。"① 其中"蒙古、西藏意亦同此"，即是指辛亥革命后外蒙古、西藏地区脱离清朝政府统治的事变。

在南方各省相继宣布脱离清朝政府独立的进程中，1911 年 11 月，西藏地区发生了清朝驻藏川军的兵变，在以"革命""共和"为旗号推翻清朝驻藏大臣统治的动员中，川军内部的会党矛盾随之爆发，出现派系纷争、争权夺利、劫掠资财的会党动乱，进而造成拉萨等地的社会动荡，引发了汉藏冲突。面对这种乱局，流亡印度的十三世达赖喇嘛在英国势力的支持下，组织起"西藏民军"向各地川军发动进攻。无独有偶，同年 12 月，外蒙古地区的王公贵族也宣布独立，奉宗教领袖哲布尊丹巴呼图克图为皇帝。这一事件的发生，既有效法各省独立的成分，也有针对当时"排满"革命中"驱逐鞑虏"思潮的动因，而沙俄势力对外蒙古地区长期影响、挑拨离间的分裂活动则是幕后推手。外蒙古驱赶清朝驻库伦办事大臣及其军队，目的是借"脱

---

① 《临时大总统宣言书》，《孙中山全集》第 2 卷，中华书局 1982 年版，第 2 页。

离清廷"来"脱离中国"。

在当时北方君主立宪、南方"五族共和"的政治对立中，无论是南京临时政府还是北京清朝政府，都无暇顾及边疆地区的形势。拥兵自重的袁世凯迫使孙中山做出政治妥协，出让了中华民国大总统一职。袁世凯就职之后，随即发布了《劝喻蒙藏令》，斥责清朝封疆大吏治边"措施未善"之弊，宣示五族共和"均归平等"的主张，颁布命令申明："现在五族共和，凡蒙、藏、回疆各地方，同为我中华民国领土，则蒙、藏、回疆各民族，即同为我中华民国国民，自不能如帝政时代再有藩属名称。"并撤销清朝的理藩院，设蒙藏事务局办理蒙古、西藏等少数民族事务，委任驻藏办事长官以取代清朝的驻藏大臣。① 这是废除封建王朝"藩属"之制的开端，也是中国迈入现代国家门槛之后对领土主权、国民归属做出的宣示。

随后，袁世凯致电哲布尊丹巴，以"外蒙同为中华民族，数百年来，俨如一家"促其放弃独立。而哲布尊丹巴有关是否放弃独立"请商诸邻邦"的回复，则暴露了沙俄这个"邻邦"唆使独立的内幕。当时沙俄已经拟定了《蒙俄协定》，开列了它在外蒙古的种种特权。② 就在民国政府抗议《蒙俄协定》转而与沙俄交涉外蒙古问题之际，英国利用袁世凯急于获得列强承认的心理，鼓动和唆使十三世达赖喇嘛以武力抗拒民国政府派遣驻藏长官、阻止中国军队进藏。同时，将所谓"宗主权"置换中国在西藏的主权，作为承认袁世凯北京政府合法性的条件。而"宗主权"这一殖民主义列强划分势力范围、统治殖民地的概念，是1907年英国与沙俄攫取中国利益、划分势力范围的政

---

① 周伟洲、周源主编：《西藏通史·民国卷》上，中国藏学出版社2015年版，第3—6页。

② 刘学铫：《外蒙古问题》，南天书局2001年版，第20、23—24页。

治交易中，写入英俄《西藏协定》中的关键词，即英国和沙俄"承认中国对西藏之宗主权"。① 1913 年 2 月，从印度返回拉萨的达赖喇嘛发表的《水牛年文告》，② 正是在这一背景下出现的。

第十三世达赖喇嘛发表的《水牛年文告》，将元朝以来西藏地方隶属于中央政府的政治关系称为宗教范畴的"供施关系"，这不过是为英国殖民势力以"宗主权"取代"主权"的阴谋贴了一个宗教标签而已。把这份"文告"当作"西藏独立"宣言，是试图用罗马帝国与罗马教廷的关系来比附中国与西藏地方的关系，目的是为英国殖民势力制造"西藏问题"的"合理性"寻求西方的"规则"。其实，稍有一些东西方历史常识，就不会进行这种牵强附会的比较。元朝皇帝对萨迦派八思巴的帝师尊崇，明朝政府对西藏各教派的"多封众建"，清朝政府对达赖喇嘛、班禅额尔德尼的认定和册封，确立驻藏大臣的治理体系，从来都昭示着中央与西藏地方的政治辖属关系，而非对等或平行的政权与教权关系。况且，将这份"文告"标榜为政治"独立宣言"，本身就是对宗教"供施关系"的自我否定。

在达赖喇嘛发表上述"文告"之前，沙俄势力潜伏在达赖喇嘛身边的特务德尔智（布里亚特蒙古人），穿梭于库伦、圣彼得堡和拉萨之间，并假借达赖喇嘛使者的名义于 1913 年 1 月在外蒙古库伦签署了一份所谓《藏蒙协定》，声明外蒙古与西藏"脱离清朝"以"自成两国"的名义相互承认"自治权"。对这份试图将西藏地区纳入沙俄势力范围而制造的"协定"，不仅俄国、英国官方都将其视为没有任何效力或合法性，"甚至连西藏地方政府也表示事属子虚"③。这只是

---

① 梁俊燕：《英国与中国西藏（1774—1904）》，第 342 页。
② 参见周伟洲、周源主编《西藏通史·民国卷》上，第 19 页。
③ 同上书，第 34—36 页。

如同当时沙俄等欧洲帝国势力，在巴尔干半岛进行政治赌博、秘密外交、挑拨离间、分赃签约等惯用的一种阴谋手法。但是，从中也不难看出，英国之于西藏、沙俄之于外蒙古，以"宗主权"取代中国的主权，外蒙古和西藏地区享有脱离中央政府的"自治权"，已经成为它们既定的统一口径了。

在袁世凯谋求帝国主义列强承认的步步退让中，1913年11月民国政府与俄国签订了中俄声明，其要为"俄国承认中国在外蒙古之宗主权""中国承认外蒙古之自治权"。随后展开的中、俄、外蒙古的三方会谈持续到1915年6月，签订了《中俄协约》，规定了"外蒙古承认中国宗主权。中国俄国承认外蒙古自治，为中国领土之一部分"等具体事项。据此，外蒙古取消独立，改行自治。[①] 沙俄在外蒙古问题上得手，英国在西藏问题上也不甘落后。就在民国政府与沙俄、外蒙古进行三方谈判之时，英国迫使袁世凯同意举行中国、英国、西藏的三方谈判，即1913年10月13日开场的西姆拉会议。

西姆拉会议是英国策动西藏独立精心准备的一次所谓"谈判"。在英国人直接策划和帮助下，西藏地方代表首先抛出了"西藏独立"的方案，要求划分西藏与中国边界。对此，中国政府代表给予强烈质疑和有力辩驳，谈判陷入僵持。1914年2月17日，英国首席代表麦克马洪（A. H. McMahon）抛出了"调停意见书"和一份地图，提出划分所谓"内藏"和"外藏"的肢解性分治方案，其目的就是造成"外藏"（相当于今西藏自治区），在自治的名义下处于事实上独立的状态。英方拟定的"调停意见书"，声称"中英各政府既认西藏为非属于中国统治权，乃属于中国宗主权之国，并认外西藏有自治权"，

---

① 刘学铫：《外蒙古问题》，第25—30页。

以及一系列限制中国在西藏地区行使主权的条款,诸如中国不得派官吏、不得驻军等。① 英国威逼中国政府、利诱西藏代表,并以英、藏代表当场签约等威吓手段,企图迫使中国政府就范。对此,中国政府代表严正申明:"该约未得中国同意,英藏方面签字画押,中国万不能承认。"这一立场在英印政府出版的《艾奇逊条约集》中也清楚地记载为:"中国政府不准其全权代表进行正式签字。"②

1914年7月6日,中国政府向英国政府提出严正声明:"中国政府不能擅让领土,致不能同意签押,并不能承认未经中国承诺之英藏所签条约,或类似之文牍。"③ 英国人策划和主导的西姆拉会议以失败告终。但是,西姆拉会议期间英国与西藏代表秘密进行的印度和西藏边界划分,却以地图上标示出一条所谓"麦克马洪线"而将中国西藏地区的9万多平方公里领土,划为英印政府的统治范围。这一阴谋也成为留给未来中、印两国之间领土问题的"遗产"。西姆拉会议以后,中、英两国就西藏问题多次交涉谈判,国内舆论愤然,迫使北京政府表明了最终的原则立场,即"绝对拒绝"西藏"独立"之说,至多按照外蒙古之例"允其自治"。④ 不过,当时的外蒙古因俄国十月革命后的形势变化,王公贵族势力正在商讨放弃自治,回归旧制。

1917年俄国十月革命后,沙俄在外蒙古的残部已类流匪,日本趁机笼络其部,图谋趁乱制造外蒙古独立。出于对沙俄匪帮袭扰的疑惧和对日本介入的警惕,外蒙古王公势力开启了同中央政府驻库伦办

---

① 郭卿友编著:《民国藏事通鉴》,中国藏学出版社2008年版,第41页。
② 转自刘学铫《从历史看清西藏问题——揭开达赖真实面貌》,台北致知学术出版社2013年版,第85页。
③ 郭卿友编著:《民国藏事通鉴》,第45页。
④ 参见郭卿友编著《民国藏事通鉴》,第47页。

事大员，就恢复旧制、撤销自治的商谈。1919年11月，外蒙古王公大臣上书中央呈请撤销自治、"一如旧制"。22日，北京颁布撤销外蒙古自治的政令。1921年，沙俄残匪恩琴一部攻陷库伦，再度鼓噪外蒙古独立，这股势力很快被苏联红军击溃。随后，在苏联扶持下外蒙古成立了蒙古人民革命党，宣布成立蒙古人民革命政府，实行君主立宪，以哲布尊丹巴为汗。① 1923年年初，苏联与蒙古人民革命政府签订了密约，规定了苏联主导外蒙古的种种权利，特别申明"许苏联军队驻扎外蒙，协助蒙人，保护蒙古，以御中国"等条款。② 1924年，哲布尊丹巴去世，蒙古人民革命党决定实行共和，宣布成立蒙古人民共和国。苏联保护下的外蒙古地区处于了事实上的独立状态。

六 肢解中国的"满洲国"

在1900年八国联军兵临北京城下时，沙俄和日本军队率先发动了对东便门和朝阳门的进攻，目的是为了在列强云集、攫取中国利益的分赃中抢占先机。日本在甲午战争后获得的利益之丰，使其他列强垂涎三尺，其侵占辽东、染指东北更令沙俄耿耿于怀。所以，沙俄借助列强攻占北京之机，以镇压东北义和团为名派重兵跨过黑龙江侵入了中国东北，控制了东三省的战略要地。沙俄的远东计划与日本的东亚图谋，在《辛丑条约》签订后呈现日益尖锐的冲突。英国在西北新疆、西南西藏与沙俄的竞争，促成了英日联盟，俄国则与法国达成了

---

① 参见郝时远、杜世伟编《列国志·蒙古》，社会科学文献出版社2007年版，第91页。
② 刘学铫：《外蒙古问题》，第57页。

军事同盟。一场帝国主义瓜分中国利益的战争于1904年2月在中国的旅顺口爆发。这场在中国领土上持续了一年多的日俄战争，最终以沙俄败北而告终。日俄签订的《朴茨茅斯和约》结束了沙俄独占中国东北地区的强权地位，日本堂而皇之地侵入了东北地区并独霸了南部，形成了所谓"北满""南满"的格局。

辛亥革命后，沙俄鼓动外蒙古独立的同时，也在内蒙古东部地区策划独立活动。而日本则利用清朝皇帝退位之机发动了"满蒙王国"的独立运动。沙俄与日本、帝国主义与奉系军阀、日本与清朝遗老之间的秘密勾结和相互利用，不断深化帝国主义在中国东北地区的统治根基，培植各种卖国势力，策划全面占领东北地区的阴谋。第一次世界大战后，日本进一步攫取在华利益。1917年俄国十月革命后，沙俄在中国的遗留势力逐步衰退。这都为日本占领东北、全面侵华提供了机会。在此期间，1917年6月，一直效忠清朝皇帝的皖系军阀张勋，利用应邀进京调停总统与总理的"府院之争"机会，在日本人支持和保皇党康有为的策划下，于7月1日凌晨在紫禁城的养心殿，拥戴已经退位的溥仪重新坐上皇帝的龙椅。虽然这一倒行逆施的复辟之举，在举国声讨中仓皇落幕。但是，持续12天的复辟插曲，却激起了"末代皇帝"溥仪的迷梦，陷入了日本制造"满蒙独立"、分裂中国的梦境。

1912年清朝皇帝退位后，因与民国政府签订优待条件而继续留住故宫。直到1924年直奉战争时冯玉祥发动"北京政变"，溥仪才被驱出紫禁城成为平民。出宫后的溥仪立刻投入了日本人的怀抱，转到天津日本租界扮演"亡国皇帝"，接受清朝遗老、"还宫派"等形形色色的保皇党顶礼膜拜。日本人极尽所能地为他制造"重登大宝"的氛围,① 以七年的笼络、鼓动之功完成了对溥仪复辟梦想的编织,同时也完成了在东北地区培植亲日势力的准备。1931年的中国,国民党派系纷争、政治力量倾轧重组,中共红军陷于国民党军队的第三次围剿之中,日本人则在东北地区不断挑起冲突事件。9月18日,日本关东军向驻守沈阳地区的中国东北军北大营发起攻击,这就是日本发动全面侵华战争中的"九一八"事变,沈阳、长春、哈尔滨等东三省的一系列战略重镇相继被日军占领,中国东北沦陷。

在"九一八"事变爆发的第二天,日本即提出"树立以宣统皇帝为盟主"的主张,日本关东军的特务机关开始积极策划挟持溥仪赴东北的行动。当时溥仪最关心的"王朝帝国"复辟大业,在得到日方承诺的"新国家"是"帝国"而非"共和"之后,同意前往东北复辟帝国。殊不知,日本人承诺的"帝国"是指大日本帝国,只是伪托了一个"满洲国"的名义而已。1931年11月,溥仪在日本人的秘密保护下乔装成日本军人,登上了一艘日本商船前往东北登基。离开天津的溥仪已完全被日本人掌控,日本人随即开始在中国东北地区发动了"建国运动",依靠汉奸、保皇党等势力宣示独立,建立各级伪政权,商讨所谓"国名""国旗""年号""首都",发动各式各样的"请愿活动"要求溥仪担任"元首",等等。所有的这些活动都是由日本人一手策划的,只是装扮成中国东三省"民意"自决独立的假象而已。

当这一切停当之后,日本人向软禁在旅顺的溥仪道出了真相:国名:"满洲国",国民:满族、汉族、蒙古族、日本人和朝鲜族,国旗:五色旗。对此,一心图谋复辟大清帝制的溥仪捶胸顿足、大失所

---

① 参见姜念东等《伪满洲国史》,吉林人民出版社1980年版,第110—112页。

望，但迫于日本人强硬的态度他不得不屈就于"执政"这一身份。1932年3月1日，日本人导演的伪满洲国宣布成立，3月9日举行了溥仪就职伪满洲国"执政"的典礼。次日，溥仪签署了日本人交给他的一份任命政府官员的名单，开始履行日本人傀儡的职责。随后签署的一份卖国密约，将所谓"满洲国"的国防、治安、铁路、港湾、水路、空路等全部委托于日本管理，而所需经费则由"满洲国"承担。当时，虽然国联对这个"满洲国"进行了实地调查，并认定它是"在日本文武官员控制下的一个傀儡国家"，不具合法性。① 但却遭到羽翼丰满的日本军国主义退出国联的强硬回应。

在伪满洲国建立半年后，日本与溥仪签订了"日满协定书"，假"两国关系"之名，进一步确认日本在中国东北的一切权利和利益，以所谓"共同防卫"的名义确认了日本关东军的统治地位。② 这意味着所谓"满洲国"正式成为大日本帝国的殖民地。日本为了满足溥仪的"皇帝梦"，也赋予了他尊崇日本天皇圣意下的"皇帝"名号，但伪满洲国的一切权力都掌控在日本人手中。以日本关东军为代表的军国主义势力，对伪满洲国的政治、经济、文化和社会生活进行全面控制，实行残酷的法西斯主义镇压政策，对民间社会实行清乡、归屯并户、制造集团部落，推行"皇民化"的奴役政策，对满、汉、蒙古、朝鲜和东北地区的其他少数民族实行分而治之的离间政策，垄断经济生活、疯狂掠夺资源，大规模推动以武装移民为先导的殖民政策，"义勇队""开拓团"等名义不一而足，甚至制定了在20年内从日本移民100万户500万人的庞大计划。据统计，截止到1945年日本战

---

① ［美］徐中约：《中国近代史：1600—2000，中国的奋斗》，第442页。
② 参见姜念东等《伪满洲国史》，第146—147页。

败投降，日本的移民总数在 10 万户 30 万人左右。①

　　日本分裂中国制造的伪满洲国，是继其占领台湾后在中国领土上制造的第二块殖民地，是自 1927 年日本臭名昭著的"田中奏折"关于欲要征服中国"必先征服满蒙"战略主张的实践，也是日本立足"满蒙非中国"的立场，确定其侵华战争的核心。其目的就是为展开全面侵华战争建立一个殖民基地，为侵占华北、制造内蒙古独立、策划西北"回回国"创造一个"样板"。然而，延续 13 年的伪满洲国，随着中国抗日战争的胜利而灰飞烟灭。中国在抗日战争中付出了巨大的牺牲，中国各民族人民维护统一的多民族国家历史、现实和未来付出了极其高昂的代价，所以也必然万分地珍重国家的统一、领土完整和民族团结。当然，我们也会警醒地思考今天在国外学界继续流行"满蒙非中国"之论的目的。

七　"东突厥斯坦"的梦魇

　　中国古代的西域地区，是中西交通的繁盛之地，也是一个种族、民族、语言、文化和宗教多样化的地区。西域之地，自汉代屯田设制，并因俗而治，历经中原王朝和北方游牧帝国交相统治，期间不乏汗国交替称雄。明末清初，蒙古瓦剌势力入据西域，建立准噶尔汗国，西征哈萨克汗国，东袭外蒙古和内蒙古，南治叶尔羌汗国并侵入西藏拉萨之地，北拒沙俄南进，形成挑战清朝的大患。故康熙、雍正年间多次用兵，直到乾隆时期平定。此后，西域始有"新疆"之称。

---

①　参见姜念东等《伪满洲国史》，第 342、345 页。

道光元年《新疆识略》一书即确指西域之地。清代文献中所记"新疆"并非新扩展的疆土，而是指制度变革、平息割据、加强中央统治的地区。如雍正年间在西南地区"改土归流"所涉及的云南乌蒙、贵州黔东南均称为"新疆"。① 所以，龚自珍《西域置行省议》、朱逢甲《西域设行省议》等，即是针对治理"西域新疆"提出的制度变革建议。不过，清朝政府最终接受这一建议则是鸦片战争以后的事情。

1840年以后，沙俄帝国势力对西域地区的侵蚀日益严重，并迫使清朝政府签订了一系列割占领土、攫取利益的条约。在整个中国，帝国主义的殖民侵略加剧了国内的阶级矛盾和民族矛盾，西域地区也不例外，1864年这一地区也多次爆发反清起义。就在这一年，中俄又签订了《勘分西北界约记》，使几十万平方公里领土划入了俄国。1865年，中亚浩罕国势力趁中国西域地区形势纷乱、政权割据的形势大举入侵，占领了天山南北大部分地区。而这一行动的背后则有英国与沙俄在西亚、中亚地区角逐的背景。1871年5月，沙俄入侵并占领伊犁，西域之地面临被肢解的危难，促使清朝皇帝接受了"塞防派"的意见，清军展开了收复西域之地的远征。

1878年年初，清军收复了除伊犁之外的西域领土，并与沙俄展开收复伊犁的谈判。若依当时清军的实力，攻克伊犁也非不可能之事。但是，沙俄作为攫取中国利益的帝国主义列强，对中国的威胁并非伊犁一地，清朝政府断然不敢轻易用兵，而要让侵略者"吐出口中之食"则只能屈从于割地、赔款的"强盗逻辑"。1881年，《中俄伊犁条约》和《陆路通商章程》签订后，沙俄退出了伊犁。西域地区平息外患后，左宗棠在主持善后事宜时再次提出建行省、设郡县的主

---

① 肖之兴：《清代的几个新疆》，《历史研究》1979年第8期。

张。1884年，清朝政府批准建立"故土新归"的新疆行省，这一措施加强了清朝政府对西北边疆地区的统治，使西域地区的传统社会体系一于郡县制度。然而，新疆建省改变不了帝国列强觊觎侵占中国的外部环境，清朝政府的没落和沙俄等帝国主义势力在中亚、西亚地区的争夺，对新疆地区产生着新的威胁。

辛亥革命后的新疆，同样爆发了革命党人的起义，但结果也同一些其他省份一样，政权落入军阀之手。从杨增新、金树仁到盛世才，几代军阀在新疆实施专制统治，虽然有"固土求安"之心但都无法避免沙俄、英国、日本和苏联对新疆地区相继施加的影响。英国图谋掌控西藏地区抗拒沙俄南进的前沿地带，即是新疆；日本与沙俄竞争向新疆地区渗透，则是其侵略和肢解中国的野心向西北地区的延伸；苏联对中国新疆地区施加政治、经济、军事和文化影响，至少也存在伺机再造一个类似其掌控下的"外蒙古"式的"斯坦"。而与此同时，18世纪中叶兴起的伊斯兰复兴运动形成的多种思潮，已经在新疆地区传播且形成了气候。新疆地区以天山南北的地理分野，在清代有所谓"南回北准"之说，即南疆以泛称的"回""缠回"为主，北疆准噶尔汗国之地以蒙古、哈萨克等十多个民族相间杂处。民族、宗教因素成为这些外部势力利用的重要资源。

19世纪80年代，正值中亚、西亚、南亚、北非伊斯兰复兴运动的各种思潮广泛传播的高潮。其中，泛伊斯兰主义、泛突厥族主义、新苏菲主义、瓦哈比的"圣战运动"等，成为伊斯兰世界抗拒西方帝国侵略、殖民占领的思想动员和抵抗行动。[①] 土耳其、中亚地区抗拒沙俄的运动，在英国的支持下增强了泛伊斯兰主义、泛突厥主义的传

---

① 参见吴云贵、周燮藩《近现代伊斯兰教思潮与运动》，社会科学文献出版社2000年版，第146页。

播能力，新疆也随之成为这些思潮渗透、传播的活跃地区。来自土耳其、鞑靼、阿富汗等地和新疆出国朝觐、游学的各色人等，通过举办"新式"学校、经文学校，组织宗教活动和印发各类宣传材料，进行社会动员。英国驻喀什领事馆也将麦加总督号召阿拉伯人脱离异族统治的独立宣言广为散发。① 俄国十月革命以后，大量白俄涌入新疆，沙俄占领的中亚地区则在俄共（布）领导下建党建政，通过"民族自决""独立建国"的途径加入苏维埃联盟。② 这些因素都对新疆地区产生了直接的影响。

作为中国本土的辛亥革命理论成果，孙中山的三民主义，于1926年由其追随者维吾尔族沙吾提阿吉等人，在新疆发展国民党组织而开始传播。不过，虽然新疆军阀势力打起了国民党的旗号，但并未接受国民党军政力量进入新疆，③ 所以对南京国民政府而言，新疆省的内政外交仍属鞭长莫及，国民党的政治主张对新疆地区的影响十分有限。继杨增新之后，金树仁主政新疆力行强兵、重税之策，施政则任人唯亲、排斥异己，加剧了民族之间的矛盾。1931年甘肃回族军阀马仲英以"解放伊斯兰教"的名义入疆，进一步刺激了新疆地区的教族、民族意识，引发了新疆多地穆斯林暴动。政治上反对金树仁专制的指向，在民间形成了"兴回灭汉"的民族冲突。而英国依托印度、阿富汗控厄新疆、肢解南疆的图谋也付诸了行动。"以和阗为基础，喀什为中心，以伊斯兰教为号召的两个分立政权——'和阗伊斯兰教

---

① 参见周泓《民国新疆社会研究》，新疆大学出版社2001年版，第105页。
② 参见苏联科学院历史所编《苏联民族—国家建设史》上册，赵长庆等译，商务印书馆1997年版，第318—320页。
③ 参见周泓《民国新疆社会研究》，第119页。

国'和'东突厥斯坦伊斯兰共和国'"即将浮出水面。①

1933年的新疆已经陷入一片混乱，甘肃回民军阀攻城略地，此起彼伏的动乱，英国、日本的煽动挑唆，南疆多种极端势力的聚合，使新疆地区危机四起。当时，辛亥革命后流亡新疆的白俄军民，在杨增新主政时期给予入籍，统称"归化族"。自1931年甘肃回民军阀势力入疆激发哈密等地响应之后，新疆省府以"归化族"组建的"归化军"，在1933年已形成2000多人的规模。4月12日，在新疆省府不满金树仁统治的官员策动下，依靠"归化军"发动了政变，控制了省府所在地迪化（今乌鲁木齐），组建了新的省政府，并求助于苏联的支持。这一事变，不仅为苏联重返新疆地区提供了契机，而且也开启了新疆省与苏联"结盟"平乱的盛世才统治时期。

1933年11月12日，英国势力支持策动下的"东突厥斯坦伊斯兰共和国"在喀什宣布成立，声称独立建国。这股势力购买武器、印制货币、聘请外国教官，并出版报刊宣扬独立和圣战，②喧嚣一时。而此时新疆省督军盛世才与苏联的军事援助谈判已经达成结果。12月和次年1月，苏联红军相继进入新疆与"归化军"共同参战，先后击败了驻守伊犁的军阀张培元部，继而击溃甘肃军阀马仲英的回民军队，其残部马虎山在退守南疆和阗的途中，将"东突厥斯坦伊斯兰共和国"扫灭。该部转而向英国购买武器与盛世才分庭抗礼。新疆动乱在苏联军队支持下得以平息，由此也确立了盛世才在新疆的统治地位。对苏联而言，重新确立对新疆地区的控制，虽然并非遵循沙俄帝国时期的传统政策，但是抵御已经占领中国东北、建立"满洲国"、

---

① 周泓：《民国新疆社会研究》，第124页。
② 参见厉声主编《中国新疆：历史与现状》，新疆人民出版社2003年版，第175页。

向华北和西北扩张的日本，仍显现着俄—日之间由来已久的地缘政治争夺。

盛世才统治新疆省时期，实行了亲苏政策，苏联在政治、军事上对他给予了大力支持，甚至吸收他为苏共党员。同时，苏联也在经济权益等方面获得了诸多利益。盛世才提出的"反帝、亲苏、民平、清廉、和平、建设"的施政方针，也是在苏联派驻新疆省府各机构、各层级的顾问指导下确立的。这些倡导民族平等、吸收当地民族人士进入省政府任职，扶持各民族教育事业和发展经济等政策，对弥合新疆地区的民族关系起到了积极作用。在清代被泛称为"回""缠回"，民间袭用历史上"畏兀儿"并演绎出"威武尔"的族称，也在1934年经新疆省府正式确定为"维吾尔"。① 此外，盛世才的亲苏立场，也为中共组织进入新疆地区创造了条件，1937年中共在新疆设立了八路军办事处，中共的抗日民族统一战线延伸到新疆地区，一批中共党员在新疆地方机构和民间组织中展开了工作。这种政治氛围，一度使新疆地区成为苏联援华抗日、各民族人民支援抗战的后方基地。

盛世才依靠苏联稳定了新疆地区的形势，在驱除、遏制英国、日本等帝国主义势力对新疆图谋的同时，也强化了苏联在新疆的存在。他一方面试图在中国的国共两党政治格局中建构一个"第三个政治集团"，另一方面也谋求与苏联"平等结盟"的政治地位。虽然他被吸收为苏共党员并数次受到斯大林的接见，但是他并不信仰马克思列宁主义。当时，他以"斯大林、罗斯福、丘吉尔、蒋介石、毛泽东、盛世才"的画像并列昭示于街头，掩盖不了他疏离国民党、疑虑共产党、屈就苏联强势的复杂心理，而他内心聚焦的问题则是如何维护其

---

① 《新疆省政府令改缠回名称为维吾尔布告》，见周泓《民国新疆社会研究》，第147页。

专权统治的所谓"新疆王"地位。所以，在其地位稳固之后，从打压各民族、宗教上层，到驱赶华籍苏共党员等行径，都随着苏联陷入第二次世界大战危机而渐次展开。及至德国入侵苏联，盛世才立即转向了国民党，开始发动反苏、反共的政治清洗，国民党的军政力量随之进入新疆。

1943年年初，国民党政府与苏联交涉并借助美国和英国施压，迫使苏联做出了撤出新疆地区的决定。国民党政府结束了民国建立以来新疆地区孤悬一隅的军阀统治状态。国民党新任新疆省主席吴忠信，曾担任国民政府蒙藏委员会委员长，谙熟边疆事务，1940年代表中央政府主持了第十四世达赖喇嘛灵童坐床仪式。他就任新疆省府，身体力行弥合民族关系、尊重宗教信仰，抚慰遭受盛世才打压的各民族代表人物，稳定新疆的形势。然而，盛世才主政时期积压的矛盾所激起的民变，并未因盛世才的失势而消停，反而因盛世才背弃苏联而得到来自苏联方面的军事支持和舆论鼓动。1943年5月，苏联决定推翻盛世才，"代之以忠于苏联的新疆土著居民代表组成的政府"，① 由此拉开了1944年8月"三区革命"的序幕。

新疆的"三区革命"肇始于伊犁、塔城和阿勒泰地区相继发生的暴动。其组织领导者既有民族、宗教的上层，其中不乏"泛突厥主义"的分裂分子；也有在苏联接受共产主义教育的爱国进步人士，以及苏联侨民、苏联军政人员和武装力量，并在苏联支持下组建了一支"民族军"。苏联对这场革命的支持，虽然理论上渲染了"民族解放运动"，但实际上则为了将新疆地区重新纳入其势力范围。国民党入主新疆，为美国、英国打开了门户，这是苏联难以接受的现实。所

---

① 沈志华主编：《中苏关系史纲要》，新华出版社2007年版，第71页。

以，这场革命从反对盛世才开始，进而上升为反对国民党统治，这使夹杂其中的"东突厥斯坦"民族分裂主义一度主导了革命的方向，造成了严重的民族仇杀。在这种形势下，1944年11月12日，"伊犁解放组织"宣布成立"东突厥斯坦共和国"临时政府，承袭了1933年11月12日"东突厥斯坦伊斯兰共和国"的民族分裂政治取向，重返了"东突厥斯坦"的梦境。新疆地区再度面临着分裂的危险。

八 帝国强权的"遗产"

殖民时代的帝国主义列强发动的全球侵袭，虽然殖民势力在人数上处于劣势，但其所依仗的"船坚炮利"，对所谓"新大陆"的古老社会占绝对优势。殖民势力实施的统治，除了残暴的强迫同化、驱赶围困、种族灭绝等措施外，利用种族、民族、宗教、语言等差异实施分而治之、以夷制夷、扶此压彼、挑拨离间是惯用手法。其目的是通过分化来弱化被殖民国家人民的反抗，通过制造民族之间、宗教之间、地区之间的矛盾和冲突，来确立其仲裁者的宗主统治地位。同时，它们也通过领土分割、制造飞地、构建"国家"，来划分和确立殖民者的势力范围，非洲大陆几何图形式的国家边界最为典型。可以说，当今世界范围的民族问题、宗教冲突、领土争端，大都具有殖民主义时代的上述背景。所以，广义的民族问题（种族、民族、宗教、语言等），是帝国主义殖民时代为世界留下的一份沉重的历史"遗产"，这种"遗产"同样留给了中国。

中国自1840年以后，在百年历史中遭受了东西方所有帝国主义的侵略，经历了被分化、离间、肢解的种种危机。日本割据台湾、建立"满洲国",英国入侵西藏、制造"西藏独立",沙俄侵占外蒙古、唆使"外蒙古独立",英国渗透新疆、支持"东突厥斯坦伊斯兰共和国",苏联主导外蒙古建立蒙古人民共和国,并在"民族解放运动"的旗号下扶持了一个"东突厥斯坦共和国"。究其原因,根本在于古老的中国是一个正在艰难步入现代社会的庞大弱国。殖民帝国主义时代弱肉强食的"丛林法则"宰制着中国的命运。如果说,作为第一次世界大战的战胜国,十多万中国劳工为"公理战胜强权"在欧洲战场上付出的流血牺牲,换来的是西方盟国将战败国在中国的殖民利益转手于日本;那么第二次世界大战爆发后,中国作为世界反法西斯的东方主战场,却在抗战胜利的曙光中面对着新疆地区被分裂抑或承认外蒙古独立的无奈抉择之中。

1945年2月在克里米亚举行的雅尔塔会议,是苏联、美国和英国对战后进行国际政治安排的一次秘密会议。其中的重要议题之一是苏联在东线对日作战,出兵中国东北。对此,苏联提出的条件之一,是要求维持外蒙古的"独立"现状。为此,美国总统罗斯福承诺,他将迫使蒋介石接受雅尔塔协议中关涉中国主权和领土的条款。当时,虽然苏联方面并未在雅尔塔会议中涉及其在新疆的利益,但并不意味着苏联全力支持下的"东突厥斯坦共和国"已经成为其"囊中之物"。事实上,这个"共和国"从成立之初就存在着分裂和统一的内部斗争,以阿合买提江等领导人为代表的爱国进步力量,与艾力汗·吐烈为首的民族分裂势力进行了坚决的斗争,最终把三区革命的方向导入了中国新民主主义革命的轨道,把新疆各民族人民的命运与中国的前途命运联系在了一起。在这种情势下,苏联只能促成三区革命"临时政府"与国民政府的政治谈判,何况斯大林志在必得的是外蒙古独立,以及战后苏联在中国东北地区的其他权益。

1945年6月,在美国的压力下蒋介石被迫派出代表与苏联谈判。在外蒙古问题上,苏联的态度强硬而明确,用斯大林的话说维持"现状即为正式承认独立"。在一个半月的谈判中,中方代表虽然据理力争,但是事关苏联出兵东北和彻底战胜日本帝国主义的大局,最终按照蒋介石提出的三个交换条件达成了结果,即苏联必须保证中国东北三省的领土、主权和行政完整,在苏联支持下被"民族军"占领的新疆三区必须恢复国民政府的管辖权,中共必须统一于中央的军令、政令之下且苏联宣布不援助中共。[①] 作为交换条件,蒋介石承诺外蒙古独立问题在战胜日本帝国主义之后,由外蒙古公民投票决定。1945年10月20日,国民政府的代表团在乌兰巴托观察了公民投票。当然,苏联监临下的公民投票不会有什么意外,1946年1月5日国民政府宣布承认外蒙古独立。[②]

在中国的新疆地区,苏联的确如约放弃了对"东突厥斯坦共和国"的支持,表明了无意干涉中国内政的态度,并为促进谈判进行调停。经过三区革命"临时政府"与国民政府的谈判,1946年6月,双方签署了解决"东突厥斯坦共和国"问题的《和平条款》,7月1日成立了新疆省联合政府,阿合买提江等8名三区革命领导成员担任了联合政府的委员,他们联名发表了《告新疆各族人民书》,宣布了"东突厥斯坦共和国"的终结。[③] 但是1933年、1944年的两次"东突厥斯坦"独立事件造成的"历史"、培植的分裂势力及其在思想领域的影响,却并没有因此而烟消云散。它如同英国人制造的"西藏问题"一样,作为帝国强权留给中国的一份民族分裂主义的"遗产",

---

① 参见沈志华主编《中苏关系史纲要》,新华出版社2007年版,第77页。
② 参见刘学铫《外蒙古问题》,第85页。
③ 参见厉声主编《中国新疆:历史与现状》,第206页。

在中国未来的国家建设中仍会继续发生影响。

1945年8月15日，日本帝国主义战败，宣布无条件投降，被日本殖民统治半个世纪的台湾回归了中国。但是，就在国民政府准备接管台湾之际，日本驻台的一些军国主义分子与"皇民化"了的台湾士绅林献堂（日本贵族院议员）、辜振甫（台湾皇民奉公会实践部长）等纠集一处，谋划了"台湾独立"的阴谋。[①] 这一事变虽然流产，但是谋求"台湾独立"的"皇民"意识，开始在台湾社会中显现。这种社会意识随着国民党接管台湾后发生的"二二八"事件，及其对"外省人"和"本省人"的区隔而被进一步激发。在此之前，台湾已经出现一些人向美国"表明不希望台湾归属于中国"的请愿。在"二二八"事件过程中和平息后，求助美国的这类请愿活动，进一步发展为主张国际"托管"和谋求台湾"独立"的不同派系和组织。

1948年2月28日，第一个"台独"组织"台湾再解放联盟"在香港成立，并于1950年转到日本成立了"台湾民主独立党"。其负责人即是最早宣扬"台独"理论的失意政客廖文毅。[②] 至此，在台湾无法容身、谋求台湾"独立"的人士、组织、政党纷纷以日本为基地，衍生出形形色色的"台独"团体。此后，"台独"组织也开始在美国出现。20世纪70年代前后，随着台湾留学生的主流从日本转向美国，海外"台独"组织在美国形成气候，成立了世界性的"台湾独立联盟"，这标志着"'台独'运动的主流已然迁移到美国了"[③]。因此，影响中国海峡两岸统一的"台独"势力，其形成和发展的背后始终存在着帝国主义的策划和支持。

---

① 参见陈佳宏《海外台独运动史》，台北，前卫出版社1998年版，第50页。
② 参见孙云《"台独"理论与思潮》，九州出版社2007年版，第31页。
③ 陈佳宏：《海外台独运动史》，第67页。

第二章　百年之殇：边疆裂变的"遗产"

苏联是世界上第一个将马克思列宁主义付诸实践的社会主义国家。但是列宁之后的苏联，在与东西方帝国主义的斗争和"输出革命"的国际主义实践中，并没有克服沙俄帝国时期的强权意识。甚至从一定程度上说，在斯大林时期随着高度集权和个人崇拜，苏联对内对外的一些政策重返了沙俄帝国的老路，导致了在对内处理民族关系、对外处理国际关系中的种种霸权行径。苏联一度对"东突厥斯坦共和国"的全力支持，虽然有惩治盛世才、打击国民党、制约美国人的用意，但是也不能排除再造一个"斯坦"加盟苏联的意图。当时，在斯大林的心目中，中国已经被视为美国的势力范围，而且他并不相信局处陕北农村小山城的中共能够成为中国革命的最终胜利者。这也是抗日战争胜利后，苏联主张中共"放弃武装，走法国人的路，通过议会斗争来争取自己的前途"的原因。[1] 斯大林没有料到，苏联给蒋介石制造的"麻烦"，也如同其他帝国主义列强留给中国的"遗产"一样，成为中共在新中国成立后将长期面对的重大问题之一。

对统一的多民族国家中国来说，国家分裂意味着分裂中国，民族分裂意味着分裂中华民族。所以，谋求"台湾独立""西藏独立""新疆独立"的性质都是一样的，目的都是分裂中国、分裂中华民族。这一实质，不会因主张"独立"的分裂势力在中国多民族的国民结构中属于哪一个具体的民族而改变。也就是说，民族分裂势力并不局限于少数民族。以汉族为主体的"台独"势力，其政治目标就是要建构一个与中华民族（Chinese Nation）相分离、相对立的"台湾民族"（Taiwan Nation）。从这个意义上说，任何主张台湾、西藏、新疆等地"独立建国"的势力，都是民族分裂主义势力。而且，这些民族分裂

---

[1]　沈志华主编：《中苏关系史纲要》，第80页。

主义势力，都产生于中国近代百年遭受帝国主义列强侵略的历史过程中，每一股分裂势力的背后，都有帝国主义和强权政治的阴谋之手。因此，中国近代百年之殇留下的这些历史"遗产"，也必然地成为新中国解决民族问题、实现中华民族伟大复兴必须铲除的祸乱之源。

第 三 章

中华民族:多元一体的大家庭

　　20 世纪初,中华民族(Chinese Nation)这一概念开始日益频繁地出现在中国的印刷物中。"中华""民族"都是古汉语中固有的名词,而两者结合为"中华民族",则是中国步入现代民族—国家(nation-state)的重要标志之一。古代中国的"华夏"与"四夷"、中原与边陲、"化内"与"化外",民国初年的"中国本部"与"边疆外藩"、"中华民族"与"少数民族",这些相对并列的概念都随着皇帝与臣民关系的彻底改变,影响着中国现代民族与现代国家的建构过程。西方"一族一国"(one nation one state)的民族—国家观念,如何在历史悠久的中国实践?源自先秦时代"五方之民"的互动关系,秦汉以降"五方之民"的后裔共同建立和维护的"大一统"王朝,在步入现代民族—国家的进程中怎样凝聚为自立于世界民族之林的"一族一国"?类似问题都与如何解读和界定"中华民族"直接相关。"中华民族"将赋予中国古代治国理政大道中"天下为一家,中国为一人"的现代意义。

一 步入现代的"五方之民"

中国的汉字,是人类发明的最古老的文字之一,也是唯一没有间断演化和使用的文字。1899年,正值义和团运动如火如荼之际,在清朝政府为官的一位学者王懿荣偶然在京城一家中药铺销售的称为"龙骨"的药材上,发现了中国最早的文字。这些刻在龟甲、兽骨上的文字即是举世闻名的甲骨文,也就是汉字的雏形。在世界范围能够与甲骨文相媲美的苏美尔楔形文字、古埃及象形文字、古印度象形文字都已经湮没于历史的尘埃之中,直到近现代才被古文字学家重新释读,不过这些文字与其发现地的现代国家、现代民族所使用的现行文字毫无继承关系。而甲骨文作为通常被称为"方块字"的中文汉字源头,却历经3000多年一脉相承的发展,这是中华文明经久不衰的重要标志,中华文化,即中国各民族文化的历史发展脉络,都在这一文字传承体系中得到记录和传承。

甲骨文中的"族"字十分特殊,其表意的字形结构有"旗帜"和"箭矢"的含义,即"旗所以标众""箭可以杀敌",象征早期氏族社会中的一种军事单位。人类是一种群居动物,从远古的原始群到家庭、家族、氏族、部落,都是对人类群体社会组织形态的描述,而这些群体组织最显著的特点是血缘关系的纽带和文化特征的共性,其中语言尤为重要。而依次列举的这些群体形态,呈现了一个渐次放大与整合的过程,即家庭扩大为家族,家族扩大为氏族,氏族整合为部落。这一过程显示了人口增多和地域扩大的变化。而家庭有主人,家族有族长,氏族有长老,部落有酋长,国家有国王,帝国有皇帝,则体现了权力和地位的金字塔式集中过程。支撑这种权力和地位的基础，是对财富的占有和分配，由此产生了建立在私有制基础上的阶级分化。在这种社会分化中，原属于氏族社会兵民合一的军事组织，在地缘关系结成的部落、进而形成国家的进程中变成了统治阶级的常备武装力量，中文汉字的"族"字在逐步丧失其军事单位含义的同时，彰显了对人类群体、自然万物的分类意义，形成中国最古老的分类学口径，即"类族辨物"分类体系的核心。

所谓"类族辨物"，就是以"族"字所具有的同类相"聚"和成"群"的含义，来区分人、动物、植物等，即所谓"类聚百族、群分万形"[1]。其中"民族"一词，则指不同"族"属的民众。即以血缘、状貌、姓氏、语言、生活习俗、社会归属、居住地域等要素加以区分的群体。这些不同特征的群体，既包括了自我的认同，也包括了他者的识别，产生了"同族""我族""异族""他族"的观念。这种观念在人类社会的历史进程中，尤其是不同群体的相互接触中必然产生。当然，在界定陌生人是谁的同时，也界定了"我是谁"。所以，这种"命名"从来都是双向的，只是有文字的社会可以把这种"命名"及其表达的观念记录下来世代传承、广为传播，而无文字社会却只能通过口头传承，难以为继。因此，当哥伦布发现所谓"新大陆"、面对美洲加勒比海岛居民时，他记录下了这些居民的体态状貌，视其为"异类"，且为西方人广泛认知。但是，当地岛民对这些西班牙探险者的"异类"认定，甚至确定了一个"名称"却只能局限于当时的岛民，而不为世人所知。

在中国"五方之民"互动的历史上，"民族"一词的使用不似

---

[1] （晋）陆云：《陆士龙集》卷三，"答吴王上将顾处征"，《四库全书》本。

"氏族""部族""种族"那样普遍，从汉代的《说文解字》到清朝的《康熙字典》都没有收录这一名词，所以也没有具体的解释或抽象的定义。但是，唐代文献所记"上自太古，粤有民族"一说，① 确指"五方之民"中的"南蛮"群体则毫无疑义。从"南蛮"一词来看，"南"属于地理方位，而"蛮"则具有未开化、野蛮的含义。类似的地理方位性概括称谓，以"胡""夷""戎""狄""番"等广泛见诸史籍，但是这种笼统的"命名"称谓，事实上包含对众多类似群体的地域性概括，故产生了数量化的"四夷""五戎""六狄""七闽""八蛮""九貉"之说。② 这些遮蔽了"自称"被统一归类"命名"的群体多样性，其各自的社会组织处于不同发展阶段，或是血缘关系的氏族、部落，或是地缘联合的部落联盟、酋邦，或是更加牢固的邦国组织，甚至强大到足以挑战中原王朝的游牧帝国。在这种时候，其族别归属的自称也必然地进入了中国的历史。诸如匈奴、鲜卑、突厥、吐蕃、回纥、契丹、女真、蒙古、满洲等。

古汉语的"民族"一词，显然是超越上述地理方位、文化观念局限性的概念，体现了"民以族分"的普适含义，即中原地区的民众是"民族"，周邻"四夷"的民众也是"民族"。在与西方传统的知识体系比较中，中国古汉语"民族"一词的含义与古希腊的 εθνο（ethnos）、古拉丁文的 nasci 所指称的对象十分相似，即指讲不同语言、有不同文化习俗、不同出生地的一群人。1837 年，德国传教士、汉学家郭实腊（Karl Friedrich August Gutzlaff）在中国创办的《东西洋考每月统记传》（九月刊）所载《约书亚降迦南国》一文中，出现了

---

① （唐）皮日休：《忧赋》，《皮子文薮》卷一，《四库全书》本。
② 《周礼注疏》卷三三，"职方氏"，阮元校刻《十三经注疏》，第 861 页。

"昔以色列民族如行陆路渡约耳但河也"一语。① 这大概是西方人创办的中文刊物中最早使用古汉语"民族"一词的例证。

郭氏将《圣经》中以色列人翻译为"以色列民族",当然不具有几十年后兴起的犹太复国主义运动中的现代民族含义,而是指一个历史民族。至于办刊者是否把中文的"民族"一词对应了德文的"volk"或英文的"nation",则无从考究。不过,就西方的宗教经典话语而言,自16世纪上半叶亨利八世实行宗教改革,在希伯来语、希腊语《圣经》翻译为英语的"钦定本"中,"nation"一词已经大行其道,这个原本指"因出生地结合而成的一帮外国人"的概念,率先实现了与"人民"(people)一词的对接,"它开始意味着'主权人民'(a sovereign people)'观念的形成。② 这种"民族"观念及其形成的民族主义,从英国传到法国,进而影响到德国、俄国、美国,开创了欧美的民族—国家时代。

中国作为最发达的古代国家,在近代"西学东渐"的影响下开始认识现代民族、现代国家的意义,而日本在东西方文化交融方面的结果为此提供了捷径。中文汉字"民族"一词,在1868年日本明治维新之后开始不断出现在日文著述之中。所谓"明治以降大量的双音汉字词组被创造出来"之说,③ 并不都符合实际。古汉语"民族"一词并非由日本人用汉字"民""族"去重新制造,类似的"种族""部族"等大量进入日文的名词,都是中文古汉语固有的词语。但是,这

---

① 爱汉者等编,黄时鉴整理:《东西洋考每月统记传(丁酉九月)》,中华书局1997年版,第271页。

② [美]里亚·格林菲尔德:《民族主义:走向现代的五条道路》,王春华等译,刘北城校,上海三联书店2010年版,第2、8页。

③ [日]小森阳一:《日本近代国语批判》,陈多友译,吉林人民出版社2003年版,第106页。

些古汉语词语在日本明治维新的社会变革中对应了西方的相关概念，被赋予了现代含义和新的解释，则是不争的事实。1882年平田东助翻译德文政治著作时，针对"民族"（nation）与"国民"（volk）的区别解释说："德意志语所谓民族者，谓相同种族之民众。国民者，谓居住于同一国土内之民众，故有一族之民分居数国者，亦有一国包含数种民族者。"[①] 日本国民的相对单一性，促使日本精英阶层接受了德意志的"民族"观念，即大和民族是由"相同种族之民众"组成。而这一观念对变法维新失败后向日本学习强国之道的中国知识分子产生了直接影响。

西方的现代民族（nation）一词来源于拉丁文的"natio"（出生、出身）。古罗马时代指社会地位低于罗马公民的外国人，具有贬义。中世纪演化为基督教世界共享的几所大学中的学生团体，诸如巴黎大学中的四个"nations"，"光荣的法兰西民族"（l'honorable nation de France）包括了所有来自法兰西、意大利和西班牙的学生，具有统一社团意志的含义。在13世纪晚期，"nation"作为"意见共同体"用于"教会共和国"中的派别，指向了"世俗与宗教统治者的代表"，即孟德斯鸠所说的"领主们"和"主教们"。16世纪的英国，"nation"被用来指英格兰的全体居民，具有了人民的含义。这一概念在传入法国后，经历了大革命的洗礼，使"第三等级"所代表的"民族取代了国王成为认同的来源、社会团结的焦点"，结果"民族成了国王"。[②] 英文"nation"一词被赋予了现代民族的含义，并随着西方

---

① 转引自郑匡民《梁启超启蒙思想的东学背景》，上海书店出版社2003年版，第239页。
② ［美］里亚·格林菲尔德：《民族主义：走向现代的五条道路》，第2—5、195页。

帝国主义在全球的殖民扩张传播到了世界各地。

中国古汉语中的"民族"一词，其含义虽然没有经历如此复杂的历史流变，但是1902年梁启超提出"中华民族"时，正值中国走向现代国家的革命前夜。中国是一个历史性民族众多的国度，不同群体的"自称""他称"比比皆是。这种现象在西方世界的历史文献中也十分普遍。但是，在建立现代民族—国家的进程中，西欧国家现代民族形成的重要因素之一，是在全球性殖民扩张中彰显了"自我"和"他者"的边界，在这种国际关系中位居强势的"自我"意识，强化了殖民者作为宗主国、统治者地位的身份认同，这在一定历史阶段淡化了其国家内部历史民族多样的国民特征，英国最为典型。"日不落帝国"的声威掩盖了其国家内部多民族的身份差异。而对遭受帝国主义列强侵略、肢解和分裂的古老中国来说，帝国主义势力利用中国多民族的国民结构实施"分而治之"，则是为了使这个"大一统"国家的政治传统和广阔疆域分崩离析。

因此，当中国的仁人志士以西方民族—国家的理念提出"中华民族"后，如何使众多历史民族结合为一个现代民族，成为中国从封建王朝转变为现代国家过程中的关键词？对中国来说，"中华民族"能否像法国大革命那样取代清朝皇帝？成为国家统一、领土统一、民族统一"认同的来源、社会团结的焦点"？这是辛亥革命前后中国社会需要从观念层面解决的问题，也是中国民主主义革命需要在理论和实践上解决的关键问题，因为这关系到如何继承中国统一的多民族国家历史，使中国以"五方之民"及其后裔构成的众多的历史民族整合为现代中华民族。

二 "五族共和"的国家建构

在大清王朝遭受帝国主义列强对主权、边疆、领土的侵蚀和蚕食的危难中，中国仁人志士也经历着思想观念、国家观念、种族观念、民族观念的激烈冲突和剧烈变革。他们对清朝政府软弱无能、割地赔款的屈辱行径痛心疾首。通过政治变革寻求强国之路的迫切愿望，最终指向了推翻清朝政府统治的政治目标。清朝统治阶级的主体是满族贵族阶级，其笼络汉族官绅和其他少数民族上层的政策，并没有改变清朝统治者在整体上的民族压迫政策。所以，当清朝在帝国主义列强侵略下屡战屡败、丧权辱国，甚至造成国将不国的危难时，民间社会对清朝政府的不满越来越直接指向了满族统治阶级。这种关涉"族类"的指向，在西方"物竞天择、适者生存"的进化论思想影响下，由1840年鸦片战争后国家"技不如人"的自省，转向1901年《辛丑条约》后皇家"种不如人"的怨愤，恢复汉人正统、驱逐满族统治的革命动员，导致种族—民族主义的"排满"思潮。

反清"排满"思潮的兴起，是中国近代民族主义"在20世纪头十年被留学日本的中国学生视为种族生存的钥匙"的集中体现。[①] 面对帝国主义列强的侵略和清朝政府的衰败，革命派振起了"保同种""排异族"的大汉民族意识。历史上王朝正统、夷夏之辨的纠结，与现实中列强宰制、满人统治的困境交织在一起，形成了诸多种族—民族主义思潮。诸如，追溯血统先祖的"黄帝论"，汉满比较的种族

---

① [英] 冯客：《近代中国之种族观念》，杨立华译，江苏人民出版社1999年版，第99页。

"优劣论",攀附西方的汉族"西来说",等等。虽然这些学说难以规避和无法超越秦汉以来中国多民族大一统的历史,但是却激励着革命党人推翻清王朝、建立西方列强或东洋日本式的民族—国家的变革意志,彰显了"社会达尔文主义是如何将种族和启蒙历史与民族国家联系在一起的"激情。[①] 打造西方"一族一国"理论中的"一族",使民族主义主流思潮聚焦于"中华民族"这一概念。

梁启超作为"中华民族"概念的提出者,既是中国近代民族主义运动的倡导者,也是"国民主义"的传播者。他认为,复仇"排满"的"大汉民族主义"实为"小民族主义",而"一国包含数种民族者"方为中国的"大民族主义",即"合汉合满合蒙合回合苗合藏,组成一大民族"共同对外,才能救国图存。[②] 这在当时立宪派与革命派围绕"种族革命"和"政治革命"的大辩论中颇具代表性。以孙中山为代表的革命派,虽然坚定主张"驱逐鞑虏"的"汉族建国"革命,但也不得不承认即便当时的皇帝是汉人,这个政府也必须推翻,所以"从颠覆君主政体那一面说,是政治革命"[③]。当时,虽然种族观念与政治意识的相互交织,始终主导着孙中山领导的辛亥革命实践,但梁启超等人"组成一大民族"的政治主张,也影响着孙中山的民族主义思想。况且这种"合众为一"的"大民族"之论,也符合孙中山推崇的"美国经验"。

孙中山的"兴汉"种族—民族主义及其"汉族建国"的主张,

[①] [美]杜赞奇:《从民族国家拯救历史——民族主义话语与中国现代史研究》,王宪明译,社会科学文献出版社2003年版,第59页。

[②] 梁启超:《政治学大家伯伦知理之学说》,《饮冰室合集》之十三,中华书局1989年版,第76页。

[③] 孙中山:《三民主义与中国民族之前途》,《三民主义》,岳麓书社2000年版,第250页。

直接关系到国家领土完整的问题。立宪派针对"汉族建国"将面临边疆地区分立并陷于列强之手的危局，提出"汉、满、蒙、回、藏之土地，不可失其一部，汉、满、蒙、回、藏之人民，不可失其一种"，国家变革"必使土地如故，人民如故，统治权如故"，三者缺一不可。主张国民之"汉、满、蒙、回、藏五族，但可合五为一，而不可分一为五"①。这对孙中山倡导"五族共和"无疑产生了直接影响。1912年元旦，孙中山以中华民国临时大总统的身份宣布："国家之本，在于人民，合汉、满、蒙、回、藏诸地为一国，即合汉、满、蒙、回、藏诸族为一人，是曰民族统一。"② 这一政治宣示，对中华民国的民族统一做出了明确的表述。不过，"五族共和"的"民族统一"，并没有解决"中华民族"的内涵问题。

辛亥革命爆发，引起诸多行省脱离清朝政府统治的独立，包括位居边疆的外蒙古、西藏地区。对草创之初的中华民国南京临时政府来说，对边疆地区的危局不仅无能为力，而且也没有能力取代位居北京的清朝政府。国家政权不统一，遑论"五族共和"的民族统一和领土统一？这种南北政权对峙的态势，面临着清朝军队与革命军对决的内战局面。此时，孙中山及其临时政府的对手已经不是变成傀儡的清朝皇室，而是把持清廷权柄、拥兵自重的总理大臣袁世凯。在革命大势成就之际，袁世凯以其掌控清朝政府的权位和军事力量作为"南北议和"的筹码，并得到西方列强从中调停，迫使革命党人为其让出革命成果。"南北议和"达成的政治妥协，是孙中山让位于袁世凯，而袁世凯迫使清朝皇帝交权退位。

1912年2月11日的中国，北京的紫禁城传出了清王朝昭告天下

---

① 刘晴波主编：《杨度集》，湖南人民出版社1986年版，第304页。
② 《临时大总统宣言书》，《孙中山全集》第2卷，中华书局1982年版，第2页。

的《清帝逊位诏书》。对于已经失去统治能力的清朝皇室来说,六岁的溥仪不过是一个丧失"天下"的"末代皇帝",是否宣布逊位都无可挽回清王朝灭亡的必然结果。但是,这份当时溥仪根本看不懂的逊位诏书对中国的历史而言却意味深长。清朝最后一个皇帝逊位,不仅出让了统治权力,而且宣告了中国封建王朝体制的终结。正如这份诏书所称:"今全国人民心理,多倾向共和,南中各省既倡议于前,北方诸将亦主张于后。人心所向,天命可知。予亦何忍以一姓之尊荣,拂兆民之好恶?是用外观大势、内审舆情,特率皇帝将统治权公诸全国,定为共和立宪国体。"[1] 当然,清朝皇室将国家权力付诸人心所向,同意实行共和立宪,并非自身政治上的开明,而是对辛亥革命顺应"天命"的无奈承认。

时隔2天,孙中山如约宣布辞去临时大总统,推荐袁世凯继任。3月10日袁世凯在北京就任中华民国临时大总统。中国资产阶级民主革命的共和成果,轻而易举地转手于浸淫清朝官场30余年的军阀政客手中。11日袁世凯颁布《中华民国临时约法》,其中重申了"五族共和"的立国原则,并规定"中华民国领土为二十二行省、内外蒙古、西藏、青海"。其后,孙中山也申明"今我共和成立,凡蒙、藏、青海、回疆同胞,在昔之受制于一部者,今皆得为国家主体,皆得为国家主人翁"[2]。虽然"五族共和"并未客观地反映中国多民族的历史与现实,但是对中华民国领土、国民的界定,毕竟超越了"十八省"汉族建国的局限和狭隘。

---

[1] 转引自章永乐《旧邦新造:1911—1917》,北京大学出版社2011年版,第60页。

[2] 孙中山:《在北京蒙藏统一政治改良会欢迎会的演说》,《民立报》1912年9月8日。

三 美国"熔炉"的"国族"想象

在孙中山的心目中,美国的强盛及其国民"合众为一"始终是其建国的楷模。然而,辛亥革命的成果,却因政权落入袁世凯之手而功亏一篑。他成立国民党、发动"二次革命"、再度流亡国外,组建中华革命党、发动"讨袁"战争的努力,伴随着袁世凯修宪、打压革命党、"总揽统治权"的专制行径而相继失败。当时,袁世凯的权力"已与日本天皇乃至旧制度下的中国皇帝没有太大差别"①。而且,"至1915年,袁已完全准备好背叛共和,正如拿破仑三世在法国所做的那样"②。况且袁世凯得到帝国主义势力关于中国"专制主义应该继续下去"的鼓励。③ 这种政治气候,使清末变革中的君主立宪派重新燃起了"君宪救国"的激情。1915年年底的国民代表大会,正式提出了袁世凯就任中华帝国皇帝的请求。袁世凯确定1916年1月1日为中华帝国"洪宪元年",履行登基大典,重新做皇帝。

袁世凯恢复帝制的倒行逆施,立即遭到革命党人的反抗,蔡锷在云南宣布独立、建立护国军保卫共和,南方诸省纷纷响应。在这种情势下,虽然袁世凯被迫放弃了"洪宪帝制"的皇帝梦,但已无法挽回地方独立、军阀拥兵自立乃至北洋军旧部众叛亲离的局面。1916年6月袁世凯去世之后,中华民国政府已无力掌控大局,北洋军阀奉、直、皖三大派系角逐中央政权,一些地方势力也追随依附,帝国主义

---

① 章永乐:《旧邦新造:1911—1917》,第158页。
② 徐中约:《中国近代史:1600—2000,中国的奋斗》,第382页。
③ [美]费正清:《伟大的中国革命(1800—1985年)》,第210页。

势力则为培植其在中国的代理人而分别充当这些军阀的后盾。中国进入"武人政治"、军阀混战的混乱时期。在随后的12年间，伴随着数以百场军阀战争的接连爆发，大总统、国务总理的位子也如走马灯般"你方唱罢我登场"，甚至其间还上演了复辟清朝的剧目。在此期间，孙中山的三民主义几经磨砺，且"参考之西籍数百种"，① 开始阐发刊布，其中民族主义的论说最为系统。

孙中山的民族主义思想，肇始于"排满兴汉"，倡导于"五族共和"。但是，推翻清朝政府的胜利，虽然实现了"排满"却未能达成"兴汉"，民族之统一、领土之统一、政权之统一的建国目标远未实现。因此，他从致力于民族主义建国的思想再出发，首先就指向了"五族共和"。他认为国民党的根本错误，就是把那些世袭官僚、顽固的旧党、复辟的宗社党凑合在一起，称为"五族共和"。而且"以清朝之一品武员之五色旗"作为象征"五族共和"的国旗，因袭了"清朝之武人之专制"的弊端，造成了国家四分五裂的状态。② 同时，他认为"五族"之称也不恰当，"我们国家何止五族呢"？③

孙中山对"五族共和"的政治否定，对中国"何止五族"的多民族承认，并不是回归中国统一的多民族国家历史，而是重返"汉族建国"的种族—民族主义。就是说，四亿人口的汉族尚未建立国家，如何与人口均在百万之众的满族、蒙族、回族、藏族"共和"。如果"不能真正独立组一完全汉族底国家……这就是本党底民族主义没有成功"④。

---

① 孙中山：《三民主义》，"自序"，岳麓书社2000年版，第1页。
② 孙中山：《三民主义》，"三民主义"（1919），第240页。
③ 孙中山：《在上海中国国民党本部会议的演说》，《孙中山全集》第5卷，中华书局1985年版，第394页。
④ 孙中山：《三民主义》，"三民主义之具体办法"，第260页。

所以应"将汉族改为中华民族","务使满、蒙、回、藏同化于我汉族,成为一大民族主义的国家"。① 而且,"将来无论何种民族参加于我中国,务令同化于我汉族"②。如同美国将欧洲各种族的人"合一炉而治之"为"一种新民族,可以叫做美利坚民族"。③ 这就是孙中山倡导的"积极底民族主义",即以汉族为"国族"的"中华民族"。

可以说,孙中山的民族主义秉持了西方"一族一国"的立场,遵循了美国"合众为一"的"熔炉"理念,"其始以一民族成一国家,其继乃与他民族糅合博聚以成一大民族"④。这种政治主张,在当时既包括生物学意义的"种族"血统同一性,也包括对继承清朝疆域的国家领土合法性。但是,前者存在着"何止五族"的差异性问题,后者则存在着"中国本部"十八省,东三省、新疆省,热河、绥远、青海等特别区域,以及蒙古、西藏地区的国家领土能否完整的问题。孙中山"兴汉"民族主义中的"异族"因素,是中国两次亡国于少数民族,"一次是元朝,一次是清朝"⑤。而其谋求国家统一的领土因素,则是上述两朝的领土"都是统属于清朝政府之下;……再推到元朝时候,不但是统一中国的版图,且几几乎统一欧亚两洲"⑥。显然,他强调的"中华民族"同一性,⑦ 与中国领土统一性之间,存在着历史观、民族观、国家观和领土观方面的内在矛盾。

---

① 孙中山:《在中国国民党本部特设驻粤办事处的演说》,《孙中山全集》第5卷,第473页。
② 孙中山:《三民主义》,"三民主义之具体办法",第261页。
③ 孙中山:《三民主义》,"民族主义第一讲",第10页。
④ 孙中山:《中国国民党宣言》,《孙中山全集》第7卷,中华书局1985年版,第1页。
⑤ 孙中山:《三民主义》,"民族主义第二讲",第14页。
⑥ 孙中山:《三民主义》,"民权主义第四讲",第116页。
⑦ 即孙中山强调的"同一血统、同一语言文字、同一宗教、同一习惯"。

事实上，维护清朝版图遗产的国家领土完整，建构大汉民族的"中华民族"同一，都关系到如何处理统一的多民族国家内部的民族关系问题。孙中山也意识到了这一点，即只讲汉族的民族主义、自决建国，"不虑满、蒙、回、藏不愿意吗"？[①] 不过他认为，一是从历史上少数民族融合、同化于汉族的过程来看，现实中少数民族人口总数"不过一千万"，可以忽略不计，所以"四万万中国人可以说完全是汉人"；二是主张汉族要牺牲其血统、历史与自尊自大，以中国传统宗族社会组织的"宗族主义扩充到国族主义"的境界，[②] 使少数民族"同化于我"。他的民族主义思想，不仅有"参考之西籍数百种"的国际视野，而且也大量地吸收了清末民初中国知识分子对种族、民族、民族主义、国民、国家主义等话题的阐释和争论。这种"糅合博聚"的思想阐发，虽然存在着"无论其作品何等的含糊不清"的问题，但是"它在中国政治中发挥了持久影响并被采纳为国民党的官方政策"则是事实。[③]

从西方民族—国家形成过程的民族主义理论来说，"一族一国"的现代意义没有错。但是，所谓"一族一国"的同一性，是指国际关系中体现国家主权独立意志的国家—民族（state-nation）的身份同一性。在现代民族—国家格局中，历史形成的"一族"同一性与现代民族—国家领土相一致的现象屈指可数。而历史形成的"多族"差异性统一于一个古代国家，在步入现代民族—国家的进程中，要么裂变为多个国家，要么建成一个包容"多族"差异性的"一族"之国，就中国的国情而言这"一族"就是包容中国"何止五族"的中华民族。

---

① 孙中山：《三民主义》，"三民主义之具体办法"，第261页。
② 孙中山：《三民主义》，"民族主义第五讲"，第53页。
③ ［英］冯客：《近代中国之种族观念》，第112—113页。

但是，如果将中华民族等同于汉族，从历史、人口、语言、文化等因素忽略少数民族的存在，或者视少数民族类同汉族社会的"宗族"，抑或预期少数民族将很快同化于汉族，以此来塑造"中华民族是一个"单一的汉族国家,[①] 不仅违背了中国统一的多民族国家历史过程，而且势必激化国内汉族与少数民族之间的矛盾，以致在客观上迎合帝国主义分裂中国、肢解边疆少数民族地区的图谋。

孙中山的"兴汉"民族主义及其建构类同"美利坚民族"的目标，在完成"排满"任务之后，也指向了帝国主义列强。在殖民地、半殖民地的资产阶级民主革命中，民族主义在动员民众、抵御外侮、争取国家独立和民族解放方面具有不可替代的作用。所以，他视民族主义为"法宝"。然而，孙中山解决中国民族问题的理论宣示，其目的是打造一枚"中华民族"的"硬币"，一个面向是"排满"，一个面向是"兴汉"。推翻了清朝的"异族"统治，象征解决了"驱逐鞑虏"的历史性问题，而主张"汉族自决"和少数民族"同化于我"，却遮蔽了"民权"理念中应有的国内少数民族权利问题。所以，孙中山倡导的"天下为公"，虽然浸透着中国"治天下之道，至公而已尔"的观念，但是他对历史悠久的统一的多民族国家"至公而已尔"的理解，却陷入了西方或东洋种族同一性的"一族一国"局限，缺失了"公则胡越一家，私则肝胆楚越，此古圣人所以视天下为一家，中国为一人也"的政治胸怀。[②]

总之，孙中山效仿美国"合众为一""共治一炉"来打造"中华民族"的理念，完全忽视了殖民主义扩张形成的美国式移民国家与中国几千年"五方之民"及其后裔互动共建的统一的多民族国家之间的

---

① 参见顾颉刚《中华民族是一个》，《益世报》第四版1939年2月13日。
② （明）叶子奇：《草木子》卷之三，克谨篇，中华书局1959年版，第55页。

天壤之别。这些脱离中国基本国情的民族主义政治主张，虽然有来自西方和东洋的理论或实证支持，但是古代中国历史积淀的厚重遗产，近代中国现实遭遇的深重灾难，绝非祭起"兴汉"民族主义"法宝"就能够承前启后，就能够迎刃而解。诚如费正清（John King Fairbank）所言："在中华民国的初期，外在世界的许多思想最终都被讨论和试验过，但是能站住脚的为数并不多。"[1] 孙中山在遗嘱中表达"革命尚未成功，同志仍需努力"的意愿，包括了如何建构一个现代中国的国家—民族（"国族"）——中华民族，这仍是一个需要破解的新话题。

四　中共定义中华民族

第一次世界大战期间，欧洲列强陷入了战争，而日本帝国主义假协约国名义攫取德国在华利益的"二十一条"危机，使中国民族工业发展的契机遭受了新的打击。由此引发的举国抗议，演化为一场全面的抵制日货的国货运动。这是清末民初中国民族主义思想传播以来，摆脱国内种族—民族主义狭隘性，以反对帝国主义为指向的爱国主义运动，它"经由消费形式形成的抵抗和持续，并且扩散开来，它甚至意味着中国人时刻准备着产生、界定以及接受新的民族主义和反帝主义的表达方式"。[2] 1915年以中华国货维持会为代表的国货运动组织，掀起了抵制日货、消费国货的运动。这场深入民间社会、居家生活的

---

[1] ［美］费正清：《伟大的中国革命（1800—1985）》，刘尊棋译，世界知识出版社2000年版，第197页。

[2] ［美］葛凯：《制造中国：消费文化与民族国家的创建》，第144、145页。

爱国运动，在全国各地的迅猛发展，不仅使国产肥皂、毛巾、火柴、棉布、鞋帽、雨伞、蜡烛等民众日用消费品深入中国民间社会的千家万户，而且国货运动激发的爱国自尊意识远比空洞的民族主义动员要深入人心和影响社会。

如果说孙中山等革命党人的"种族革命"在推翻了满族统治阶级的斗争中发挥了社会动员作用，那么中国人从经济民族主义起步的爱国斗争则聚焦于帝国主义。在帝国主义压迫下的中国民族工业及其造就的工商阶层和劳动阶层，不同于旧式的商贾和传统的农民，他们"对中国在帝国主义压抑下的困境异常敏感，并且决心保卫国家利益"①，所以对新思想、新观念的渴求也极其强烈。

1915年9月15日，一份名为《青年杂志》的刊物在上海出版发行，并于次年9月1日改名为《新青年》。这份在形形色色、林林总总的报刊中看似并不起眼的文化月刊，却成为引领中国文化思想运动的一面旗帜。当时，孙中山早期的"三民主义"思想随着辛亥革命的失败，几乎湮没于复辟帝制的封建主义纲常名教氛围之中，即便是清末崇尚西学的变法维新派，也仍陷于君主立宪、辅佐强人的半推半就政治投机之中。而《新青年》的面世及其高举民主、科学的大旗，全面抨击中国封建制度文化及其社会影响，宣扬西方的自由主义、个人主义、实用主义等思想，掀起了一场中国文化思想领域的革命。创办《新青年》的陈独秀、推进新文化运动的蔡元培、倡导以白话文写作的胡适等一批学贯中西的知识分子，为中国人展开了新的思想视野。

1917年俄国爆发了列宁领导的"十月革命"，马克思列宁主义的思想理论开始通过《新青年》杂志传播，研究和宣传马克思主义的团

---

① 徐中约：《中国近代史：1600—2000，中国的奋斗》，第395页。

体应运而生，李大钊、毛泽东、周恩来、蔡和森等一批进步青年知识分子成为信仰马克思主义的先行者。俄国"十月革命"使马克思主义付诸了实践，这为中国探索国家独立、民族自强的道路提供了新的思想和路径，即除了西欧、美国和东洋日本的道路外，俄国革命的道路也摆在了中国面前。况且，"一战"后欧美列强展开的世界秩序新地图，根本没有为名列战胜国的中国留下民族自决、独立自主的空间。1919年4月28日的巴黎和会，在英、法等列强的支持下认可了日本继承德国在中国山东拥有的权益。这一所谓"公理战胜强权"的结果，激起了中国人民强烈的愤慨，也粉碎了人们对西方世界宣称"公正的胜利"的幻想。正如列宁所说：所谓"西方民主国家"的《凡尔赛条约》，不过是"更加野蛮、更加卑劣地强加于弱国的暴力"[①]。

1919年5月4日，北京大学等十多所学校的学生发动了声势浩大的示威游行，发出了五四运动的呐喊。随后，学生罢课、工人罢工、商人罢市的请愿示威浪潮迅速席卷全国，在巴黎的留学生、华侨和参战的中国劳工也坚决阻止中国代表团签署和约，中国工人阶级走上了政治舞台，为这场前所未有的人民爱国运动注入了反帝、反封建的新动力。随之，民间社会的国货运动再度高涨，也使"消费文化民族化的进程在'五四运动'中惊人地加速和扩张，而这更增强了'五四运动'作为中国近代史巨大转折点的意义"[②]。以《新青年》为代表的新文化运动，作为推动中国人民解放思想、转变观念的精神动能，在五四运动中实现了巨大而广泛的释放，深刻揭露资本主义本质的马克思主义成为中国革命新思潮的主流。走俄国"十月革命"的道路、

---

① [苏]列宁：《民族和殖民地问题提纲初稿》，《列宁专题文集·论资本主义》，人民出版社2009年版，第253页。

② [美]葛凯：《制造中国：消费文化与民族国家的创建》，第153页。

建立社会主义的国家，成为中国步入独立自主现代国家行列的历史选择。

早在1913年，列宁揭示了资本主义时代世界范围民族问题呈现的两种历史发展趋势，其中第一种趋势就是"民族生活和民族运动的觉醒，反对一切民族压迫的斗争，民族国家的建立"①。这是基于"民族国家是资本主义发展中的一个必经阶段"，是对"资本主义的一定阶段上发展生产力所必须的基础"②做出的科学判断。因此，无论是对西欧还是整个世界，民族国家"都是资本主义时期典型的正常的国家形式"③。所以，他在分析殖民地、半殖民地的无产阶级革命和民族解放运动时也提出一个指导性的预言："在印度和中国，觉悟的无产者也只能走民族道路，因为他们的国家还没有形成为民族国家。"④ 虽然这种民族—国家是资本主义的国家形态，但是主权独立、领土完整、民族统一则是其基本特征。殖民地、半殖民地人民要摆脱帝国主义的侵略、统治和奴役，必须建立自己的民族—国家，因为西方构建的世界体系"视民族国家为唯一合法的政体"⑤。

毫无疑问，孙中山是寻求中国现代道路的先行者和实践者，推翻清王朝，建立西方列强式或东洋日本式的民族—国家，是他毕生的奋

---

① ［苏］列宁：《关于民族问题的批评意见》，《列宁专题文集·论资本主义》，人民出版社2009年版，第290页。

② ［苏］列宁：《关于无产阶级和战争的报告》，《列宁专题文集·论资本主义》，人民出版社2009年版，第88页。

③ ［苏］列宁：《论民族自决权》，《列宁选集》第2卷，人民出版社1995年版，第371页。

④ ［苏］列宁：《关于无产阶级和战争的报告》，《列宁专题文集·论资本主义》，第89页。

⑤ ［美］杜赞奇：《从民族国家拯救历史——民族主义话语与中国现代史研究》，王宪明译，社会科学文献出版社2003年版，第59页。

斗目标。俄国十月革命后，孙中山在完善其三民主义的宣讲中，也多所解读马克思列宁主义，宣布他的"民生主义就是社会主义，也就是共产主义"，只是实践的方法不同。① 但是，他视为"法宝"的民族主义，始终没有超越"将种族和启蒙历史与民族国家联系在一起的"初始阶段。这种超越，只能由"觉悟的无产者"才能承担，因为"所有的无产者生来就没有民族的偏见"②。中国工人阶级为五四运动注入的新动力，标志着中国"觉悟的无产者"走上了历史舞台。

1921年7月成立的中国共产党，展开了中国新民主主义革命的历史进程。中国共产党是以马克思列宁主义为指导思想的政党，这个政党宣布了消灭阶级压迫，以及消灭产生阶级压迫的根源——私有制——的政治主张。在解决民族问题上，中共信仰"人对人的剥削一消灭，民族对民族的剥削就会随之消灭。民族内部的阶级对立一消失，民族之间的敌对关系就会随之消失"的基本原理。③ 所以，被孙中山视为"消极的民族主义"目标——"除去民族间的不平等"，恰恰是中共超越资产阶级民族主义、消灭阶级压迫和民族压迫的奋斗目标。这一目标的核心是实现国内各民族的一律平等，这是各民族团结的基础。从这个意义上说，孙中山主张少数民族"同化于我"的"积极的民族主义"，虽然立意于"团结国内各民族"，④ 但是却因缺失各民族一律平等的内涵而根本无法实现。

---

① 孙中山：《三民主义》，"民生主义第二讲"，第199页。
② [德]恩格斯：《在伦敦举行的各族人民大会》，《马克思恩格斯全集》第2卷，人民出版社1957年版，第665页。
③ [德]马克思、恩格斯：《共产党宣言》，《马克思恩格斯文集》第2卷，第50页。
④ 孙中山：《中国国民党宣言》，《孙中山全集》第7卷，中华书局1985年版，第1、3页。

中共坚持国内各民族一律平等的政治主张，立足于承认中国的多民族国情。在经历了艰苦卓绝的北上抗日、长征之后，中共在延安倡导和建立最广泛的抗日民族统一战线的实践中，率先解决了中国的国家观问题，即确立了中国是一个统一的多民族国家的观念。"我们中国现在拥有四亿五千万人口，差不多占了世界人口的四分之一。在这四亿五千万人口中，十分之九以上为汉人。此外，还有蒙人、回人、藏人、维吾尔人、苗人、彝人、壮人、仲家人、朝鲜人等，共有数十种少数民族，虽然文化发展的程度不同，但是都已有长久的历史。中国是一个由多数民族结合而成的拥有广大人口的国家。"① 这是自辛亥革命以来，中国的政党组织第一次对国民结构做出的多民族概括，是共产党与国民党在认识中国历史、把握中国现实，在国家观方面的基本政治分野。

中共对多民族国家的历史认知和现实承认，关系到如何在反帝、反封建的新民主主义革命中实现国家和民族统一的根本问题，也就是如何建构国家层面的中华民族问题。对此，中共提出了新的民族观："中华民族是代表中国境内各民族之总称，四万万五千万人民是共同祖国的同胞，是生死存亡利害一致的"命运共同体。② 中国境内各民族作为"共同祖国的同胞"，共同享有中华民族的身份，在反对日本帝国主义侵略、封建主义压迫的斗争中面对着共同的敌人，命运相依、休戚与共，这就是中共理解的"一族一国"，即中华民族为"一族"，中国为"一国"。民族统一、国家统一成为中共领导国内各民族人民的奋斗目标。中华民族观的确立，赋予了中共政治纲领的中华

---

① 毛泽东：《中国革命和中国共产党》，《毛泽东选集》第二卷，人民出版社 1991 年版，第 622 页。

② 《抗日战士政治课本》，载中共中央统战部《民族问题文献汇编》，第 808 页。

民族性，即中共"不但是代表工农的，而且代表民族的"①。这个"民族"就是中华民族。中华民族作为中国各民族的总称，也意味着"民族成了国王"，这个"国王"就是中国各民族人民组成的中国人民。作为以"为人民服务"为宗旨的中共，由此从早期"工农革命"建立"工农国家"的理念，转变为建立包容中国各民族人民的"人民共和国"的理念，使人民民主革命与中华民族革命有机地融为了一体。

中共推动和平解决"西安事变"再度实现了与国民党的合作，也使中共倡导的最广泛的抗日民族统一战线，成为关系中华民族存亡绝续的国民意志。国内各民族、各阶级、社会各界共同抗日是战胜日本帝国主义的唯一出路。日本帝国主义控制东北、占领华北、入侵内蒙古、觊觎西北、危及西南，利用民族问题分裂中国的图谋已付诸实践。动员少数民族人民共同抗日、维护国家统一，是当时极为迫切的任务。正是在这个意义上，中共提出了在国家统一前提下，少数民族自主管理本民族内部事务的自治方针。即"允许蒙、回、藏、苗、瑶、夷、番各民族与汉族有平等权利，在共同对日原则之下，有自己管理自己事务之权，同时与汉族联合建立统一的国家"②。同属于中华民族的各民族权利平等，少数民族享有自治权，各民族共同建立统一的国家，成为中共解决国内民族问题的基本政策，并率先在陕甘宁边区进行了实践。

中共对中华民族内涵的全新阐释，不仅超越了清末民初以来国内各界的种种论说，而且也超越了西方狭隘的"一族一国"的国民成分

---

① 毛泽东：《论反对日本帝国主义的策略》，《毛泽东选集》第一卷，人民出版社1991年版，第156页。

② 毛泽东：《论新阶段》，载中共中央统战部《民族问题文献汇编》，第595页。

单一性。中共在多民族国家建构一个统一的现代中华民族，是建立在赋予各个历史民族平等权利基础上的国民整合，这是尊重历史、符合国情、顺应人心的政治选择，也是从理论上放弃苏联民族共和国联邦建国模式的开端。国家—民族的统一，并不意味着国内各民族的同一。在承认和尊重各民族差异基础上的中华民族统一性，确立了中国人民独立自强的民族属性和国家归宿。这些理论判断和观念变革，表明中共掌握了阐释中国历史、面对中国现实、展望中国未来的话语主动权。中华民族，成为中国彻底摆脱1840年以后遭受帝国主义列强侵略、掠夺、奴役，战胜穷凶极恶的日本帝国主义，建立各民族一律平等的现代新中国的国民意志载体。在中国共产党领导下，中国将迎来中华民族的自决。"中华人民共和国的成立，就是对帝国主义的民族自决。"[①]

五 "中国各民族"知多少

中国近代遭受帝国主义列强欺侮的百年历史表明，中国的任何一个历史性的民族，包括构成中国人口主体的汉族，都不可能单独在继承历史中国"大一统"基础上实现民族自决。中国的历史是"五方之民"及其后裔共同建立和传承的历史，中国的国家历史"大道"是统一的多民族国家，这是中国步入现代国家必须维护和继承的历史遗产，否则就会按照帝国主义列强的意图分崩离析。中华民族的统一性，昭示了"必须将分裂的中国变为统一的中国，这是中国人民的历

---

① 乌兰夫：《民族问题学习笔记》，《乌兰夫文选》上册，中央文献出版社1999年版，第359页。

史任务"①。在国共合作形成的抗日民族统一战线引领下，中华民族经过艰苦卓绝的抗日战争，付出了巨大牺牲，最终战胜了日本帝国主义，为赢得世界反法西斯战争东方主战场的胜利做出了巨大贡献。

然而，战胜日本帝国主义的举国胜利，并没有带给中国人民和平建国的希望，蒋介石维护国民党专制独裁的反共意志，不仅使中共倡导各党派和各界代表共同组成联合政府的和平民主愿望付之东流，而且他依仗装备先进的几百万大军发动了消灭共产党的内战。当时，在国共两党共同抗日的旗号下，编入国民革命军序列的中共领导的八路军、新四军，在内战爆发后改称中国人民解放军。这支人民军队，承担起了维护中国人民战胜日本帝国主义的胜利成果，把中国各民族人民从国民党政府谋求专制统治的阶级压迫、民族压迫中解放出来的使命。1947年5月内蒙古自治区成立，不仅使中共解决国内民族问题的基本政策付诸实践，而且为即将诞生的新中国确立了第一个基本的国家政治制度。

1949年10月1日，毛泽东在北京天安门城楼上向世界庄严宣告中华人民共和国成立。在此之前结束的中国人民政治协商会议第一届会议，通过了《中国人民政治协商会议共同纲领》，明确规定了少数民族聚居地区实行民族区域自治的宪法原则。那么，中国哪些地区是少数民族聚居地区？中国有多少个少数民族？也就成为新中国诞生后全面推行民族区域自治制度必须首先解决的问题。

在中国形成统一的多民族国家发展进程中，"五方之民"及其后裔呈现了日益密切的政治、经济、文化和社会生活的互动，期间许多群体或消融、或重组，或迁徙、或离散，演出了一幕幕可歌可泣的相

---

① 毛泽东：《论联合政府》，《毛泽东选集》第三卷，人民出版社1991年版，第1071页。

互吸收、相互融合的历史剧目。构成"五方之民"及其后裔的各个群体之间，经历着同源异流的分化，异源同流的融合。人口众多的汉族和在历史上影响较大的一些少数民族，都是在这种互动、吸收、融合中逐步趋于稳定，族别称谓也逐步统一。但是，由于自然地理环境的封闭性、社会发展条件的制约性，也有很多群体，还处于缺乏内部社会整合的状态。这些群体，在语言文化、经济生活、风俗习惯等方面或相似、或相异、或既相似又相异、或迥然不同，其自称和他称也处于流动、变化的状态。

孙中山否定"五族共和"的理由之一是中国"何止五族"，中共确立中华民族观念时认为中国除汉族外"共有数十种少数民族"，但是究竟有多少则需要通过科学的调查研究才能确定。早在 1937 年，民族史学家江应樑在论及"中华民族"时就指出："能对于中国领土中全部民族的各个分子均有一个彻底的明了认识，方能说得到了解我们自己，方能说复兴中华民族之道。"[①] 当时，正在成长、兼具中西学术传统的中国民族史、边疆史地、民族学、人类学等学科，已经展开了对边疆地区（包括台湾）少数民族的历史、语言、宗教信仰和风俗习惯等方面的调查研究。这些实证科学的调查研究，不仅为抗日战争时期激发中国社会的中华民族意识、国家意识、边疆意识发挥了重要作用，而且也为新中国开展民族识别提供了难能可贵的学术资料。

新中国成立后，从 1950 年开始中央人民政府向西南、西北、中南、东北、内蒙古等少数民族聚居地区派出了多路访问团，其目的是向各个少数民族宣传新中国的民族政策，疏通民族关系，了解各个少数民族的经济社会状况。当时，主持西南地区工作的邓小平在欢迎中

---

① 江应樑：《广东瑶人之今昔观》，《民俗》1937 年第一卷。

央访问团时开门见山地说:"在少数民族问题上,我还是个小学生。"为什么他会自称是"小学生"?重要原因就是"西南少数民族究竟有多少,现在还不清楚。据云南近来的报告,全省上报的名称有七十多种。贵州的苗族,据说有一百多种,实际上有些不是苗族。例如侗族,过去一般都认为是苗族,实际上语言、历史都不同,他们自己也反对这么说。从这一情况就可看出,我们对少数民族问题不仅没有入门,连皮毛还没有摸着。当然经过两三年工作之后,对各个民族有可能摸清楚。历史上弄不清楚的问题,我们可能弄清楚"[1]。

在新民主主义革命时期,中共从总体上把握了中国的历史国情和现实国情,确立了各民族一律平等和少数民族聚居地区实行民族区域自治的大政方针。新中国成立之后,具体落实这些政策,首先就要解决各民族的平等地位问题,即承认和尊重各民族,特别是少数民族作为中华民族成员的平等地位,这是立足对群体权利平等给予保障的先决条件,也是确定民族区域自治主体地位的前提。在美国等西方国家步入现代历史的进程中,对所谓"人人平等"原则的强调,在事实上遮蔽了不同民族、不同种族、不同移民群体普遍存在的群体性差异,甚至在经济社会发展程度方面存在的差距。所以才出现了美国宪政实践中的"平等但不等同""隔离但平等"的种族关系悖论,[2] 进而引发了20世纪60年代的民权运动以及后续实行的多元文化主义"平权政策"实践。在这方面,中国承认少数民族的平等地位、保障少数民族的群体权利,在理论和实践上具有先见之明。

---

[1] 邓小平:《关于西南少数民族问题》,《邓小平文选》第一卷,人民出版社1994年版,第161—162页。

[2] 参见[英]J. R. 波尔《美国平等的历程》,张聚国译,商务印书馆2007年版,第203页。

1953年，中国进行了第一次全国性的人口普查，结果表明中国的人口并非传统表述的"四万万五千万"，而是6.01亿人。其中汉族占93.94%，少数民族占6.06%。少数民族人口中，超过百万人口的有蒙古（146万）、藏（277万）、回（355万）、维吾尔（364万）、苗（251万）、彝（325万）、壮（661万）、布依（124万）、朝鲜（112万）、满（241万），其他人口不足百万的少数民族中，通过自我申报的民族成分多达400余种。这些名目繁多的自我表达，与地区、聚落、姓氏、方言、服饰、习俗等差异交织一起，事实上反映了中国各民族在形成稳定的共同体进程中所处的不同社会历史发展阶段，有些群体仍保留着血缘氏族社会的特征，有些群体处于不同氏族组成的地域性部落组织阶段，有些群体与其他群体相间杂处正在融为一体，其中包括人口最多的汉族也因地域、方言、经济生活而形成不同的文化习俗性群体。因此，对人口众多、地域广阔的中国来说，识别民族是一项极其复杂和艰巨的社会工程。

究竟什么是"民族"？在中国历史文献中并没有直接针对这一名词的解释。但是，先秦时期对"五方之民"的释读，提供了构成民族特征的若干基本要素。首先，"五方之民"由于所处的地理环境不同，他们的群体特性和生活习俗"皆随地以资其生"；其次，他们的居家、饮食、服饰、器物取材不一、形制各异；再次，语言不通，嗜欲不同，相互沟通需要翻译。在经济社会生活方面的农耕、畜牧、渔猎、采集等生存方式，一方面反映了不同民族所处的自然地理环境，另一方面也反映了各个民族所处的不同社会发展阶段。这是定义民族的中国本土资源。当然，近代以来随着"西学东渐"，西方有关民族特征的诸多释义或定义，已经对中国知识界产生了影响，也出现了各种解读"民族"的定义，而且因种族—民族主义思潮的影响，定义中的血

第三章　中华民族：多元一体的大家庭

缘关系和祖先崇拜因素十分显著。但是，将种族特征作为划分民族群体的标准，不是新中国民族识别的依据。

在马克思主义的民族理论中，语言和地域是辨识不同民族的重要因素。其中，斯大林提出的民族定义，对新中国的民族识别产生了思想理论方面的重要影响。即"民族是人们在历史上形成的一个有共同语言、共同地域、共同经济生活以及表现在共同文化上的共同心理素质的稳定的共同体"①。语言、地域、经济生活、文化和心理方面的共同性，构成一个民族。诚然，斯大林所论述和定义的民族，是指民族—国家时代"一族一国"意义上的民族（нация/nation），即构成苏维埃联盟的各个加盟共和国的民族。而不具备这些"缺一不可"要素的群体，在苏联被称为"部族"。对此，毛泽东针对中国的国情明确指出："科学的分析是可以的，但是政治上不要去区分哪个是民族，哪个是部族或部落。"② 中国的民族识别不以人口多少、经济社会发展程度不同来划分民族群体，这是各民族政治地位一律平等原则彻底性的集中体现。

中国的民族识别是在中央人民政府和地方人民政府组织的科学调查研究基础上展开的工作，斯大林的民族定义固然是最重要的理论依据，但是从中国实际出发，特别是从中国统一的多民族国家形成和发展的历史过程出发，始终是民族识别遵循的基本立场。对此，周恩来指出："在我国，不能死套斯大林提出的民族定义。那个定义指的是资本主义上升时代的民族，不能用它解释前资本主义时代各个社会阶

---

① ［苏］斯大林：《马克思主义和民族问题》，《斯大林选集》上卷，人民出版社1979年版，第64页。

② 转引自黄光学、施联朱主编《中国的民族识别——56个民族的来历》，民族出版社2005年版，第81页。

段中发生的有关的复杂问题。……我国许多民族在解放前虽然没有发展到资本主义阶段，但是它们的民族特征都已不同程度地存在着，这种历史和现实的情况都应正视、研究和照顾，否则就不能合起来。"①他所强调的"合"，就是把中国各民族合为一体，而承认各民族的文化差异、尊重各民族的自我意识，则是实现"合"的前提。各民族合起来的中华民族共同建设新中国，这是中共对经典作家有关民族定义的正确理解。

因此，在民族识别的实践中，确定一个少数民族的集体身份，不仅要考虑到聚居性的地域特点及其经济、文化等共性特征，而且也要考虑到宗教信仰及其所由形成的风俗习惯等共性特征。例如，回族并没有本民族的语言文字，传统称为"回回""回民"的群体遍布全国各地，呈现了大分散、小聚居、城镇化的分布，他们各操其所在地的汉语方言。但是伊斯兰教信仰及其渗透于社会生活所形成的风俗习惯、经济生活特点及其积淀的文化和心理因素，却在这些分布于天南地北的穆斯林群体中具有普遍的共同性。因此，中国的民族识别并未教条地依据斯大林民族定义诸要素所强调的"缺一不可"，而是充分考虑了各个民族的历史过程、文献记录、文化特征和经济生活类型，坚持了"名从主人"的基本原则，弥合了"自称"与"他称"之间的区别，还原了不同语言、不同方言传承的同一群体的称谓。

截止到1954年，除了已经公认的蒙古、回、藏、维吾尔、苗、瑶、彝、朝鲜、满、黎、高山等少数民族外，经过调查识别、归并整合，又确认了壮、布依、侗、白、哈萨克等20多个少数民族，总计达到38个。在随后的十年间，中央政府陆续组织了全国范围的少数

---

① 周恩来：《民族区域自治有利于民族团结和共同进步》，载国家民族事务委员会政策研究室编《中国共产党主要领导人论民族问题》，民族出版社1994年版，第151页。

民族社会历史和语言文字调查，数以千计的专家学者参加了实地调查和识别论证。其间陆续认定了若干少数民族，其中土家族的识别经历了六年之久的调查、研究、争论，在 1956 年得到国务院的批准。1964 年，中国进行了第二次全国人口普查，申报登记的不同民族称谓仍多达 183 种。这一阶段，在调查研究基础上确认了包括土家族在内的畲、达斡尔、布朗、阿昌、赫哲等 15 个少数民族。其中包括把 74 种不同名称的群体归并到了 53 个已经确认批准的少数民族之中。

中国的民族识别工作，并不是为了确认中国历史上究竟有多少民族。几千年的发展演变，几乎每一民族中都包含着其他群体的成分，中国人口最多的汉族最为典型。这种相互吸收、相互融合是铸就统一的多民族国家的民间根基。现实中群体差异性的普遍存在，并不意味着历史源流的分野，一源多流、多源归一的现象可谓比比皆是，这是民族识别中归并整合的基本逻辑。所以，中国的少数民族并不因人口仅有几千人而归并到其他民族中，也不因人口数百万、上千万而分解成不同的少数民族。这项工作一直持续到改革开放以后，1979 年国务院批准了基诺族，由此确定了中国是由汉族和 55 个少数民族组成的多民族国家的国民格局，至此民族识别工作基本完成。这一过程中积累的大量田野调查资料，也以民族志、语言志、纪录片等形式成为中国民族学等科学研究的宝贵资料。

中华人民共和国政府进行的民族识别，是尊重统一的多民族国家历史、符合国情、顺应各民族人心的重大社会工程。这项起始于新中国成立之初的工作，是中国解决民族问题最具特色的政策之一。中国在现代国家建构中，确立了中华民族的国家—民族（state-nation）地位，进而通过民族识别为各个历史民族进行了现代正名。这不仅意味着对少数民族权利合法性提供国家制度、法律和政策的保障，而且在民族识别的实践中充分尊重少数民族的意愿，去除历史遗留下来的任何污名化的标识，则体现了中国民族政策在实现民族平等方面精耕细作的实践。包括民国初期移入中国新疆地区，并被冠之以具有歧视意味的"归化族"的白俄群体，也是在民族识别过程中重新正名为俄罗斯族，[①] 成为中华民族大家庭56个成员中的平等一员。如果按照西方国家对待外来移民的理论和政策实践，移入中国的俄罗斯人只能享有多元文化主义框架内的族群（ethnic group）身份，而绝对不会成为一个国家法定的少数民族（national minority 或 nationlity）。

就世界范围而言，第二次世界大战后国际社会开始关注少数民族的权利问题，联合国通过了一系列相关的国际公约和宣言，使少数民族平等权利在国际人权领域得到广泛的重视。保障少数民族的平等权利，首先要承认少数民族的社会存在，赋予少数民族平等的社会地位。在这方面，虽然中国步入现代国家的进程极其艰难，但是新中国成立以后最重大、最优先的事务之一，就是开展民族识别、推行民族区域自治。当时的中国还处于百废待兴、一穷二白的国家草创阶段，但是从承认和保护少数民族权利的世界潮流而言，中国的民族政策理念及其实践，无疑走在了世界前列。更重要的意义在于，新中国立足多民族的基本国情，承认少数民族的群体权利，目的是维护国家的统一和熔铸中华民族的一体，实现多元构成一体、一体包容多元的辩证统一。

六　建设中华民族大家庭

早在1854年，西雅图印第安人酋长在被迫与白人签署出让土地

[①] 参见黄光学、施联朱主编《中国的民族识别——56个民族的来历》，第106页。

的条约时,发表了著名的演讲,其中提到:"最终,我们也许真的会成为同命的兄弟,让我们拭目以待吧。"① 时过境迁,140多年后的今天,西雅图酋长的后代们并没有在美国社会中感受到"同命的兄弟"之家庭般的亲情。而在新中国,少数民族被称为"兄弟民族",统一的多民族国家被称为"民族大家庭"。中国民族政策的基本精神,"是使中华人民共和国成为各民族友爱合作的大家庭",② 这不仅是新中国对民族多样的国民结构赋予情感的表达,而且是按照亲人的感情建设中华民族大家庭的实践。因为新中国,"不是哪一个民族所专有,而是我们五十多个民族所共有,是中华人民共和国全体人民所共有"③。包括人口众多的汉族在内的中国56个民族,都是中华民族大家庭的平等成员。如果按照中国历史悠久的姓氏传统,在中华民族大家庭中,56个民族各有各的名字,但是他们都有一个共同的姓——中华民族,这就是费孝通先生概括的"中华民族多元一体"。成员多元、家庭一体,尊重多元、认同一体,这是中华民族大家庭的基本特征。

家庭是血脉和亲情的归宿,中华民族大家庭的亲情体现为平等、团结、互助、和谐的民族关系,家庭成员之间谁也离不开谁。也就是汉族离不开少数民族,少数民族离不开汉族,少数民族之间也相互离不开,守望相助、命运相依,这是大家庭的"家规"。在这个大家庭中,少数民族与构成国家人口主体、文化主流的汉族之间,普遍存在

---

① 《西雅图酋长谈话》,唐诺译,香港脸谱出版社2001年版,第31页。
② 周恩来:《新民主主义的民族政策》,载国家民族事务委员会政策研究室编《中国共产党主要领导人论民族问题》,第37页。
③ 周恩来:《关于我国民族政策的几个问题》,载中共中央文献研究室、中共新疆维吾尔自治区委员会编《新疆工作文献选编(1949—2010)》,第180页。

着经济社会发展差距和语言、宗教、生活习俗等方面的文化差异。尤其是经济社会发展程度的差距，制约和影响着少数民族共享中国社会发展成就的平等权益，这是历史留给中国的一个客观现实。因此，承认国民结构的多民族特点，了解各个家庭成员特别是少数民族的经济、文化特点，在经济生活方面给予特别扶持、在文化生活方面给予尊重，在社会生活方面给予照顾，也就构成了这个大家庭的"家教"。目的是通过缩小家庭成员之间经济社会生活的差距，使家庭成员在相互尊重、相互欣赏、相互学习、相互帮助、相互认同中，共同为大家庭的团结和谐、繁荣昌盛做出贡献。如果从学理的角度讲，这种大家庭的建设，目的是使各个民族获得同一个家庭的归宿，实现国民成分多样性的国家统一。这是一条与西方国家完全不同的国家建设道路。

在民族—国家建构的历史中，通过确立国语、国教等制度化的同一性来实现国民整合，是十分普遍的现象。"西方国家曾使用了各种各样的策略来取得这种语言和制度的融合：国籍和归化法、教育法、语言法，有关公务人员雇用、兵役制度和国家传播媒体的政策，等等。"而且"这些政策经常是针对少数民族文化群体的"。[①] 其目的是通过"同一化"来消除国民成分的"异质性"。在这种以同化为目标的政策实践中，直到 20 世纪上半叶，还存在着严重违反人权的对"非我族类"的种族、民族、宗教、语言群体的清洗政策，包括强迫同化、强制迁徙的政策，甚至进行国家之间的居民交换，直至纳粹德国的种族灭绝暴行，等等。因此，种族主义、沙文主义、民族主义、法西斯主义这类至今影响人类社会的理论和实践，都源自西方的现代国家建构过程。

---

① [加拿大] 威尔·金利卡：《少数群体的权利：民族主义、多元文化主义与公民权》，邓红风译，台北，左岸文化出版社 2004 年版，第 1 页。

以"民主的阴暗面"为题,对这种现象展开研究的迈克尔·曼(Michael Mann)认为:欧洲、北美这些代表世界北方的地区,在民族—国家建构中虽然都"有过令人恐怖的种族清洗的历史,但它们现在颇具讽刺意味地拥护多元文化主义,至少在理论上"是如此。20世纪60年代美国民权运动的爆发,象征着美国的"熔炉"政策、西欧的融合政策、北欧的同化政策的失败。美国、加拿大、澳大利亚这些典型的移民国家,开始转向多元文化主义的"平权政策"(affirmative action)实践。这种以承认国民成分中文化差异群体存在经济生活差别为前提的"平权政策",影响了欧洲乃至实行资本主义制度的众多发展中国家,成为资本主义世界普遍实行的一种"民族政策"。因此,从西方民族—国家的建构进程而言,迈克尔·曼也乐观地判断:"欧洲正在接近我所描绘的有数百年之久的、朝着经过种族清洗和民主化制度的民族—国家方向迈进的旅程的末尾阶段。"[1] 然而,看起来似乎胜利在望的"末尾阶段",在现实中却呈现着诸多"民主化制度"的内在矛盾及其难以调和的困境。其中个人自由的价值观与少数人群体权利的保护之间的矛盾尤为突出。

在世界范围,主动承认、尊重和保障国内少数民族平等权利的国家并不多,很多国家包括西方发达国家为了建构"一族一国"的民族—国家,往往以自由主义的"人人生来平等"或"公民社会"的个人权利,来淡化或抹杀国内少数民族(national minority)、少数族裔(ethnic minority)、土著居民(indigenous people)的群体权利。这种看似无差别的社会一体化政策,在彰显"机会平等"的公正表象下,实质是对社会群体特别是"异质性"群体权利的否定。在一个统

---

[1] [英]迈克尔·曼:《民主的阴暗面:解释种族清洗》,严春松译,中央编译出版社2015年版,第635页。

一的国度中，所谓国民成分的"异质性"，并不意味着阶级、阶层、职业等方面的差别，通常是指社会中承载着非主流传统文化的少数人群体，其中也包括这些群体在经济社会生活中所处的不同地位。如何使这些人口居于少数、文化异质、普遍在经济生活方面处于落后状态的群体，自觉地认同和融入他们所处的大社会，绝非在理论上宣示"人人生来平等"地享有"向上流动"的机会，就可以解决。包括最发达的美国，崇尚个人自由、鼓励个人奋斗的"机会平等"，反而强化了一些少数人群体普遍处于社会底层或社会边缘的处境。

美国等西方发达国家从同化主义，转向多元文化主义理念和承认少数民族权利的进程中，始终存在着包括自由主义、社群主义的激烈争论。其中既包括美国保守主义对多元文化主义的严厉批判，也包括种族性的"仇恨团体"、新法西斯主义组织喧嚣于街头的暴行，以及欧洲极右翼政治的排外主义的回潮和地区—民族分离主义运动加剧等问题。事实上从理论上说，西方在处理这类问题上并不缺乏开明理性的认识："如果说国家式民族国家建构政策的存在有助于实现少数群体权利合法化，也可以把这个公式反过来，贯彻少数群体权利也有助于国家式民族国家建构的合法化。"[①] 2014 年英国在遭逢苏格兰地区—民族主义独立公投挑战之际，英国政府正式承认康沃尔人是该国与苏格兰、威尔士、北爱尔兰享有同等地位的少数民族（national minority），应属于这种换位思考的"补课"，尽管有些姗姗来迟。所以，西方发达国家的"一族一国"的建构即便是进入"末尾阶段"，但距离成功的目标依然遥远。

在多民族国家构建一个国家—民族，需要在多样中求统一，在差

---

① ［加拿大］威尔·金利卡：《少数群体的权利：民族主义、多元文化主义与公民权》，第 51 页。

异中求和谐,这从来都是一大难题。虽然西欧创造的民族—国家模式已经历了几百年,但是还不能说已经产生了具有普遍意义的成功经验。这也是产生安德森(Benedict Andersons)界定民族(nation)经典之论的原因,即国家—民族是一种"想象的政治共同体"。① 这一观点的流行,不仅在于它摆脱了对构成民族诸多要素的争议,而且也昭示了当今时代民族—国家建构进程中所面对的普遍困扰。在中国古代历史上,的确没有中华民族的概念,但是并不意味着这一概念只是"想象"的产物,而是中国历史的独特过程和中国各民族人民的特殊经历,成就了中华民族大家庭。她"经过几千年的沧桑岁月,把我们56个民族、13亿多人紧紧凝聚在一起的,是我们共同经历的非凡奋斗,是我们共同创造的美好家园,是我们共同培育的民族精神,而贯穿其中的、更重要的是我们共同坚守的理想信念"②。即走出一条符合中国特色社会主义理想信念的中华民族伟大复兴之路。

在对中国道路,包括中国特色解决民族问题道路的认识方面,"苏联模式"曾经是最普遍的结论。所以,在苏联解体之后,一些西方预言家做出"所有的社会主义多民族国家都将步苏联的后尘"的判断,也不足为奇。这种立足于冷战立场的惯性思维,把"苏联模式"的社会主义作为所有社会主义国家马首是瞻的标准,把苏联解决民族问题的道路作为所有社会主义多民族国家亦步亦趋的选择,完全忽视了中国探索具有自身特色社会主义道路的历史经历和现实成就。由此也造成了对苏联解决民族问题失败原因的种种误读,诸如苏联承认国

---

① [美]本尼迪克特·安德森:《想象的共同体:民族主义的起源与散布》,吴叡人译,上海人民出版社2003年版,第5页。

② 习近平:《在第十二届全国人民代表大会第一次会议上的讲话》,《习近平谈治国理政》,外文出版社2014年版,第39页。

内有众多的非俄罗斯民族、赋予非俄罗斯民族建立共和国的权力、实行联邦制的民族"区隔制度"并规定"退盟权"之类。以此来括套中国的民族识别和民族区域自治制度，就如同把印度的"梵化"政策、巴西的"白化"政策归结为效法美国的"熔炉"政策一样，"简单"地令人称奇。① 如果按照这种"简单"的政治逻辑，欧洲联盟承认成员国的主权独立、欧盟宪法规定"退盟权"，也将导致欧盟的解体。

苏联也曾认为自己是一个多民族的大家庭，并在勃列日涅夫时代宣布"我国形成了新的历史共同体——苏联人民"②，认为历史遗留给苏联的民族问题已经"一劳永逸"地解决。这种判断基于苏联已经建成发达、成熟的社会主义，正在逐渐发展为共产主义。而这种激进、盲目的判断，是建立在高度中央集权取代联盟宪法规定的加盟共和国权利基础之上的"一体化"，体现在民族关系方面的主要特征是"苏联各民族人民亲切地称俄罗斯人民为自己的老大哥，自愿地把俄语看成族际交往的语言，并且俄罗斯苏维埃文化也有权在苏联各民族文化互相丰富的总过程中占有主导地位"③。这种把俄罗斯人竖立为苏联"老大哥民族""最优秀的民族"的观念，使俄罗斯等同于苏联的观念"深入人心"。包括用"新思维"挑开覆盖在苏联民族矛盾之

---

① 参见拙文《评"第二代民族政策"的理论与实践误区》，《新疆社会科学》2012年第2期；《美国是中国解决民族问题的榜样吗？——评"第二代民族政策"的"国际经验教训"说》，《世界民族》2012年第2期；《巴西能为中国民族事务提供什么"经验"——再评"第二代民族政策"的"国际经验教训"说》，《西北民族大学学报》2012年第4期；《印度构建国家民族的"经验"不值得中国学习——续评"第二代民族政策"的"国际经验教训"说》，《中南民族大学学报》2012年第6期。

② [苏]苏联科学院历史所编《苏联民族—国家建设史》下册，徐桂芬等译、黄日焰校，商务印书馆1997年版，第610页。

③ 同上书，第749页。

上"祝酒词"面纱的戈尔巴乔夫，也会不由自主地脱口而出："俄罗斯，我的意思是指苏联，我是说——我们今天这样称呼它，事实上它就是苏联——对于全体人民来说，它是一个堡垒。"① 几年之后，"苏联人民"的"堡垒"崩溃了，"大家庭"解体了。

　　苏联解体的悲剧已经过去了 20 多年，西方预言并推动的"多米诺骨牌"效应并没有在中国出现。一个国家的发展道路、解决民族问题的制度设计，必须立足于本国的国情实际。中国领导人认为："世界上没有两片完全相同的树叶。一个民族、一个国家，必须知道自己是谁，是从哪里来的，要到哪里去，想明白了、想对了，就要坚定不移朝着目标前进。"② 对中国来说，这个目标就是中华民族伟大复兴。这是中华民族大家庭尊重多元、引领一体的风向标，实现这个目标的动力来自所有家庭成员的共同团结奋斗，成就这个目标的本质特征是所有家庭成员的共同繁荣发展。中国赋予 56 个民族平等地位，尤其是认定 55 个少数民族身份，目的是为了熔铸大家庭的"一体"。家庭"一体"是家庭成员相互依存的"一体"，是包括汉族在内的 56 个民族"中华民族化"的"一体"，这是一个长期的过程。中国特色社会主义处于科学社会主义的初级阶段，中国解决包括民族问题在内的所有社会问题的实现程度，都不可能超越这一社会发展阶段的基本特征。

　　因此，在对中国特色解决民族问题道路的认识方面，进行任何国际经验或教训的比较，都要从中国和比较对象国的历史过程、现

---

① 转引自［美］兹比格涅夫·布热津斯基《竞赛方案——进行美苏竞争的地缘战略纲领》，中国对外翻译出版公司 1988 年版，第 116 页。

② 习近平：《青年要自觉践行社会主义核心价值观》，《习近平谈治国理政》，第 171 页。

实国情出发，而不是因中国的经济总量跃居世界第二位且有望超过美国，就好大喜功地看不到社会发展程度和人均水平的巨大差距；更不能因中国存在着民族分裂主义、极端宗教势力和暴力恐怖主义问题，而自我绑架于"苏联模式"地对中国解决民族问题的制度、法律和政策妄自菲薄。苏联解决民族问题的失败，是背离了马克思列宁主义基本原理和科学社会主义原则的结果。将中国解决民族问题的道路归类为"苏联模式"，是典型的张冠李戴。这是把"苏联模式"等同于科学社会主义的意识形态偏狭，是将"斯大林主义"等同于马克思列宁主义的政治理论曲解。从根本上说，是对中国特色社会主义、中国特色解决民族问题道路的教条主义、经验主义的僵化和片面理解。以这种思维模式去推介所谓"大熔炉"的美国、印度、巴西的"成功经验"，不仅罔顾这些国家种族矛盾、教族冲突和种姓问题严重的事实，而且只能导致中国出现"易帜邪路"的"颠覆性错误"。

中国建设多元一体的中华民族大家庭，在家庭一体中承认家庭成员的多元，尊重少数民族的群体权利，并不是否定公民个体依法享有的平等权利，而是在家庭各个成员的整体比较中，特别关注了各个少数民族普遍与汉族存在的经济生活发展差距，以及他们在文化方面的特殊性。中国对国家统一的追求，对中华民族一体的塑造，不是建立在民族同化基础之上，更不是为了强化各民族的不同，而是在加快少数民族经济社会发展进程中，实现各民族平等相处、团结共事、共同进步中的整合。多民族整合的统一，以缩小经济社会发展差距为根本，实现各民族人民共同富裕的物质生活家园；大家庭凝聚的一体，以文化多样性的保护、传承和发展为根本，建设中华文化丰富多彩、繁荣昌盛的精神生活家园。这就是习近平对中华民族伟大复兴——

"实现我们的发展目标,不仅要在物质上强大起来,而且要在精神上强大起来"论述的全部意义。[①] 从解决民族问题而言,实现这一目标的国家基本政治制度保障,就是中国特色的民族区域自治制度。

---

① 习近平:《实干才能梦想成真》,《习近平谈治国理政》,第46页。

第四章

区域自治:民族平等权利的保障

　　《中华人民共和国宪法》规定:"中华人民共和国是全国各族人民共同缔造的统一的多民族国家。""各少数民族聚居的地方实行区域自治,设立自治机关,行使自治权。各民族自治地方都是中华人民共和国不可分离的部分。"根据这一宪法原则制定的《中华人民共和国民族区域自治法》申明:"民族区域自治是中国共产党运用马克思列宁主义解决我国民族问题的基本政策,是国家的一项基本政治制度。"在统一国家的政治制度中实行少数民族的区域自治,是中共立足于统一的多民族国家的国情实际,在推翻帝国主义、封建主义、官僚资本主义的革命实践中做出的政治抉择,是建立中华人民共和国、保障少数民族平等权利、解决民族问题的制度设计。2014 年,习近平在中央民族工作会议的讲话中总结性地指出:"实践证明,民族区域自治制度符合我国国情,在维护国家统一、领土完整,在加强民族平等团结、促进民族地区发展、增强中华民族凝聚力等方面都起了重要作用。"[1] 这项制度体现了尊重历史、符合国情、顺应人心的中国特色,坚持和完善民族区域自治制度是中国解决民族问题的必由之路。

---

　　[1] 丹珠昂奔:《沿着中国特色解决民族问题的道路前进——中央民族工作会议精神学习体会》,《中国民族报》2014 年 11 月 15 日。

一　立足国情的道路抉择

　　进入近代历史进程的世界，西欧国家在工业革命和海外扩张的推动下，形成了现代民族—国家模式，构建了世界范围的殖民体系和国际规则。武力征服、殖民统治、制度移植，几乎彻底地改变了各大陆古老社会的国家面貌和民族进程。主动或被迫适应西方世界构建的国际规则，建立主权独立、领土完整的现代国家，成为帝国时代、殖民时期被压迫的国家和民族共同的奋斗目标。因此，20世纪两次世界大战后世界范围内现代民族—国家呈现了不断增多的趋势。这一过程是伴随着大陆性帝国霸权的瓦解和海洋式殖民体系的崩溃而出现的。

　　在这样一个进程中，基于语言、地域、文化、风俗、宗教等特征的数以千计的古老民族，分别归属了数以百计的现代国家，这也决定了绝大多数现代国家，都具有多民族、多文化、多宗教、多种族、多移民构成的国民特征。这种国家格局形成，既有古代国家兴衰嬗替、民族聚散离合的渊源，也有近世殖民分割、帝国争霸、强权交易造成的后果。进入20世纪的世界，两次大战构建的国际秩序一方面张扬了主权独立、领土完整、民族自决的理念，推动了国家独立、民族解放的大潮；另一方面新老帝国主义攫取自身利益的国际分赃，维护势力范围的较量、妥协和交易，则继续左右着世界国家格局的形成过程。

　　第一次世界大战结束后，在解体后的奥斯曼帝国、奥匈帝国版图上掀起了中东欧民族独立建国的民族主义运动，而美国等西方列强主导的《凡尔赛条约》使这一地区的民族自决、国家重组留下了一系列领土争端、民族冲突的后患，有 1680 万人成为脱离各自民族母体而置身他国的少数民族。正如凡尔赛体系创建者之一的英国首相劳合·乔治承认说："在欧洲原来只有一个阿尔萨斯—洛林问题，新的边界确定之后，反而出现了几十个类似的问题。"① 第二次世界大战后掀起的亚非拉民族解放运动，摧毁了殖民帝国的全球统治，但是新兴国家的建立却不得不接受或继承殖民主义"分而治之""以夷制夷"等政策留下的遗产，领土纠纷、飞地争端比比皆是，民族矛盾、宗教冲突此起彼伏。因此，如何解决这类广义的民族问题几乎是所有国家面对的事务。

从历史上看，在解决民族问题、处理种族矛盾和协调文化多样方面，西方国家、殖民时代提供的"经验"，基本上属于分而治之、强迫同化、种族隔离、种族灭绝，由此也产生了追求"一族一国"的民族主义，崇尚"白人至上"的种族主义，灭绝"劣等种族"的法西斯主义。而同样源自西方的马克思主义，在深刻揭示资本主义社会弊端和阐释人类社会发展规律的同时，提出了立足于各民族一律平等的解决民族问题之道，其中包括针对帝国主义殖民统治下的被压迫民族和国家享有的民族自决权。"一战"后美国总统威尔逊的"十四点计划"对民族自决原则的阐释，虽然吸收了列宁有关民族自决的思想，② 但是他对民族自决权的解读仍基于狭隘的资产阶级"一族一国"的民族主义立场，这也必然导致"一战"后欧洲地区国家重组中新增几十个类似"阿尔萨斯—洛林问题"的结果。

马克思列宁主义提倡的民族自决权，是基于反对帝国主义压迫、

---

① ［苏］维戈茨基等编：《外交史》第三卷（上），生活·读书·新知三联书店 1979 年版，第 285 页。

② 参见白桂梅《国际法上的自决》，中国华侨出版社 1999 年版，第 7 页。

殖民主义统治这一基本立场，同时反对所谓"一族一国"民族纷立，倡导在统一的多民族国家中保护少数民族平等权益的自治思想。所以，"一战"后的苏联，"二战"后的东欧诸国，中国、越南等社会主义国家都是多民族国家。事实上，西方发达国家，相继独立建国的众多实行资本主义制度的发展中国家，也大都是多种族、多民族、多宗教的国家。从这个意义上说，如何正确处理和解决广义的民族问题（种族、民族、语言、文化、移民、宗教等），几乎是每一个国家的制度、法律和政策必须关注的重大事务。在实践中，维护国家统一的政治要求，实现国民整合的现代民族建构，必须处理好历史民族成分多样、社会文化异质的关系，这是一个"统一"与"多样"的辩证关系。所以，国家制度中的联邦制、民族区域自治、民族自治等制度形式也应运而生。

列宁领导俄国"十月革命"，希望建立一个集中统一的社会主义大国。但是，沙俄帝国的历史没有留给布尔什维克一份建立统一的新俄国的遗产。沙皇统治下的俄罗斯帝国，非俄罗斯民族众多、人口几乎占了半数以上，根据1897年的统计，只有"43%的帝国臣民把俄语称作本族语言"[①]。在1917年俄国资产阶级"二月革命"后，推翻沙皇制度的变革，激发了各民族的民族解放运动，沙俄帝国如同奥匈帝国一样出现了民族和领土的分崩离析。"十月革命"后新生的苏维埃政权，又面对着法、英、日、美等列强的武装干涉和领土肢解。在这种形势下，列宁提出在无产阶级政党领导下的各民族自决、建立民族—国家的政治原则，目的是实现各民族、各国家无产阶级的国际主义联合。在当时的历史条件下，实现这种联合只能选择联邦制。正如

---

① [苏]苏联科学院历史研究所编：《苏联民族—国家建设史》，赵长庆等译，商务印书馆1977年版，第16页。

后人所说："当时列宁没有别的选择，因为如果立即完成统一国家的架构，这个国家实际上就不可能建立。"① 苏联即是以无产阶级政党领导下的若干民族—国家建立的国家联盟。

联邦制有历史久远的雏形，现代国家的联邦制度产生于美国，是北美地区13个殖民地反抗大英帝国统治的产物。美国的"联邦主义是主权或最终统治权在全国政府与地方（州）政府之间的划分"②。美国的民族自决是以盎格鲁－撒克逊为核心的白人移民自决，其联邦制度是白人种族在国家和地方分权基础上的"合众为一"。因此，美国的联邦制不属于包含多民族、多种族因素的联邦形式，而是建立在种族主义——白人建国基础之上的联邦国家。所以，美国建国时所确立的公民权利和"天赋人权"并不包括印第安人、黑人等有色人种以及妇女。美国具有民族特征及其居住地性质的自治制度，仅限于被驱赶围困、隔离同化的美洲土著居民——印第安人——的"保留地"（reservation system）。这种具有"自治"性质的保留地并非联邦主体，而是一种与美国主流社会区隔的边缘化制度。

对中国来说，从孙中山提出"五族共和"建立中华民国，到中共提出建立统一的人民国家和在少数民族聚居地区实行民族区域自治，美国的地方（州）联邦制和苏联的民族共和国加盟联邦制，都曾不同程度地影响过中国现代国家制度的探索过程。孙中山建立中华民国，在国家制度的设计方面模仿了他所熟知的英美国家体制，也接受和发挥了西方"一族一国"的民族主义。中共建立"中华苏维埃共和

---

① ［俄］尼·伊·雷日科夫：《大国悲剧——苏联解体的前因后果》，徐昌翰等译，新华出版社2008年版，第384页。

② ［美］托马斯·帕特森：《美国政治文化》，顾肃、吕建高译，东方出版社2007年版，第77页。

国"，提倡各民族的"自决"加入苏维埃联邦，甚至在红军长征期间也出现过联邦建国的政治动员，也是学习苏联建国的经验。但是，这些具有象征意义的倡导和实践，都因不符合中国的基本国情而无法实现。事实证明，无论是美国式的"合众联邦"还是苏联式的"加盟联邦"，对具有独特古代历史过程和近代历史遭遇的中国来说，都是无法引进、移植、效仿的国家体制。中国摆脱帝国主义势力的压迫，实现民族自决和国家独立，首先就面对着统一的多民族国家这份厚重的历史遗产。

中国拥有漫长的统一的多民族国家历史，中国各民族的"心田土壤"渗透着维护统一、承认多样的国家意志。而自近代遭逢帝国主义列强入侵直到清王朝灭亡，中国的国家统一、政治统一、民族统一、领土完整，日益走向分裂的状态。当时的"蒙、藏、回疆"地区，既没有产生资产阶级革命的社会条件，也没有发动无产阶级革命的中坚力量，如果人为地推动这些地区"民族自决"的独立建国，结果只能使其沦为帝国主义的殖民地，或者纳入帝国列强的势力范围。况且，"一战"后的"凡尔赛体制"，不仅没有带给作为战胜国的中国任何民族自决的空间，联邦制对中国不仅是空想，而且只能导致国家和民族的分崩离析。

中国的历史境遇表明，中国的民族自决只能是各民族共同意志的自决，国家独立只有驱逐所有的帝国主义势力才能实现。抗日战争爆发后，中共倡导的最广泛的抗日民族统一战线，使中国的各党派、各阶层、各民族团结在了一致对外的旗帜之下，形成了国共合作、共同抗日的统一意志。在这一艰苦卓绝的奋斗过程中，执政的国民党没有立足于统一的多民族国家这一基本国情，除了"五族共和"这一宣示外，实践中并不承认少数民族的多样性和平等地位，而是以其强调的

"国族"同一来遮蔽民族多样的客观事实,其主导的"汉人国家"的民族主义同化政策,失去了少数民族共建国家的人心。而中共的民族政策以各民族一律平等为根本,提出了少数民族与汉族在共同抗日基础上建立统一国家的目标,确立了在少数民族聚居地区实行民族区域自治的基本政策。这一政策的确立,不仅赢得了少数民族的支持和拥护,而且成为维护国家统一的必要条件,中国各民族的自决意愿也由此升华为中华民族自决的自觉,即摆脱一切帝国主义势力、建立中华民族的新中国。

中国共产党信仰马克思列宁主义,也尊重苏联作为社会主义国家榜样的地位,但是这并不意味着中国的社会主义必须在国家体制、制度设计、政策制定方面照搬苏联的经验。马克思列宁主义认为民族区域自治是解决民族问题的一个途径,在实施这种制度时应"根据当地居民自己对经济和生活习惯条件、居民民族成分等等的估计,确定大概自治地区和区域自治地区的边界"①。这是对民族区域自治普遍原理的一种解释。所以,中国采取民族区域自治的政策保障少数民族的平等权利,是信仰马克思主义基本原理与中国的国情实际相结合的结果,而不是照搬苏联的联邦制的结果。

马克思列宁主义认为,分析和认识任何一个社会问题,必须把问题置于一定的历史时空去思考,"如果谈到某一个国家(例如,谈到这个国家的民族纲领),那就要考虑到在同一历史时代这个国家不同于其他各国的具体特点,——这就是解决民族问题的关键"②。苏联

---

① [苏]列宁:《有党的工作人员参加的党中央委员会1913年夏季会议的决议》,《列宁全集》第23卷,人民出版社1990年版,第61页。
② [苏]斯大林:《马克思主义与民族问题》,《斯大林选集》(上),人民出版社1979年版,第81页。

采取联邦制建国符合当时俄国革命面对的实际，但是并不代表这种加盟联邦制是社会主义多民族国家的必由之路。第二次世界大战结束后东欧地区在苏联影响下出现的"联邦化"，如捷克斯洛伐克、南斯拉夫，最终伴随着苏联解体而裂变，从根源上说就是脱离国情实际、照搬"苏联模式"的结果。尽管这些国家社会主义建设失败的原因不同，但是无法摆脱"苏联模式"一损俱损的法则也是事实。

实践证明，一个国家选择什么样的制度，走什么样的发展道路，如何解决包括民族问题在内的国家建设难题，最根本的立足点是尊重历史、符合国情、顺应人心。尊重历史，就是认识到自己拥有什么样的历史遗产，把握历史赋予的国家禀赋；符合国情，就是要了解自己拥有什么样的现实条件，从实际出发去推进国家的建设和发展；顺应人心，就是按照全体人民的意愿，决定国家和民族的前途命运。中共确立建立统一的人民共和国、在少数民族聚居地区实行区域自治，即是尊重历史、符合国情、顺应人心的道路选择。以1947年5月内蒙古人民自治政府成立为起点，民族区域自治制度成为新中国制度设计蓝图中率先付诸实践的基本政治制度。

比较而言，在20世纪70年代以后，西方发达国家在经历了以美国"民权运动"为代表的社会动荡之后，才开始探索和实行民族区域自治模式，如西班牙加泰罗尼亚自治区、巴斯克自治区等，北欧国家的萨米人议会和英国的苏格兰等地方议会，都遵循了民族、区域、自治的基本原则。西方人基于"对全世界族裔冲突的调查一再地说明"的现实，也得出"承认少数民族的自治有助于而不是威胁政治的稳定"的结论。[①] 虽然西方学界的这一认识并非先见之明，但是证明马

[①] ［加拿大］威尔·金里卡：《少数群体的权利：民族主义、多元文化主义与公民权》，邓红风译，台北，左岸文化出版社2004年版，第96页。

克思列宁主义阐释的民族区域自治原理的正确性和普适性。2017年，1917年俄国的"十月革命"作为载于史册的重大事件将迎来100周年的纪念，世人将继续思考苏联失败的教训；而中国届时举行的内蒙古自治区成立70周年庆典，将展示中国特色解决民族问题正确道路的巨大成就和光明未来。

二　顺应人心的民族区域自治

1949年9月，在中华人民共和国开国大典前夕，中国共产党、各民主党派、人民团体、无党派民主人士和社会各界的635名正式代表齐集北京。9月21日，在北京中南海的怀仁堂举行了中国人民政治协商会议第一届会议。这是中国人民独立自主行使国家权力的大会，也是中国人民建立中华人民共和国的大会。毛泽东在大会开幕词中庄严而坚定地指出，这次会议表明"占人类总数四分之一的中国人从此站立起来了"。孙中山先生的夫人宋庆龄在大会致辞中激情地指出："今天，中国是一个巨大的动力，中国人民在前进，在革命的动力中前进。这是一个历史的跃进，一个建设的巨力，一个新中国的诞生。"[①]9月29日，大会通过了《中国人民政治协商会议共同纲领》，这意味着新中国第一部具有宪法性质的国家大法诞生，民族区域自治制度在这部大法中得以确立。

在会议举行前，周恩来曾向参加中国人民政治协商会议第一届全体会议代表报告了会议文献的起草情况，其中专门就国家制度的单一

[①] 《开天辟地的时刻》编委会：《开天辟地的时刻》，中国文史出版社2009年版，第10、20页。

制还是联邦制进行了说明："中国是多民族的国家，其特点是汉族占人口的最大多数，有四亿人以上；少数民族……总起来，还不到全国人口的百分之十。当然，不管人数多少，各民族间是平等的。首先是汉族应该尊重其他民族的宗教、语言、风俗、习惯。这里主要问题在于民族政策是以自治为目标，还是超过自治范围。我们主张民族自治。"为此，他特别列举了著名的海外侨领陈嘉庚先生在内蒙古自治区参观时的感受："现在内蒙古的汉、蒙二族合作得很好，犹如兄弟一样。"因此，"我们国家的名称，叫中华人民共和国，而不叫联邦"①。

在大会通过的《中国人民政治协商会议共同纲领》中，第六章以民族政策为题，从国家宪法的高度做出了规定："各少数民族聚居的地区，应实行民族的区域自治，按照民族聚居的人口多少和区域大小，分别建立各种民族自治机关。"对此，内蒙古自治区人民政府主席乌兰夫在会议上指出："现在，这一不仅适合于蒙古民族，而且完全适合于中国各少数民族的民族政策，经过总结，已成为我们必须共同遵守的纲领了。"② 民族区域自治的成功经验来源于内蒙古自治区的实践，这种实践一方面在理论上遵循了马克思列宁主义关于"我们要求广泛的自治并实行区域自治，自治区域也应当根据民族特征来划分"的基本原则；③ 另一方面在实践中则立足于中国各民族在历史上

---

① 以上内容参见周恩来《我们主张民族区域自治，把各民族团结成一个大家庭》，载中共中央文献研究室、中共新疆维吾尔自治区委员会编《新疆工作文献选编（1949—2010）》，第 3 页。

② 乌兰夫：《在〈共同纲领〉的基础上，为建设新中国而奋斗》，《乌兰夫论民族工作》，中央文献出版社 2013 年版，第 104 页。

③ 列宁：《向拉脱维亚边疆区社会民主党第四次代表大会提出的纲领草案》，《列宁全集》第 23 卷，人民出版社 1990 年版，第 215 页。

形成的交错聚居的分布格局，使自治地方形成民族事务和地方事务相结合的自治权益。

这种民族因素和地方因素的双重自治，在国家政党政治的统一、法律政令的统一、经济社会体制的统一条件下，使国家权力结构单一制的统一性中包含了民族区域自治的特殊性。没有"统一"也就无所谓"自治"，作为一个民族成分复杂的大国，少数民族聚居地区实行民族区域自治是维护国家统一的特殊形式，这是"统一"与"自治"有机结合的辩证法，是历史唯物主义、辩证唯物主义在中国的重要实践。因此，国家统一的集中、民族区域的自治，成为中国民主集中制的特色之一。国家赋予少数民族聚居地区以自治权利，是保障各民族一律平等的制度安排，是中国特色社会主义民主制度在民族事务方面的集中体现。自治本身就是民主政治的内涵之一，它兼顾了少数民族人民的权益和地方各民族人民的权益，突出了民族区域自治地方内各民族平等合作、民族区域自治地方与其他行政区划地方在国家集中统一领导下的平等合作关系。

对此，毛泽东、周恩来等领导人多次对中国与苏联的历史国情、建国道路进行了比较，阐释了中国选择民族区域自治制度的原因："历史发展给了我们民族合作的条件，革命运动的发展也给了我们合作的基础。因此，解放后我们采取的是适合我国情况的有利于民族合作的民族区域自治制度。"如果与苏联的联邦制比较，"这不单是名称的不同，制度本身也有一些不同，也就是实质上有一些不同"[1]。这是从新中国成立之后全面推行民族区域自治制度的实践中得出的结论。这种制度形式和实质内容的不同，在于中国的民族区域自治地方

---

[1] 周恩来：《关于我国民族政策的几个问题》，载中共中央文献研究室、中共新疆维吾尔自治区委员会编《新疆工作文献选编（1949—2010）》，第190、185页。

是国家行政区划统一制度下的行政地理单元，完全不同于苏联的联盟宪法、各个加盟共和国宪法规定的联邦主体。正是这种不同，中国才经受住了苏联解体、东欧剧变的冲击，才没有按照西方一些人的预言步苏联的后尘。

1987年，高瞻远瞩的政治家邓小平在会见匈牙利领导人卡达尔时，介绍了中国改革开放是全新的事业，其中谈到了中国社会主义制度的优势问题，他明确指出："我们既不能照搬西方资本主义国家的做法，也不能照搬其他社会主义国家的做法，更不能丢掉我们制度的优越性。"关于制度优越性，他特别指出了民族区域自治制度，即"又如解决民族问题，中国采取的不是民族共和国联邦制，而是民族区域自治制度。我们认为这个制度比较好，适合中国的情况。我们有很多优越的东西，这是我们社会制度的优势，不能放弃"[①]。这次谈话的重要背景之一，是1986年年底苏联哈萨克斯坦的"阿拉木图事件"及其揭开的民族问题危机。面对置身于苏联改革动荡中彷徨的东欧领导人，邓小平这番话表明了中国坚定走自身发展道路的自信。坚持和完善民族区域自治制度，也因此成为建设中国特色社会主义义无反顾的政治选择。

三 多层级的民族自治地方

中国政府在全国范围推行民族区域自治制度，是一项十分复杂的国家建设工程。自治地方的设立不仅关系到历史与现实、政治与经

---

① 邓小平：《我们干的事业是全新的事业》，《邓小平文选》第三卷，第257页。

济、民族与区域多重因素，而且涉及人口多少、区域大小、行政地位等具体条件。正如1950年毛泽东所说："区域自治问题，牵涉很广，有西藏、青海、宁夏、新疆、甘肃、西康、云南、广西、贵州、海南、湘西等处，有的须成立内蒙那样的大区域政府，有的须成立包括几个县的小区域政府，有的是一个县或一个区的政府，疆域划分，人员配备，政策指导，问题甚多，须加统筹。"① 其中最重要的因素之一，是确定少数民族及其聚居情况，也就是要明确民族区域自治的主体及其聚居地区的范围。因此，全面推行民族区域自治制度，与开展少数民族的身份识别是一项同步进行的工作。这是基于历史、称谓、语言、文化、风俗习惯、经济生活、宗教信仰、地域分布、人口统计等多种要素的科学调查工作。

中国历史上几千年"五方之民"及其后裔的互动、迁徙和交融，使各民族形成了"大杂居""小聚居"的基本格局，作为中国人口主体的汉族分布在全国各地，很多少数民族也在全国分布聚居。例如，信仰伊斯兰教的回族，即是在全国广泛分布的一个少数民族。蒙古族不仅聚居于内蒙古地区，而且在青海、新疆、吉林、辽宁、河北、河南、云南等地区也有聚居性分布。藏族除了在西藏地区集中聚居外，一半以上人口分布在云南、四川、甘肃和青海。至于云南、贵州这些地区，少数民族的类别最多，相互之间交错聚居、相互嵌入的现象非常普遍。少数民族的聚居性分布，"并不完全是那么区划整齐、界限分明"，建立自治地方不仅要明确自治的主体民族，而且要解决"区域界线和行政地位两个问题"。②

---

① 毛泽东：《民族区域自治问题须加统筹》，《毛泽东西藏工作文选》，第29页。
② 乌兰夫：《关于民族区域自治问题》，《乌兰夫论民族工作》，中央文献出版社2013年版，第145页。

1952 年，全国少数民族聚居地区已经建立了 130 个自治地方，这些区域大小不同、人口多少不一的自治地方，随着中国行政区划制度的调整和变更，逐步明确了行政地位。1954 年，在《中国人民政治协商会议共同纲领》的基础上，制定和颁布了《中华人民共和国宪法》。其中规定国家行政区域的不同层级为：省、自治区、直辖市，省、自治区、内辖市、自治州、县、自治县（旗），县、自治县（旗）内辖镇、乡、民族乡。由此正式确定了民族区域自治地方的行政区划层级：自治区、自治州、自治县和民族乡。即自治区与省、直辖市同级，自治州与地级市同级，自治县（旗）与县同级，民族乡与乡、镇同级。有所不同的则是各个自治地方的冠名，即以地区、民族、行政区划级别合而为一。如最早建立的内蒙古自治区、四川省甘孜藏族自治州、甘肃省武威市天祝藏族自治县，以及内蒙古自治区呼伦贝尔市下辖的扎兰屯市所属达斡尔民族乡。各层级自治地方的冠名突出了民族与区域的双重因素。

中国的民族区域自治地方的建立，从尊重历史的角度讲，不仅考虑了自治地方少数民族的聚居程度，而且关照了这种聚居性的历史分布状况。例如，清代在内蒙古地区实行的盟、旗制度，随着民国年间行省制度的推行而多次发生变化，一些盟、旗或划归相邻的行省，或归属于新设立的行省，如察哈尔、热河、绥远省等。新中国成立后，特别是在建立民族区域自治地方的进程中，行政区划的调整也包括撤销察哈尔、热河、绥远省治，使传统的盟、旗区域并入内蒙古自治区，[①] 实现了内蒙古地区蒙古族集中连片聚居的统一自治，土地面积达到 118.3 万平方公里，占全国国土面积的 12.3%。这是中共早在

[①]《政务院第二零四次政务会议同意绥远省与内蒙古合并的报告》，《人民日报》1954 年 2 月 28 日。

1935年就确立的政策原则:"取消热、察、绥三行省之名称与实际行政组织,其他任何民族不得占领或借辞剥夺内蒙古民族之土地。"① 可见,中共倡导的民族区域自治并非因时因势的权宜之计,而是真心实意的政策实践,是承诺与兑现的统一。

在内蒙古自治区,蒙古族是享有自治权的主体民族。但是,在内蒙古自治区之内还有人口众多的汉族和其他聚居性的少数民族,如达斡尔、鄂温克、鄂伦春族。汉族在内蒙古自治区与蒙古族及其他少数民族,通过各级人民代表大会、人民政府共同行使自治区的地方权力。而自治区内人口较少的其他少数民族,则分别在其聚居地区建立了县(旗)一级的自治地方。内蒙古自治区的这种结构,成为全国各省、自治区内含不同层级自治地方的基本特征。例如,分布在新疆维吾尔自治区和青海、甘肃、河北、辽宁、吉林、黑龙江省的蒙古族,均根据其人口和聚居地域分别建立了自治州和自治县。其中,还包括蒙古族与其他少数民族共同建立的同一自治地方,如青海省海西蒙古族藏族自治州、河北省围场满族蒙古族自治县等。

可见,中国的民族区域自治地方可以分为三种类型:一是以人口规模较大、聚居地域广阔的少数民族,建立省级的自治区;二是各省、自治区内的其他聚居性少数民族,分别依据人口规模、聚居程度和地理分布建立自治州、自治县(旗);三是在省、自治区辖区内两个或多个少数民族杂处聚居的地区,建立两个或多个少数民族共同自治的自治州、自治县。依据这样的原则,民族区域自治地方在全国范围内广泛建立。其中两个少数民族联合自治的自治州为10个、自治县为26个,三个少数民族联合自治的自治县为6个,四个少数民族

---

① 《中华苏维埃中央政府对内蒙古人民宣言》,载中共中央统战部《民族问题文献汇编(1921—1949)》,中央党校出版社1991年版,第323页。

联合自治的自治县1个,即云南省双江拉祜族佤族布朗族傣族自治县。

在中国五个省级自治区中,新疆维吾尔自治区是唯一内含自治州、自治县的自治地方。在新疆省改建为自治区的过程中,世代居住在这一地区的少数民族有13个,其中维吾尔族占当地人口的70%以上,此外还有哈萨克、蒙古、回、乌兹别克、塔吉克、柯尔克孜、锡伯等少数民族。因此,在建立自治区时,经过广泛征求新疆地区各民族(包括汉族)的意见,"绝大多数认为称'新疆维吾尔自治区'为好"[①]。突出了维吾尔族在省级行政区划中的自治地位,其他少数民族则分别建立了5个自治州和6个自治县。

中国的民族区域自治地方建立过程,延续了几十年,直至改革开放后才完成,其原因是多方面的。首先,自治地方的建立要确定实行自治的少数民族主体,这与进行少数民族身份的科学识别过程是紧密联系在一起的。直到1979年国务院正式批准基诺族为国家认定的少数民族,才完成了中国55个少数民族的识别和认定工作。其次,民族区域自治地方的政权建设,必须体现人民当家做主的社会主义基本属性。一些少数民族历史形成的社会制度和统治形式,需要通过民主改革的方式废除剥削制度、阶级特权、宗教特权,组成中国共产党领导下的人民政府。最后,自1957年以后,中国在探索社会主义建设的道路进程中,出现了经济上的严重挫折、政治上的重大曲折,如1958年开始的"大跃进",1966年开始的"文化大革命",对整个国家的制度建设都造成了迟滞和消极影响。

在中国的民族区域自治地方中,最后建立的自治区是西藏自治区

[①] 《新疆分局关于新疆实行民族区域自治的名称问题的报告》,载中共中央文献研究室、中共新疆维吾尔自治区委员会编《新疆工作文献选编(1949—2010)》,第131页。

(1965年），自治州是湖北省恩施土家族苗族自治州（1983年），自治县是广西壮族自治区恭城瑶族自治县（1990年）。至此，中国完成了民族区域自治地方的建政事务，形成5个自治区、30个自治州、120个自治县的自治地方格局。这些自治地方主要分布在中国的西部地区、陆路边疆地区，同时在内地、东部地区、沿海地区也有分布，30个自治州分布在全国8个省和1个自治区内，120个自治县（旗）分布在全国15个省、市和3个自治区内。全国55个少数民族中有44个建立了自治地方。自治地方的土地面积占全国国土面积的64%，也就是说民族区域自治制度作为国家的基本政治制度，其施政的地域覆盖范围十分广大。同时，这一制度所蕴含的自治权利原则，也广泛地深入了全国各地的乡镇层级。

从民族区域自治地方的普遍建立及其在全国分布的情况不难看出，中国各民族在经年继世的漫长历史发展过程中，形成了广泛的交错聚居格局，"你中有我、我中有你"现象十分普遍，"大杂居、小聚居"的特点极其显著。11个没有建立自治地方的少数民族，一方面是人口规模很小，另一方面是居住分散，多与汉族、其他少数民族相间杂处。同时，其他建立了自治地方的少数民族中，也有一定数量的人口散居在本民族自治地方之外。为了保障这些散居、杂居少数民族的平等权利，中国政府通过建立民族乡、民族镇来实现这些少数民族的自治权利。在全国范围建立的民族乡、民族镇多达1248个，分布在28个省、自治区、市，包括北京市下辖的县、区中也设立了若干民族乡。位居长江以南的湖南省，600多年前定居于桃源县的维吾尔族与回族共同建立了4个民族乡。民族乡虽然不是一个行政区划的自治地方，却是民族区域自治制度原则在少数民族"微型聚居"社区的延伸。

从这个意义上说，中国的民族区域自治在制度设计方面相当完备，保障少数民族平等权利的社会覆盖面十分广泛，体现了新中国各民族一律平等的立国之本。正如周恩来所说："我们根据我国实际情况，实事求是地实行民族区域自治，这种民族区域自治，是民族自治与区域自治的正确结合，是经济因素与政治因素的正确结合，不仅使聚居的民族能够享受到自治权利，而且使杂居的民族也能够享受到自治权利。从人口多的民族到人口少的民族，从大聚居的民族到小聚居的民族，几乎都成了相当的自治单位，充分享受了民族自治权利。这样的制度是史无前例的创举。"[①] 这种创举，就是中国特色解决民族问题正确道路的重要内容和制度保障。

四 为了共同发展而自治

新中国实行的民族区域自治制度，是国家统一、少数民族聚居地区自治相结合的制度形式。这是民族区域自治制度的基本性质，自治地方的人民权力机构、政府机关、社会组织都是在中国共产党领导下，依据国家宪法原则运行的地方立法、行政和管理组织。少数民族聚居地区的自治权利，首先体现为政治上保障少数民族在国家统一的制度体系中当家做主的平等地位。因此，各个自治地方的人民代表大会的代表中，或者以少数民族代表为主，或者少数民族代表比例高于其在自治地方的人口比例；自治地方人民政府主席、州长、县（旗）长均由少数民族人士担任；在自治地方各级机关中，大量配备和录用

---

① 周恩来：《关于我国民族政策的几个问题》，载中共中央文献研究室、中共新疆维吾尔自治区委员会编《新疆工作文献选编（1949—2010）》，第188页。

少数民族人员，等等。这都是保障少数民族当家做主权利的政治要求，也是"统一"与"自治"相结合的内在机理。

在中国官方对实行民族区域自治、建立民族区域自治地方的阐释中，历史与现实相结合、民族与区域相结合、政治与经济相结合的表述，都是"统一"与"自治"相结合的基本内涵。历史与现实相结合，即立足于中国统一的多民族国家的历史和现实国情，既要考虑少数民族的聚居性及其传统生活地域，又要从各民族人口分布、相互关系等因素出发，在国家现代行政区划的体制中确定自治地方的范围和层级；民族与区域相结合，即立足于民族事务和地方事务的结合，实行自治的少数民族享有自主管理本民族内部事务的权利，自治地方各民族人民享有共同管理本地区事务的权利；政治与经济相结合，即立足于上层建筑与经济基础相互适应的基本原理，把政治上当家做主与经济上繁荣发展紧密联系在一起，这一点最为关键。对此，邓小平曾一语中地指出："实行民族区域自治，不把经济搞好，那个自治就是空的。""政治要以经济做基础，基础不坚固还行吗？"[1] 这是中国实行民族区域自治制度的基础。

事实上，在中国的社会主义建设进程中，从一开始就存在着上层建筑与经济基础的矛盾问题，即理念先进的制度设计和一穷二白的经济社会基础。因此，一方面上层建筑所引导的社会变革，通过所有制改造和解放生产力，促进了经济社会的发展；另一方面经济基础的落后性，又制约着上层建筑制度范畴的优越性。这种矛盾，在少数民族地区尤为突出。由于历史原因和自然地理条件等原因，少数民族聚居地区，尤其是地处边疆的少数民族聚居地区，不仅存在着经济生活类

---

[1] 邓小平：《关于西南少数民族问题》，《邓小平文选》第一卷，人民出版社1994年版，第167页。

型的多样性，诸如农业、畜牧业、采集业、狩猎业等多种生产方式，而且总体上与内地、东部地区存在着显著的发展程度差距。少数民族地区的传统经济生活所支撑的社会制度，呈现了从具有原始社会特征的氏族公社制，到没有人身自由的奴隶制，以及人身依附关系极强的封建农奴制等不同的社会制度类型。

在中共领导的新民主主义革命中，工农革命引领了农民阶级与封建地主阶级的斗争，土地问题是解放被压迫的贫苦农民的根本立足点。所以，在广大汉族地区"斗地主、分田地"，使"耕者有其田"，是动员和发展农民革命运动的基本政策。但是，在少数民族地区，由于旧社会本身存在的民族压迫政策及其造成的民族隔阂与矛盾，往往使少数民族中的上层统治阶层扮演着民族利益的代表，利用民族隔阂、民族矛盾来淡化或掩盖本民族内部的阶级矛盾，构成了影响民族关系的重要因素。所以，汉族地区疾风暴雨式的土地革命，不仅不能简单、激进地在少数民族地区开展，而且新中国在少数民族地区推行的任何社会变革都必须与少数民族的统治上层打交道，甚至在社会制度和风细雨的变革过程中仍要保留这些上层的一些利益。因此，在实行民族区域自治制度进程中，自治地方的人民政府也需要吸收一些开明的上层人士，组成多阶层的民主联合政府，这种民主改革方式，是中共统一战线的理论和实践，在新的历史条件下在协调民族关系方面的延伸和发展。

在这方面，内蒙古自治区人民政府成立后，在推动社会变革的过程中产生的"三不两利"政策，即是一个典型。所谓"三不"就是在传统的畜牧业地区，实行"不分、不斗、不划阶级"的政策，这是有别于汉族地区、农业地区的政策；"两利"则是"牧主、牧工两利"，即在不改变牧主、牧工租佃关系的基础上，对牧主占有的牧场、牲畜等生产资料的特权进行改革,将传统的"苏鲁克"租佃制度改造为新的"苏鲁克"工资制度,在牧主和牧工平等的基础上,通过签订合同保障牧工在为牧主牧放牲畜期间合理地分享仔畜和畜产品。同时,对寺庙的畜群也采取新的"苏鲁克"制度,废除寺庙经济不劳而获的封建特权。[①] 这些经验对其他少数民族地区的民主改革和顺利建立民族区域自治地方,都产生了积极的示范性影响。

通过民主改革,实行民族区域自治,逐步废除这些地区统治阶级的传统特权,消除剥削压迫的经济社会制度,不仅是生产资料的再分配问题,而且关键是对人的解放,也就是生产力的解放,这是建立社会主义制度的必然要求和基础条件。但是,建立民族区域自治地方,从制度上取代了陈旧的上层建筑,并不意味着能够立竿见影地改变历史形成的经济基础及其所由决定的人民生活水平。民族区域自治地方与其他省之间、汉族和少数民族之间存在的经济社会发展程度的巨大差距,绝非短期内能够缩小的。这种经济社会发展程度的差距,不仅使上层建筑和经济基础相互适应的矛盾十分突出,而且也彰显着制度设计的民族平等理念与实践中存在"事实上不平等"的矛盾。因此,努力缩小和最大限度地消除这种区域之间、民族之间的经济社会发展差距,是中国解决民族问题的基本着眼点,即"解决民族问题的基础是经济。要提高其生活水平,与我们一道前进。当经济问题一天未解决,民族问题即未能解决"[②]。

---

① "苏鲁克"制度是内蒙古牧区传统的牲畜租佃制度,即拥有畜群和牧场的牧主雇用无畜或少畜牧工为其放牧的剥削方式,由于这种雇佣关系不平等且条件苛刻,牧工劳动所得极少,形成人身依附关系。寺庙拥有的牲畜和牧场也采取这种方式。

② 邓小平:《解决民族问题的基础是经济》(1953年),载中共中央文献研究室、中共新疆维吾尔自治区委员会编《新疆工作文献选编(1949—2010)》,第104页。

中国政府在少数民族聚居地区实行民族区域自治制度，建立各层级民族区域自治地方的过程十分复杂。国家不仅要考虑少数民族传统聚居的地域范围，而且要突出考虑有利于自治地方经济社会发展的条件。所以，中国的民族区域自治地方，并非单纯以少数民族的聚居性作为行政区划的界限，完全不同于孤立甚至带有隔离性质的美国式印第安人"保留地"，或者北欧国家没有行政区划依托的萨米人"民族自治"。多重因素相结合的民族区域自治地方，必须从人口、自然条件、矿产资源、交通运输、商贸条件、城镇布局、工业基础等有利于自治地方经济发展的条件出发，使自治地方形成各民族相互帮助、团结合作、共同发展的民族关系和区域经济特点。尤其是在几个自治区的建立过程中，不仅要考虑自治区内经济社会发展的有利条件，而且要考虑自治区与毗邻省之间的经济联系。

因此，虽然少数民族聚居地区基本上分布在经济社会发展滞后的西部、边疆地区，但是建立自治地方则需要尽可能地与经济生活的农业基础、中心城市、工业布局、交通条件等结合在一起。例如，1954年撤销绥远省等建制和确定内蒙古自治区的区划范围，将商业基础好的归绥市（呼和浩特市）、工业基础强的包头市纳入内蒙古自治区的行政区划，就是为了增强自治区内部的自我发展能力。同时，使内蒙古自治区与东北、华北、西北多省区，在区划边界上紧密连接，形成了畜牧业、农业、林业、工矿业、商业等经济支撑的多民族自治地方。这一行政区划的布局从地区人口规模和民族构成来说，不仅体现了中国历史形成的各民族"大杂居、小聚居"的国情特征，而且造就了各民族人民团结合作、共同发展的大舞台。

在以广西省为基础建立广西壮族自治区时，也曾讨论过"分"还是"合"的方案。当时广西省的壮族聚居分布地区约占全省面积的60%，汉族聚居地区约占30%，苗、瑶、侗等少数民族聚居地区约占10%，但是就人口而言汉族占全省人口的58.4%，汉族聚居地区农业比较发达，壮族等少数民族聚居地区地广人稀、局处山区、自然条件差，但支撑工业发展的矿产资源比较丰富。① 如果单纯以壮族等少数民族的分布建立自治区，甚至把广西、云南、贵州的壮族聚居地区合为一体，就会造成经济社会发展滞后地区集中在一起的民族性、区域性封闭，以致"在交通上，铁路要和广西汉族地区分割；经济上，把东边的农业和西边的工矿业分开"。这样不利于各民族互相帮助、经济互补和共同发展，所以采取了"合"的方案，"广西自治区也是一个民族合作的自治区"②。各民族合作才能发展。

建立各层级民族区域自治地方过程中"合"的思想，突出了各民族人民合作共事的互助要求。事实上，任何一个民族都不可能在环境封闭、资源单一、地域孤立的条件下实现现代性的发展。或许这种"孤岛"效应可以把原始的生产生活方式推到发展的极限，但是没有思想、发明、技术和资源多样性的交流，这种发展的极限不可能产生"升级"的新发展。时至今日，在世界的一些角落仍存在诸如亚马逊流域热带雨林中不谙世事的原始部落，这些停留在弓箭时代的人类并非是"从猿到人"的后来者，他们经历了现代人类进化过程的所有岁月。但是，封闭（主动或被动）使他们经年继世地停滞在了人类社会

---

① 参见李维汉《关于建立僮族自治区问题的一些看法和意见》，载李维汉《统一战线问题与民族问题》，人民出版社1981年版，第539页。
② 周恩来：《关于我国民族政策的几个问题》，载中共中央文献研究室、中共新疆维吾尔自治区委员会编《新疆工作文献选编（1949—2010）》，第188页。

发展进程的某一阶段。一个民族的发展进步，需要广泛的对外交往和交流，平等的交往、互助的交流产生的合作，正是中国民族区域自治制度所构建和保障的发展条件。

宁夏回族自治区的建立，是以甘肃省所辖两个回族自治州、一个自治县为基础，经过一系列论证和调整划出了7万多平方公里的自治区范围。其中最重要的区划因素，同样考虑了自治区的经济发展布局。在农业方面，银川、吴忠平川地区享有黄河水利灌溉的传统优势，这种优势在预期的青铜峡水利灌溉工程完成后，可以实现农田灌溉面积翻一番的现实效应。同时，自治区地域内有广阔的草山和草场，有利于回族人民传统畜牧业发展，其中包括全国闻名的畜产品滩羊皮。在工业方面，石嘴山的煤矿蕴藏量很大，能够形成新的煤矿基地，其他探明的矿产资源达几十种，这是发展地方工业的有利条件。在交通运输方面，两条铁路通过自治区，加之黄河水利工程建设形成的水路运输等，都有利于宁夏回族自治区的发展。而且自治区建立后，也有利于与历史关系密切的甘肃省形成新的"互相帮助、互相支援、共同发展"的关系。[1]

在当时的历史条件下，各个自治区建立过程中对政治与经济相结合的考虑，都突出了实行民族区域自治制度所体现的民族平等原则，即"如果少数民族在经济上不发展，那就不是真正的平等。所以，要使各民族真正平等，就必须帮助少数民族发展经济"[2]。即便是自治州、自治县的建立，也必须考虑有利于经济发展的条件。在建立新疆哈萨克自治州时，国家就考虑到把具有中心城市地位的伊宁市划归其

---

[1] 参见《关于宁夏成立回族自治区宣传提纲》，《甘肃日报》1957年7月23日。
[2] 周恩来：《要尊重少数民族的宗教信仰和风俗习惯》，载中共中央文献研究室、中共新疆维吾尔自治区委员会编《新疆工作文献选编（1949—2010）》，第145页。

中，使其成为自治州的政治、经济、文化中心。① 包括其他省辖的自治州、自治县的设立和区划，都要考虑使"这些地方和所在省的经济关系更加密切，便于合作"的因素，② 如四川省凉山彝族自治州建立时将较发达的西昌地区并入，等等。③ 合作的目的是为了增进民族团结、加快地区经济发展，特别是带动少数民族的发展。

中国的民族区域自治制度，承载着中共解决民族问题的基本理念和政策内涵，它不是上层建筑的空中楼阁，也不是"空头支票"。实行民族区域自治制度，实现了少数民族聚居地区与国家政治、社会制度的统一。但是，民族平等的"统一"，不仅是政治地位上的平等，还必须实现经济、文化、社会发展水平均等化和生活质量同一性的统一。正如1957年周恩来所说："建设社会主义工业化的国家，是任何民族都不能例外的。我们不能设想，只有汉族地区工业化高度发展，让西藏长期落后下去，让维吾尔自治区长期落后下去，让内蒙古牧区长期落后下去，这样就不是社会主义国家了。我们社会主义国家，是要所有的兄弟民族地区、区域自治的地区都现代化。"④ 因此，各层级自治地方建立过程中，增强自治地方的自我发展能力、突出有利于区域经济合作的经济基础，是自治地方行政区划设计的核心内容。

新中国成立初期开始全面推行的民族区域自治制度，从上层建筑

---

① 参见邓小平、习仲勋、李维汉《关于审批新疆民族区域自治实施计划草案的两份报告》，载中共中央文献研究室、中共新疆维吾尔自治区委员会编《新疆工作文献选编（1949—2010）》，第99页。

② 周恩来：《关于我国民族政策的几个问题》，载中共中央文献研究室、中共新疆维吾尔自治区委员会编《新疆工作文献选编（1949—2010）》，第188页。

③ 参见黄光学主编《当代中国的民族工作》（上），第232页。

④ 周恩来：《关于我国民族政策的几个问题》，载中共中央文献研究室、中共新疆维吾尔自治区委员会编《新疆工作文献选编（1949—2010）》，第197页。

的层面经历了统一战线性质的联合政府到人民政府的变革过程，在经济基础方面则经过了民主改革和社会主义改造的变革过程。也就是说，民族区域自治制度作为中华人民共和国社会主义制度有机组成部分，其性质是社会主义的，它赋予少数民族自主管理本民族事务的权利，但并不是原封不动地保留少数民族传统的社会制度和经济生活历史面貌，而是通过循序渐进的民主改革逐步废除少数民族内部的阶级压迫、剥削制度，改变少数民族内部支撑这些旧制度的经济基础。没有新制度改造旧社会的变革，少数民族经济社会发展滞后的现状就无法改变，新型的民族关系就不可能建立。在这方面，西藏地区实行民族区域自治制度的过程最为典型。

五　建设新西藏的艰难历程

在中国的五个自治区中，西藏自治区是最后建立的一个省级自治地方，这是由于西藏地区存在政治、社会、宗教、民族关系和地域环境等诸多复杂因素的原因。其中，近世以来帝国主义侵略和分裂西藏造成的影响尤为突出，这些因素，使西藏地区融入新中国建设事业的进程十分艰难。自西姆拉会议之后，英国人及其在西藏培植的分裂势力，一直试图制造一个西方世界能够接受的"西藏国"形象。然而，西藏政教合一的封建农奴制度植根之深重、统治之严酷，绝非贴上"国家"标签或进行"香格里拉"包装，就能够遮蔽其类同欧洲中世纪黑暗社会的特征。事实上，自古代吐蕃王朝衰落之后，"西藏人的自我形象中也基本上没有反映出国家主义的东西。这与西藏的历史事实相符"①。因此，即便在两次世界大战所激发的全球性民族自决浪潮中，"无论是西方列强还是西藏，它们都明显不能够宣布西藏独立"②。尽管如此，"二战"后美国等西方国家从冷战对抗的战略出发，还是把西藏地区作为遏制共产主义向南亚发展的一个前沿阵地。

1949年中华人民共和国成立后，西藏噶厦（地方政府）也加紧了独立建国的活动。先向英国求助，谋求加入联合国，转而向美国求援，其理由无不立足于迎合西方"铁幕落下"的忧虑——即所谓"鉴于共产主义的蔓延及其在中国的成功，迫切的危险是共产主义会入侵西藏"③。如果说，大英帝国侵略西藏、制造"西藏独立"是出于殖民占领的需要，那么在第二次世界大战结束以后特别是1949年以后，英美等西方国家对"西藏问题"的关注、阴谋、阳谋，对达赖喇嘛及其流亡势力的支持、笼络、援助，则都是为了服务于冷战时期不同意识形态和不同社会制度之间的斗争。被西方人一贯视为保守排外的西藏地方政教势力，敏感地把握住了西方的脉搏，赋予了所谓"西藏问题"的反共反社会主义内涵。

新中国成立后，驱逐一切帝国主义势力，国防力量守卫包括西藏地区在内的中国领土，这是中国人民解放军解放全中国、进军西藏的题中之义。因此，面对美国等西方世界鼓噪的"西藏的危机也是自由

---

① 罗伯特·B. 埃克瓦：《藏族人的自我形象》，季斌译，载中国藏学研究中心历史所编印《国外学者西藏历史论文集选译》（下），第497页。
② [法]石泰安：《西藏的文明》，耿昇译，王尧审校，中国藏学出版社1999年版，第103页。
③ 茨仁夏加：《龙在雪域——1947年后的西藏》，谢惟敏译，台北，左岸文化出版社2011年版，第43页。

世界国家的危机"这类支持"西藏独立"的政治舆论，①毛泽东斩钉截铁地指出："中国军队是必须到达西藏一切应到的地方，无论西藏地方政府愿意谈判与否及谈判结果如何，任何外国对此无置喙的余地。"②这是新中国维护国家主权和领土完整、实现国家统一天经地义的法则。中国人民解放军进军西藏，是解放全中国的必然要求。

在1949年国民党大势已去的形势下，西藏噶厦发动了"驱汉事件"，赶走了国民党驻藏官员和机构。所以，解放军进军西藏已经不存在与国民党势力较量的问题，但是帝国主义势力对西藏地区的控制和影响十分深重。中央人民政府确定和平解放西藏的大政方针，是希望通过与西藏噶厦达成协议，消除历史上民族压迫造成的隔阂，避免出现新的冲突，致力于建立平等互助的新型民族关系。因此，和平解放西藏与国防力量守卫西藏地区如同一个硬币的两个面向，解决的是国家统一、民族团结问题。当然，任何试图借助帝国主义势力反对国家统一、抗拒人民军队守卫边疆、制造民族分裂的图谋和行动，则不属于和平的范畴。所以，西藏地方亲英势力阻止赴京和谈的代表，借助帝国主义支持在昌都地区集结武装力量抗拒解放军进驻西藏的尝试，也必然以失败告终。

1950年10月，在短暂的昌都战役之后，昌都地区成立了统一战线性质的民主政权组织——人民解放委员会，35名委员中藏族33名，基本上是当地的上层人士。③随后，顽固坚持分裂国家立场的西藏地

---

① 张植荣：《美中关系与西藏问题：历史演变与决策分析》，中国文艺出版社2009年版，第139页。

② 毛泽东：《对西藏问题任何外国无置喙的余地》，载中共中央文献研究室、中共西藏自治区委员会、中国藏学研究中心编《毛泽东西藏工作文选》，第34页。

③ 参见王小彬《经略西藏——新中国西藏工作60年》，人民出版社2009年版，第179页。

方摄政王达扎，在拉萨三大寺僧众和民众的强烈谴责下交出了权力，年仅15岁的第十四世达赖喇嘛在僧俗官员和民众的拥戴下提前两年亲政。达赖喇嘛对此回忆称：风闻"海报贴满拉萨市，批评政府，呼吁我立即即位"①。西藏僧俗民众拥戴达赖喇嘛亲政，目的是促成西藏噶厦与中央政府的和平谈判，这对刚刚主政的达赖喇嘛来说是不可违背的民意。因此，尽管他身边不乏谋求西方支持的僧俗上层并蛊惑其离开拉萨避祸，但是西藏地方代表团一行五人终于踏上了去北京和谈的旅途。1951年4月，西藏地方代表团抵达了北京。同期抵达北京的还有1949年6月经国民党政府批准认定的第十世班禅额尔德尼。

1951年5月23日，在中南海勤政殿举行了《中央人民政府与西藏地方政府关于和平解放西藏办法的协议》签字仪式。这份协议就是著名的"十七条协议"。这是新中国成立后中央与西藏地方达成的一份具有法律效力的协议，也是西藏地区在祖国大家庭中步入现代发展繁荣的宣言。毛泽东在庆祝这份协议签订的宴会讲话中指出："现在，达赖喇嘛所领导的力量与班禅额尔德尼所领导的力量与中央人民政府之间，都团结起来了。……今后在这一团结基础上，我们各民族之间，将在各方面，将在政治、经济、文化等一切方面，得到发展和进步。"② 正是这份协议的签订，弥合了源自十三世达赖喇嘛与九世班禅额尔德尼之间的隔阂，确立了第十世班禅额尔德尼的"固有地位及职权"。③ 协议签订后，班禅向达赖发去贺电，达赖也以"卜卦所得

---

① 达赖喇嘛：《达赖喇嘛自传》，康鼎译，台北联经出版事业股份有限公司1990年版，第63页。
② 毛泽东：《在庆祝签订和平解放西藏办法协议宴会上的讲话》，载中共中央文献研究室、中共西藏自治区委员会、中国藏学研究中心编《毛泽东西藏工作文选》，第43页。
③ 参见降边嘉措《周恩来与西藏的和平解放》，社会科学文献出版社2011年版，第211页。

良好征兆,您的确是前辈班禅化身。……现在希望您即速启程回寺"①,并派代表前往青海塔尔寺迎接班禅返回西藏。

1951年9月,西藏地方代表团从北京返回拉萨,向达赖喇嘛和西藏噶厦汇报了和平谈判的过程和协议的内容,经过西藏僧俗大会讨论后,达赖于10月24日致电毛泽东主席,表示"西藏地方政府及藏族僧俗人民一致拥护"这份协议,"积极协助人民解放军进藏部队,巩固国防,驱逐帝国主义势力出西藏,保卫祖国领土主权的统一"。②此后,达赖、班禅逐年向毛泽东主席发送同类的电报,表达落实协议的意愿。这份协议的第三条规定:"根据中国人民政治协商会议共同纲领的民族政策,在中央人民政府统一领导之下,西藏人民有实行民族区域自治的权利。"③这指出了西藏地方在新中国的民族区域自治制度实践中步入现代社会的前景。但是如何实现这一社会变革,必须立足于西藏地方的实际。

如前所述,英国人在西藏唯一做对的事情:就是指出了西藏是一个比欧洲中世纪黑暗有过之而无不及的政教合一的封建农奴制社会。在新中国成立后,这种落后、黑暗的社会制度是必须终结的历史。但是,由于西藏地区政教合一体制的深重影响,僧俗民众在尊崇教权的同时也不自觉地维护了政权、维系了农奴制度。这使尊重宗教信仰自由与铲除封建农奴制度的政教分离社会变革,面临着极其复杂和敏感的社会心理。任何触及西藏社会制度方面的改革,既要顺应西藏僧俗民众的意愿,更要获得西藏地区政教上层的自觉。所以,协议特别强

---

① 牙含章编著:《班禅额尔德尼传》,西藏人民出版社1987年版,第322页。
② 黄玉生等编著:《西藏地方与中央政府关系史》,西藏人民出版社1995年版,第337页。
③ 参见王小彬《经略西藏——新中国西藏工作60年》,第60页。

调了中央对西藏现行的政治制度不予变更,西藏的各项改革,由西藏地方政府自动进行,中央不加强迫等重要原则。毛泽东对达赖说:"西藏的改革,有一个重要条件,就是要西藏地方政府的官员们和寺庙负责人赞成,至少是他们的多数人赞成,才能进行。"①

1954年,达赖和班禅应邀来到北京,出席了中华人民共和国第一届全国人民代表大会,参加了新中国第一部宪法的讨论,达赖喇嘛当选为全国人民代表大会常务委员会副委员长,班禅额尔德尼当选为全国人民代表大会常务委员会委员,并担任了全国政治协商会议副主席,毛泽东称他们为"最年轻的国家领导人"。②其间,毛泽东、刘少奇、周恩来等中共领导人多次接见他们,并安排他们在内地参观考察。这些礼遇和安排,不仅出于对他们的尊重和信任,而且是为了使他们直接了解新中国的经济社会发展,理解国家的各项政策,激发西藏变革旧制度和建设新社会的自觉意识。与此同时,中央人民政府不断组织西藏噶厦和班禅堪布会议厅的官员、宗教人士,以及西藏社会各界代表在祖国内地参观访问,使他们身临其境地感受祖国大家庭各民族平等团结、共同发展进步的社会氛围。

在北京期间,毛泽东与达赖、班禅分别谈到了民族区域自治问题,对他们之间的团结合作高度重视。当时,达赖与班禅的代表已经就双方的历史遗留问题达成了协议,西藏地区内部政教关系中的悬案问题得到化解。1955年3月9日,周恩来总理主持召开了国务院第七次全体会议,专门研究了成立西藏自治区的筹备工作。会议通过了《国务院关于成立西藏自治区筹备委员会的决定》,由达赖任主任委

---

① 毛泽东:《创造条件帮助西藏实现改革和进步》,载中共中央文献研究室、中共西藏自治区委员会、中国藏学研究中心编《毛泽东西藏工作文选》,第110页。

② 降边嘉措:《周恩来与西藏的和平解放》,第287页。

员、班禅任副主任委员。筹备委员会的51名成员中,西藏噶厦方面15人,班禅堪布会议厅方面10人,昌都地区人民解放委员会10人,西藏僧俗社会各界代表11人,均为藏族,只有中共西藏工委方面的5人是汉族。[1] 筹委会的组成不仅体现了"实行区域自治是真正的自治,主要是依靠西藏自己的干部"的原则,[2] 而且也为西藏地区"卫(前藏)、藏(后藏)、昌都三个地方应该联合起来"建立自治区,创造了团结合作、地域统一的基础。[3]

1956年4月,陈毅元帅率领中央人民政府代表团抵达拉萨,向西藏自治区筹备委员会成立大会致贺。4月22日西藏自治区筹备委员会成立大会隆重举行,达赖喇嘛主持了会议,筹备委员会成员、西藏各地区、各教派、各阶层的代表共聚一堂,这是西藏地方迈向民族区域自治的开端。达赖在致辞中说:"今后,西藏将更加团结进步,实现统一的自治区,并结合西藏的具体情况和西藏领导人员及广大人民的意志和愿望,逐步进行民主改革和社会改革。"[4] 西藏自治区筹备委员会的成立,实现了西藏内部政教和区域之间的团结,确定了逐步进行民主改革的社会变革方向。就在这一年,全国范围在社会主义工业化带动下的农业合作化、手工业合作化、资本主义工商业公私合营化的社会主义改造已基本完成,中国社会主义制度基本建立。实行民族区域自治制度的少数民族聚居地区,在完成民主改革后也开始进行农

---

[1] 参见降边嘉措《周恩来与西藏的和平解放》,第287页。
[2] 毛泽东:《同达赖喇嘛的谈话》,载中共中央文献研究室、中共西藏自治区委员会、中国藏学研究中心编《毛泽东西藏工作文选》,第118页。
[3] 毛泽东:《接见西藏地区参观团、西藏青年参观团负责人的谈话》,载中共中央文献研究室、中共西藏自治区委员会、中国藏学研究中心编《毛泽东西藏工作文选》,第132页。
[4] 转引自降边嘉措《周恩来与西藏的和平解放》,第298页。

牧业、手工业和城市私营工商业的社会主义改造。而西藏地区尚处于创造条件进行民主改革的阶段。

事实上，在新中国社会主义制度建立进程中，驻藏的解放军官兵、中共的组织机构和援助西藏发展的各类专业人员，虽然能够理解中央人民政府对西藏政教上层的政策，但是面对在政教合一封建农奴制奴役下广大农奴的悲惨生活场景，改革旧制度、废除农奴制的愿望十分强烈。而且，一些开明的贵族，在越来越多地了解到祖国内地的社会变革、民族平等和经济社会发展成就时，也开始表达改革的愿望："内地先进也是经过改革得来的，因此，我个人是没有顾虑的。"① 与此同时，中央人民政府对西藏地区经济社会发展方面的支持不断加大，举办中小学校、建立人民医院、开展巡回医疗，筑路架桥、救灾赈济，贯彻民族政策、尊重宗教信仰，中共"新汉人""菩萨军队"的形象日益赢得西藏民众的信任，占西藏人口95%的农奴民众中强烈的改革愿望已经显现。这些因素也促使中共西藏工委在自治区筹备委员会成立两个月后，提出了在昌都、日喀则地区进行民主改革试点的主张。然而，这一并非源自西藏地方内部的自我改革试点，立刻引起了昌都局部地区的叛乱事件。

对此，中央人民政府立即下达了《关于西藏民主改革的指示》，要求停止和结束民主改革的准备工作，重申"不办不是西藏上层迫切要求和同意的建设事宜"的原则。② 可见，鉴于西藏地区政治、经济、社会政教制度等特殊性，中央人民政府对西藏的民主改革始终采

---

① 毛泽东：《接见西藏地区参观团、西藏青年参观团负责人的谈话》，载中共中央文献研究室、中共西藏自治区委员会、中国藏学研究中心编《毛泽东西藏工作文选》，第128页。

② 《中共西藏党史大事记》，西藏人民出版社1995年版，第75页。

取十分慎重的态度。1957年毛泽东针对西藏的改革问题指出："按照中央和西藏地方政府的十七条协议，社会制度的改革必须实行，但是何时实行，要待西藏大多数人民群众和领袖人物认为可行的时候，才能做出决定，不能性急。现在已决定在第二个五年计划期间不进行改革。在第三个五年计划期内是否进行改革，要到那时看情况才能决定。"[①] 也就是说，中央人民政府已经确定至少到1962年，西藏地区不开展民主改革，而且之后是否改革也要根据西藏地区的条件再确定。西藏地区的民主改革，必须顺应西藏人民群众、贵族、僧俗上层官员的人心所向，特别是达赖、班禅的意愿。对任何由外部力量推动的改革，急于求成的变革愿望，中央人民政府都给予制止和批评。

在西藏地区的社会制度变革中，达赖喇嘛的确享有最大的政教影响力。第十四世达赖亲政后，认为西藏的社会制度在进入20世纪之后已经"是毫无希望地不合时宜"，而且经过摄政王时期"这个政府已是十分腐化"。面对农奴背负沉重的差役和世代相传的债务，他也提出"废除承袭债"这一"西藏农乡社会的祸患"的主张。[②] 如果这的确是他当时所想所为，那么拥护"十七条协议"、顺应民主改革就不会有阻力。然而，事实并非如此。他为了巩固其控制西藏僧俗民众的政教权威，始终维护仅占西藏人口5%的统治阶级的利益，农奴主等贵族阶级占有生产资料、肆意差役惩罚农奴的权力一直没有改变。即便西藏自治区筹备委员会正式成立后，达赖作为筹委会的主任也没有推动民主改革。不过，当时发生的一件引起社会关注的"区区小事"，却促使西藏自治区筹备委员会向民主改革迈出了一步。

[①] 毛泽东：《关于少数民族问题》，载中共中央文献研究室、中共西藏自治区委员会、中国藏学研究中心编《毛泽东西藏工作文选》，第160页。

[②] 达赖喇嘛：《达赖喇嘛自传》，第67、93—94页。

1957年，江孜地区头人以其庄园的朗生（家奴）参加社会工作、影响其"乌拉"差役为由，对其进行了残暴惩罚。对这种普遍存在于西藏民间社会违反基本人权的残暴行径，要不要干预？这是关系到西藏地区要不要民主改革的试金石。这一事件，促使西藏自治区筹备委员会做出《关于免去西藏各族人民参加国家机关工作人员、学员的人役税的决议》。[①] 这一决议赋予了西藏民众走上社会、步入学校的人身自由，削弱了西藏封建农奴制度深入民间社会的人身奴役。这是西藏内源性民主改革中具有"人的解放"意义的一个突破。而广大农奴的人身解放，也意味着支撑西藏政教合一的封建农奴制度的瓦解。这对顽固维护其既得利益的僧俗贵族势力而言，也势必做出抗拒民主改革、反对民族区域自治的政治选择。

当时，西藏地区的政治形势发生了一系列变化。1956年应邀去印度参加纪念释迦牟尼涅槃2500周年庆祝活动的达赖喇嘛，再度受到谋求美国支持、主张"西藏独立"势力的鼓动，力图将他留在印度。在周恩来的耐心说服下，1957年年初达赖选择了回国。同时，他的二哥嘉乐顿珠则为美国中央情报局培训特工的塞班岛基地输送了6名藏族青年。[②] 达赖喇嘛4月回到拉萨，5月在拉萨就出现了一个称为"曲细岗珠"（即通常所说的"四水六岗"）的武装叛乱组织，10月在塞班岛受训的藏族特工携带电台、武器等装备被空投到西藏的山南和昌都地区，其中两名潜入了拉萨。达赖和西藏噶厦中反对改革、谋求独立的势力内外勾连，开始了发动武装叛乱的军事准备。其间，

[①] 参见中国藏学研究中心主编《50年真相——西藏民主改革与达赖的流亡生涯》，人民出版社2009年版，第101页。

[②] 参见李江琳《1959：拉萨！——达赖喇嘛如何出走》，台北，联经出版事业股份有限公司2010年版，第55页。

在四川、青海、甘肃、云南等藏族聚居地区农牧业社会主义改造过程中，平息抗拒改造的武装叛乱行动，也使一些叛乱武装流窜到西藏地区。在西藏地区所谓"卫教军"成立时，就包括了 27 股规模不一的叛乱武装。①

西藏地区发生的这些变化，从根本上说是政教合一的封建农奴制度与新中国社会主义制度冲突的必然结果。这就如同美国的先贤以联邦主义塑造国家统一，必然面对顽固维护奴隶制度的南方势力一样，最终通过南北战争废除了奴隶制。但是，对中国来说，只要按照"十七条协议"逐步进行民主改革，这种制度性的冲突完全能够以和平的方式化解和消除。问题在于达赖喇嘛在民主改革问题上的三心二意或虚情假意中，始终隐藏着帝国主义制造"西藏独立"的历史影响和现实支持，这为他和顽固维护政教合一封建农奴制度的僧俗上层注入了一线生机。抵制民主改革的进程，甚至试图以武装叛乱的方式断送和平协议的政治选择，只能导致"总要来一次总决战，才能彻底解决问题"的结果。② 而当时国内外政治形势发生的重大变化，也为这一"总决战"的加快到来起到了催化作用。

1957 年，中国出现了全国性的"反右运动"，随之而来的是 1958 年的"大跃进"。在这种政治氛围和"冒进"发展中，"一步登天"的人民公社运动如火如荼遍及全国。少数民族地区"慎重稳进"的改革方针转向了"多快好省"的激进行动，"除西藏以外的所有少数民族地区，都毫无例外地被卷入这一浪潮之中"。包括尚未完成民主改

---

① 参见西藏自治区党史资料征集委员会、西藏军区党史资料征集领导小组编《平息西藏叛乱》，西藏人民出版社 1995 年版，第 10—11 页。
② 毛泽东：《争取群众，锻炼军队》，载中共中央文献研究室、中共西藏自治区委员会、中国藏学研究中心编《毛泽东西藏工作文选》，第 170 页。

革的地区，也全然不顾当地的社会条件和发展水平，在"跑步进入共产主义"的口号下实现了"公社化"。① 任何强调少数民族地区情况特殊、需要从实际出发的主张，均被视为"右倾保守思想"；任何对人民公社化不满，甚至抵制的言行，则被视为阶级斗争的反映。这种疾风暴雨的社会变革和阶级斗争的强烈意识，不仅全面冲击了新中国成立后实行的民族政策和宗教政策，而且也必然造成一些地区平息叛乱中的"扩大化"效应。这一背景，为达赖和反对民主改革的西藏上层势力提供了全面发动武装叛乱、谋求西藏独立的可乘之机。

1959年年初，西藏地区的武装叛乱活动开始密集发生，多地的解放军驻地、中共的工作机构遭到袭击和围攻。拉萨市内集结了大量的武装人员，并以保卫达赖喇嘛等"卫教"口号煽动僧俗民众。3月10日，根据达赖的愿望安排在军区礼堂观看文艺演出的计划，被叛乱势力作为危及达赖安全的借口，一时间谣言四起，不明真相的僧俗民众涌向达赖居住的罗布林卡，包括三大寺的1400多名武装僧人也赶来"卫教"。多种武装叛乱力量在拉萨的集结，鼓舞了发动武装叛乱的僧俗上层势力，当天在罗布林卡举行的所谓"西藏人民代表大会"，发布了"从今天起西藏独立了，西藏人民站起来与中央决裂，为西藏独立而战斗到底"的政治宣言。② 随后，"西藏自古是独立自由的国家"这类口号在拉萨街头响起，布达拉宫前燃起了焚烧中国国旗和毛泽东等领导人照片的火光，③ 撕毁"十七条协议"的西藏叛乱

---

① 黄光学主编《当代中国的民族工作》（上），当代中国出版社1993年版，第126页。

② 西藏自治区党史资料征集委员会、西藏军区党史资料征集领导小组编《平息西藏叛乱》，第21页。

③ 参见李江琳《1959：拉萨！——达赖喇嘛如何出走》，第145、165页。

拉开了序幕。

从1960年至今，每年的3月10日，流亡境外的达赖喇嘛及其集团势力，都要发表所谓"抗暴"周年的政治宣言。事实上，这个所谓"纪念日"不过是他们发动武装叛乱、单方面撕毁和平协议的标志。1959年3月10日的叛乱喧嚣，使西藏噶厦已经为叛乱分子所取代，一些僧俗上层人物和所谓"民众代表"，召开"西藏独立国人民代表会议"，并以会议的名义向各地发布"武装斗争"的命令，向印度、尼泊尔驻拉萨的领事馆递交"独立"声明，谋求国际支持。[1] 此时的达赖一方面通过书信向中央驻西藏的机构表示："反动的坏分子们正在藉口保护我的安全而进行着危害我的活动"；另一方面则以"我正尽一切可能设法处理"来敷衍塞责。[2] 实际上，他对业已形成的叛乱形势乐观其成，只是专注于反复"请示神谕"以决定其个人的去留而已。

面对西藏发生的叛乱形势，中央人民政府和驻藏军政机构高度重视，不断致函达赖劝诫其遵循"十七条协议"的原则平息事态，同时也开始加强军事准备以防事态进一步恶化。正如3月15日毛泽东向中央处理西藏情势提出的意见所示："希望达赖喇嘛本着十七条和历次诺言，与中央同心，平息叛乱，杜绝分裂分子，归于全民族团结，则西藏便有光明前途，否则将贻害西藏人民，终遭人民弃绝。"[3] 而当时班禅及其所辖制的日喀则地区，则与中央人民政府同心同德，坚

---

[1] 参见西藏自治区党史资料征集委员会、西藏军区党史资料征集领导小组编《平息西藏叛乱》，第22页。

[2] 转自李江琳《1959：拉萨！——达赖喇嘛如何出走》，第188、189页。

[3] 毛泽东：《关于给达赖喇嘛复信的问题》，载中共中央文献研究室、中共西藏自治区委员会、中国藏学研究中心编《毛泽东西藏工作文选》，第171页。

决反对叛乱。3月17日，达赖再次"请示神谕"终于得到了他期盼的结果："快走！快走！今晚！"甚至担任灵媒的年轻僧人恍惚之中为他画出了"直奔印藏边界"的路线。当晚，换上俗装的达赖"右肩扛着一支步枪"，[①] 在随行人员的簇拥下悄然离开罗布林卡，踏上了背叛祖国的政治流亡之路。

达赖喇嘛离开罗布林卡前签署了给叛乱武装各司令转全体西藏人民的"公开信"，声称西藏是"独立国家"，在"目前藏汉团结已处于分裂之际"，"我本人和负责政治的僚属们不得不暂时出走"。[②] 作为中华人民共和国的国家领导人之一，达赖喇嘛逃亡国外，意味着他与中央人民政府在政治上彻底决裂。作为当时西藏自治区筹备委员会主任，达赖背弃了"十七条协议"及其领导西藏地区民主改革和建立自治区的历史责任。因此，他留下的"公开信"也就成为全面发动叛乱的动员令。从3月20日凌晨开始，拉萨的叛乱武装向解放军、中央驻藏各个机构发起了进攻。随后，解放军、民兵开始全面反击。22日，拉萨的叛乱形势得以平息。而整个西藏地区平息叛乱、肃清各股叛乱武装的战事一直持续到1961年年底才结束。

平息西藏地区武装叛乱之所以持续了三个年头，除了各股叛乱武装分散各地及其流动性很大等原因外，一个重要因素是美国的支持使叛乱武装产生了负隅顽抗的幻想。中国人民永远铭记抗日战争中美国"飞虎队"通过"驼峰航线"，穿越喜马拉雅山谷向中国运输物资的壮举。但是世人也不应该忘记："从1957—1961年，中情局总共向西

[①] 达赖喇嘛：《达赖喇嘛自传》，第160、162页。
[②] 西藏自治区党史资料征集委员会、西藏军区党史资料征集领导小组编《平息西藏叛乱》，第27页。

藏空投了50万磅（250吨）装备、武器、军火、无线电、医疗设备、一些军用齿轮，还有手动打印机。"而且，除了在塞班岛培训首批藏族特工外，从1958年开始在美国科罗拉多州"黑尔营地"培训藏人武装人员的活动"一直持续了6年"。① 可见，中国平息西藏地区的叛乱事态，也包含了同美国的间接较量。

中央人民政府坚决平息达赖留给西藏地区的叛乱事态，宣布解散西藏噶厦，由西藏自治区筹备委员会行使地方政府权力，任命班禅代理筹委会的主任，在平息叛乱的进程中开始逐步推动民主改革。西藏地区的民主改革首先立足于减轻和消除劳动人民身上沉重的经济负担，废除"乌拉"差役、高利贷，解除他们对主人、贵族的人身依附；减租减息，实行"谁种谁收"政策；对未参加叛乱的贵族拥有的生产资料，实行赎买政策；对农奴主、僧俗官员、寺庙占有的大量土地进行所有制改革，在农民协会的主持下进行土地分配；在牧区实行"牧主牧工两利"的政策；对寺庙进行政教分离的改革，废除封建特权和高利贷债权，取消寺庙私设法庭、监牢、刑罚，收缴寺庙的武器，取缔寺庙向信众敲诈勒索、强行摊派等恶习。这是一场对旧制度进行全面改革的社会工程，在这场社会变革中实现了百万农奴的翻身解放。

从1959年6月班禅主持西藏自治区筹备委员会通过《关于西藏全区进行民主改革的决议》，到1962年8月成立西藏自治区选举委员会，西藏地区的民主改革不仅完成了对旧制度的全面变革，而且完成了西藏地区市、县的行政区划和各级人民政府的民主建政。截止到1965年8月，72个县的人民代表大会、人民代表会议都完成了出席西藏自

---

① ［美］约翰·肯尼斯·克瑙斯：《冷战孤儿——美国和西藏为争取生存的抗争》，第169页。

治区第一届人民代表大会的代表选举。① 西藏自治区的成立呼之欲出。这不能不令人想起达赖喇嘛曾经做出的承诺：1957年1月，周恩来在新德里与达赖谈话时曾问到西藏自治区什么时候可以成立，达赖称："我估计早则在1957年底，迟则在1958年初。"② 然而，随后回到拉萨的达赖喇嘛为此说了什么、做了什么？历史已经昭示得一清二楚。

1965年8月，全国人民代表大会常务委员会举行了第15次会议，批准了国务院关于成立西藏自治区的议案。9月1—10日，西藏召开了第一届人民代表大会，选举产生了西藏自治区人民委员会，阿沛·阿旺晋美当选为西藏自治区人民委员会主席，7名副主席中藏族占5名。西藏自治区的建立，彻底结束了西藏地区的政教合一制度，一切权力回归人民由西藏自治区人民政府所行使，历史上西藏噶厦、堪布会议厅和昌都土司之间互不统属的区域实现了统一，西藏各民族人民在民族区域自治制度保障下走上了当家做主的社会主义发展道路。2015年9月，西藏自治区迎来了建立50周年的盛大庆典，向世人展示了西藏自治区在半个世纪中发生的巨变，这是民族区域自治制度在西藏地区成功实践取得的成就，其中最重要的保障就是贯彻落实民族区域自治法。

六　依法实施民族区域自治制度

1952年8月，一份题为《中华人民共和国民族区域自治实施纲

---

① 参见中国藏学研究中心主编《50年真相——西藏民主改革与达赖的流亡生涯》，第150页。

② 《周恩来总理同达赖喇嘛谈话记录》，载西藏自治区党史资料征集委员会、西藏军区党史资料征集领导小组编《平息西藏叛乱》，第115页。

要》的草案，提交中央人民政府委员会审议，这是中国以法规的形式规范和保障实施民族区域自治制度的开端。这份草案根据政务院的决定，由中央人民政府民族事务委员会组织各民族的代表会议起草，并在广泛征求全国各大行政区、各个自治地方的意见基础上形成。乌兰夫在说明这份"纲要"时指出：在推行民族区域自治的过程中，政府部门和人民群众，"都感到需要有一项实施民族区域自治的法规，以便根据这一法规在全国应实行民族区域自治的少数民族聚居区，都把自治机关逐步建立起来，把《共同纲领》中的民族政策，在一切自治地方正确地贯彻下去。无疑这将是我国的一项重大的立法"[①]。依法保障和实施民族区域自治制度，是新中国成立后最重要的立法实践之一。

颁布《中华人民共和国民族区域自治实施纲要》的目的，是从法律的高度为全面实行民族区域自治制度的实践提供保障。根据这一实施纲要的规定，"各民族自治区统为中华人民共和国领土的不可分离的一部分。各民族自治区的自治机关统为中央人民政府统一领导下的一级地方政权，并受上级人民政府领导"。这是中国实行民族区域自治的根本原则，它体现了自治地方不可分离、自治权力集中统一的基本要求。同时，这份七章四十条的实施纲要，对自治地方和自治机关建立的原则，自治机关的自治权利，自治地方的民族关系，上级人民政府的领导原则等，都做出了比较明确的规定。对全面推行民族区域自治制度，民族区域自治地方行使自治权提供了法治规范，同时也为1954年中华人民共和国宪法中有关民族区域自治制度的内容提供了

[①] 乌兰夫：《关于民族区域自治问题》，《乌兰夫论民族工作》，中央文献出版社2013年版，第143页。

参考。①

　　1954 年制定的宪法中，在申明各民族自治地方都是中华人民共和国不可分离的部分基础上，对民族区域自治制度在自治权方面做出了原则规定，即自治区、自治州、自治县的自治机关依照宪法和法律规定的权限行使自治权，其中包括管理本地方的财政，依照国家的军事制度组织本地方的公安部队，依照当地民族的政治、经济和文化特点，制定自治条例和单行条例，在执行职务时使用当地民族通用的一种或者几种语言文字等。同时，对自治地方的各上级国家机关，提出了充分保障自治机关行使自治权，并且帮助各少数民族发展政治、经济和文化的建设事业的法律要求。其中，有关自治地方依法制定自治条例和单行条例的规定，是自治权原则具体化的关键。

　　马克思列宁主义认为，多民族的社会主义国家不仅要制定保障少数民族平等权利的全国性法律，而且"关于民族平等的全国性的法律，完全可以在各地区议会、各城市、各地方自治机关、各村社等等的专门法令和决定中，详细地加以规定并加以发展"②。这里所说的"详细地加以规定并加以发展"并不是突破法律规定的原则，而是要根据不同地区的实际情况使这些原则具体化，在中国的话语中就是实事求是、因地制宜。对此，周恩来指出：在自治权利方面不能要求一致，全国各地的情况不同，"自治区与省、自治州与专区、自治县与县，就更不应当一样，应当因地制宜"③。

---

　　① 参见黄光学主编《当代中国的民族工作》（上），第 216 页。
　　② 列宁：《关于民族问题的批评意见》（1913 年 10—12 月），《列宁全集》第 24 卷，人民出版社 1990 年版，第 147 页。
　　③ 周恩来：《关于我国民族政策的几个问题》，载中共中央文献研究室、中共新疆维吾尔自治区委员会编《新疆工作文献选编（1949—2010）》，第 199 页。

事实上，在国家治理方面，推行整齐划一的政策容易，实行因地制宜的政策则不易，各个自治地方根据本地区的实际制定自治条例和单行条例，需要准确地理解法律规定的统一原则和实事求是地掌握当地的各种条件，这需要在自治地方的建设进程中逐步探索和解决。

然而，1957年以后出现政治上"左"的错误和经济上的"大跃进"，不仅中断了这一探索的过程，而且造成"普遍存在忽视民族自治地方行使自治权利的偏向"，及至"文化大革命"十年动乱，"使绝大多数民族自治地方的自治机关陷于瘫痪，根本无法行使自治权"。① 当然，不仅是民族区域自治地方，全国各地都成了"革命委员会"的天下。在这种"左"的错误氛围中，1975年修改宪法时，将1954年宪法中有关民族区域自治权的具体规定一律删除，民族区域自治制度的实践、中国社会主义制度的实践遭到重大挫折。什么是社会主义，怎样建设社会主义？什么是民族区域自治？如何实行民族区域自治？也因此成为中国改革开放必须思考和解决的重大问题。

1980年，中共中央向第五届人民代表大会第三次会议提出修宪的建议，其中包括："要使各少数民族聚居地方真正实行民族区域自治"这一基本原则。② 这是改革开放以后，中国在思想上拨乱反正、全面恢复民族政策确定的基本原则。1981年8月，邓小平在新疆考察工作时指出："新疆的根本问题是搞共和国还是搞自治区的问题。要把我国实行的民族区域自治制度用法律的形式规定下来，要从法律上

---

① 黄光学主编：《当代中国的民族工作》（上），第218页。
② 邓小平：《党和国家领导制度的改革》，《邓小平文选》第二卷，第339页。

解决这个问题。"① 也就是说，"搞共和国"就是"苏联模式"，"搞自治区"就是中国特色。新疆地区之所以存在模仿苏联民族共和国的社会意识，正是源自1933年、1944年"东突厥斯坦"的影响。同年，中共十一届六中全会通过的《关于建国以来党的若干历史问题的决议》指出："必须坚决实行民族区域自治，加强民族区域自治的法制建设，保障各少数民族地区根据本地实际情况贯彻执行党和国家政策的自主权。"1982年颁布的宪法，在恢复1954年宪法中有关民族区域自治规定的基础上，进一步明确规定了民族区域自治地方的自治权，"体现了国家充分尊重和保障各少数民族管理本民族内部事务的民主权利的精神"②。制定民族区域自治法的工作由此展开。

1984年5月31日，第六届全国人民代表大会第二次会议通过了《中华人民共和国民族区域自治法》，这部依据宪法原则制定的国家基本法律，共7章67条对民族区域自治制度进行了法理阐释，对民族区域自治地方的自治机关组成、自治机关的自治权、自治地方内的民族关系、上级国家机关的领导责任等内容做出了法律规范。可以说，中共长期形成的各项民族政策原则，都集中体现在了这部国家基本法律之中。因此，在这部法律颁布30周年之际，习近平强调指出："民族区域自治是党的民族政策的源头，我们的民族政策都是由此而来、依此而存。"③中共民族政策原则的法律化，一

---

① 邓小平：《新疆稳定是大局，选拔干部是关键》，载中共中央文献研究室、中共新疆维吾尔自治区委员会编《新疆工作文献选编（1949—2010）》，第252页。
② 黄光学主编：《当代中国的民族工作》（上），第219页。
③ 参见拙文《民族区域自治：中央民族工作会议讲了什么?》，《中央民族大学学报》2015年第2期。

方面为民族区域自治制度提供了国家基本分类的保障；另一方面也为各层级民族区域自治地方制定自治条例和单行条例提供了法律依据。

中国的改革开放事业，是以经济建设为中心推进中国特色社会主义制度自我完善的过程。在实践中，一定阶段突出地体现为东部地区率先发展，目的是创造条件带动和帮助西部地区的发展，通过"两步走"的发展进程实现全国各地区、各民族的共同富裕。在进入21世纪之际，中国不仅完成了社会主义市场经济体制的建构，而且也实现了以东部地方发展为重心的预期目标。所以，1999年召开的中央民族工作会议，提出了经济发展重心向西部地区转移的西部大开发战略。2001年年初，全国人民代表大会常务委员会对《中华人民共和国民族区域自治法》进行的修改，既包括了这部法律与1984年以后国家宪法几次修改的内容相一致的需要，也包括了适应社会主义市场经济体制和实施西部大开发战略的需要。

2001年修改后的民族区域自治法，条款增加到74条。其中，明确规定了"民族区域自治是中国共产党运用马克思列宁主义解决我国民族问题的基本政策，是国家的一项基本政治制度"[1]。从法律上确立了民族区域自治的国家基本政治制度地位，实现了政治制度与法律规范的统一。同时，这次修改突出了上级国家机关对自治地方财政、金融和经济社会发展给予支持的内容，强调了对少数民族文化、教育和各类人才培养的政策要求，明确了经济发达地区对少数民族自治地方经济社会发展的对口支援政策，提出了国务院及其有关部门在其职权范围为实施民族区域自治法制定行政法规、规章、具体措施和办法

---

[1] 《中华人民共和国建立民族区域自治法》，载中共中央文献研究室、中共新疆维吾尔自治区委员会编《新疆工作文献选编（1949—2010）》，第263页。

的责任要求。这部法律得到进一步的完善。

　　法律规定民族区域自治地方制定自治条例和单行条例，这是依法行使自治权的基本要求；法律规定国务院及其有关部门制定贯彻落实这部法律的行政法规、规章、具体措施和办法的责任，这是对国家机关依法执政的基本要求。这一双向的法律责任，是坚持和完善民族区域自治制度的根本保障。在法律保障下运行的民族区域自治制度，是中国特色社会主义制度优越性在解决民族问题方面的政治、法律合一的载体，是中国特色社会主义政治民主建设的重要方面，坚持和完善民族区域自治制度成为中国共产党矢志不渝的基本国策。实践证明、并将继续证明，中国的民族区域自治制度，是一项以公平正义为立足点的制度。它在保障少数民族及其聚居地区各民族人民政治平等、经济发展、文化繁荣、社会进步等方面进行的制度设计和法律规范，在世界范围具有先进性。

　　制度设计的先进性和优越性，需要在实践中得到体现和发挥。其中最根本的是保障各民族一律平等，而实现民族平等的基础因素，是促进少数民族及其自治地方的经济社会发展。民族区域自治制度的设计及其法律保障，一方面对民族区域自治地方加快发展给予了一系列特殊的权益；另一方面则对国家机关积极扶持民族区域自治地方的经济社会发展做出了多方面规定，目的就是通过国家的扶持、民族区域自治地方的努力、全国各地的支援，有效地消除历史上留给各民族经济社会发展方面的差距，不断地缩小现实中少数民族与汉族、民族区域自治地方与其他地区的经济社会发展的差距，实现各民族共同团结奋斗、共同繁荣发展。在现阶段，即中国将长期处于的社会主义初级阶段，落实民族区域自治制度的着力点是经济社会发展问题。正如2014年中央民族工作会议所强调的："落实民族区域自治制度,关键是帮助自治地方发展经济、改善民生。"①这是中国民族政策中最根本的立足点之一,即最大限度地缩小各民族之间经济社会发展的差距。

---

① 参见拙文《民族区域自治:中央民族工作会议讲了什么?》,《中央民族大学学报》2015年第2期。

第 五 章

缩小差距：共同富裕的平等之路

中国幅员辽阔，国家领土南北之间约5500公里、跨纬度49°多，东西之间约5200公里、跨经度超过60°，在这样一片广袤的陆地、海洋范围，生活着占世界人口近五分之一的中国人。作为一个人口大国，消除贫困、解决温饱、进入小康、实现现代化，这是中华人民共和国成立以来、改革开放以来中国政府坚持不懈推进的国家建设任务。2020年，中国将实现全面建成小康社会的目标，为期已经不远，但任务十分艰巨。其中，努力缩小、最大限度地消除东部与西部地区的经济社会发展差距，是最突出的问题。而西部地区，是少数民族聚居分布最集中的地区，也是民族区域自治地方的主要分布地区。因此，东部与西部的经济社会发展差距，也折射着少数民族及其聚居地区的经济社会发展水平显著滞后的问题。解决西部地区经济社会发展问题，实现全国各地经济社会生活质量的均等化，使中华民族大家庭的所有成员共同富裕，这是中国特色社会主义的本质要求，也是实现各民族真正平等的必由之路。

一　破解"胡焕庸线"困局

今天耳熟能详的中国"西部地区",并非是一个纯粹的地理方位概念,而是一个经济地理概念。所谓经济地理,是自然地理条件与经济社会发展程度相结合的一种区域范畴。一个特指的经济地理区域,包含着它在整体中的位置及其与周邻地区的关系,其中既有地理特征、气候条件、自然资源等先天禀赋,又有人口分布、经济生活、交通运输等经济社会发展水平的后天特征。对"西部地区"经济地理特征的科学认知,源自1935年中国人文地理学家胡焕庸发表的《中国人口之分布》论文,他通过对全国不同地区人口密度的测量,画出了起自东北黑河(瑗珲)到西南腾冲的一条差不多45°的分界线。这条被国内外学术界称为"胡焕庸线"(Hu line)的人口密度分界线,将中国分为东南和西北两大区域,东南区域国土面积约43%,人口占94%左右,西北区域则地域广阔,人口稀疏。

基于人口密度要素的"胡焕庸线",启发了以这条线为界观察中国东南和西北的一系列不均衡现象的研究。人们发现,这条线与气象降雨线、地貌分割线、自然景观变化线等自然地理因素相当重合,形成了湿润与干旱、平原与高原、农业与牧业、田园与荒漠等一系列对应的特点。当然,从人的因素而言,除了人口密度、经济生活发展水平等不均衡现象外,这条线也大体上反映了中国汉族与少数民族人口的聚居性分布状况,即西北区块范围是少数民族人口聚居的重心。所以,从语言、文化、宗教、生活习俗等人文因素而言,这条线所区分的东南、西北也具有代表性。从这个意义上说,"胡焕庸线"所揭示的现象对认识中国的国情十分重要,这是"胡焕庸线"效应长久不衰的原因。根据气象地理学的研究,"胡焕庸线"现象的形成与古代气候变化的关系十分密切。西北气温下降、降雨量减少、自然灾害增多造成的农业生产潜力下降,引起了人口向东南的迁徙和聚集。

如果从中国古代历史上的都城分布来看,如夏、商、周时期的洛阳,秦、汉、唐时期的西安,以及古都开封、郑州、安阳等地,都是当时世界上经济文化的繁盛之都,而且都处于这条线的东西边缘地带。这说明当时并不存在这样一条分界线,中原腹地是黄河流域的农业发达地区,而且人口密度很高,远远超过了东南地区。相关研究认为西汉时期"长安附近地区的人口密度超过了每平方公里1000人"。而且以淮河和秦岭为界的人口南北分布,北方占80%以上,南方则不足20%。[①] 随着气候变化、自然灾害频发,王朝兴衰的战争、土地兼并的压迫,以及来自北方、西北、西南游牧民族问鼎中原的压力等原因,西晋末年、唐朝末年和北宋末年,北方人口向长江流域和东南地区的迁徙形成三次高潮。[②] 其动因虽然有"五胡十六国""五代十国""靖康之乱"等朝代更迭的战乱,但是1260年忽必烈建立元朝之际,正是中国气候突变的一个节点,这个时段与世界上公认的中世纪温暖期结束的时间一致。

从13世纪发生的气候突变,引起了中国大地生态地貌的持续变化,以年均降雨量400mm为分界的东南和西北之地,在经年继世的演变中形成了"胡焕庸线"的一个重要特点。东南区域成为水系灌溉

---

① 葛剑雄主编,葛剑雄:《中国移民史》第一卷,福建人民出版社1997年版,第56页。

② 参见葛剑雄主编、吴松弟著《中国移民史》第四卷,福建人民出版社1997年版,第246页。

广泛的发达农业地区，交通、城镇显著发展，纺织、瓷器等生产行业日益兴盛，孕育和滋养了大量的人口。而西北地区则因干旱导致的土地荒漠化现象日益严重，交通闭塞、城镇稀疏，农业广种薄收、牧业靠天吃饭，人口发展缓慢。中原王朝在西北地区的屯田式农业开发，对西北区域经济发展的影响有限。少数民族的传统社会大都处于封闭状态，大量的自然资源没有能力去开发利用，很多少数民族的经济社会形态停滞在了社会发展史的某一阶段。因此，东南区域与西北区域的发展落差日益显著，这种局面直到中国步入现代历史的门槛并未改变。"胡焕庸线"从人口分布密度揭示的数百年延续的格局，似乎成为了"天定"的规律。

新中国成立以来，中国政府开展了六次全国人口普查。从 2000 年第五次全国人口普查的数据看，以"胡焕庸线"划分的人口分布格局基本没有改变，但是中国的人口增长早已突破了 10 亿人的大关。2010 年完成的第六次全国人口普查表明，中国的总人口已经超过了 13 亿。就人口分布的格局而言，也开始发生变化。当时，中国的改革开放已经展开了区域经济发展的新特点，形成了西部大开发、中部崛起、振兴东北老工业基地和鼓励东部继续加快发展的新格局。虽然从这几个区块的人口分布比重看，似乎解构了"胡焕庸线"的东南和西北之分。但是，与 2000 年的人口分布比较，东部人口比重仍然上升了 2.41 个百分点，中部、西部、东北地区人口比重相应下降，其中西部地区人口比重下降幅度最大，下降了 1.11 个百分点。这种以流动人口为主要特征的上升和下降，表明了人口重心趋向东南的态势依然明显。东部地区经济发达的社会条件，仍体现着"胡焕庸线"所昭示的经济吸引力。

2014 年 11 月 27 日，李克强总理在国家博物馆参观"匠人营国——吴良镛·清华大学人居科学研究展"时，驻足在一幅标着"胡焕庸线"的地图前。他针对这条线所区分的"宜居区域"和"不宜居区域"特征，提出了如何破解这条线的问题。他说，我们是多民族、广疆域的国家，要研究如何打破这个规律，统筹规划、协调发展，让中西部百姓在家门口也能分享现代化。也就是说，对中部、西部的民众而言，实现全面建成小康社会、迈入现代化的生活水平，并不意味着必须离乡离土、取道东南，而是要在自己的家园共享改革开放的成就，使当地实现现代化。其实，这正是新中国成立以来一直努力解决的问题，也是破解"胡焕庸线"难题的唯一出路。2000年中国展开的西部大开发战略，正是破解这道历史难题的伟大实践。

二 "一盘棋"中"两个大局"

新中国成立后，国家对西部地区，特别是少数民族聚居地区的经济社会发展高度重视，通过全面推行民族区域自治制度，初步奠定了民族区域自治地方各民族互相帮助、合作发展的区域经济条件。同时，中央人民政府对这些地区给予了人力、物力、财力等多方面的大力支持，通过制定各类特殊的政策，扶持民族区域自治地方的经济社会建设。在国家制定第一个发展国民经济的五年计划时，就专门确定了指导少数民族地区的实施五年计划的意见，提出以农业、牧业、贸易、交通为重点的发展目标。在国家工业基地和交通网络的布局中，少数民族地区的工业基地建设、铁路和公路建设取得了前所未有的进展。内蒙古包头钢铁联合企业、新疆克拉玛依油田，青藏公路、康藏公路，甘肃—新疆、包头—银川—兰州、集宁—二连、广西黎塘—广东湛江,以及连接西北—西南的宝鸡—成都铁路,①都体现了在全国"一盘棋"中少数民族地区的特殊地位。

在第一个国民经济发展的五年计划期间,虽然绝大多数少数民族聚居地区处于民主改革和建立民族区域自治地方的阶段,但是经济发展也取得了明显的进步。截止到1957年,民族区域自治地方的农业产量比1949年增长了62.9%,畜牧业牲畜头数同比增长了141%。工业总产值同比增长了4倍,一批中小企业也相继建立,少数民族人口的职业构成也因此发生了前所未有的变化,从事工业生产的少数民族工人由1949年的4.6万人,增长到1957年的82万人。②当时,国家对民族区域自治地方确定的基本政策,就是努力帮助少数民族在经济和文化方面的进步,即除了进行社会制度的变革外,关键是在这些地区发展现代工业生产,培养少数民族的工人阶级和各类人才。

但是,由于1957年政治上反"右"运动的发生,以及随之而来的经济上"大跃进"和人民公社化运动,形成举国脱离实际、急于求成的盲目冲动,也对处于起步阶段的少数民族地区经济发展造成了破坏。当时,在全国各地区竞相攀比的农业生产"浮夸风"影响下,粮食亩产几千斤、上万斤、几万斤的数字不断见诸报端。这些匪夷所思的数据,在"人有多大胆,地有多大产"的宣传鼓动下,"把人的主观能动性的作用夸大到荒谬的程度"。③原本农业生产条件很差的少数民族地区,也在这种弄虚作假的风潮中,释放了粮食亩产名列全国第一的"人造卫星"。1958年9月,青海省一个农场实现了小麦亩产

---

① 参见黄光学主编《当代中国的民族工作》(上),第120页。
② 同上书,第121页。
③ 金冲及:《二十世纪中国史纲》(下册),社会科学文献出版社2009年版,第876页。

8568斤（4.3吨）的"人间奇迹"，广西壮族自治区一个人民公社创造了稻谷亩产130435斤（65吨）的天文数字。这种虚假现象虽然在全国具有普遍性，但是对经济基础薄弱的少数民族地区危害尤甚，以致1960年广西壮族自治区的粮食总产量低于1952年的水平。[①] 传统的畜牧业、刚起步的工业等领域都受到这种"大跃进"的冲击。

从1960年开始的国民经济调整，在民族区域自治地方加强了对畜牧业、山地农林业的重视，压缩了工业方面的基本建设，调整农业与工业、重工业与轻工业的比例结构，进一步强调了从民族区域自治地方实际出发，把握民族特点和地区特点，充分认识处理民族问题的复杂性和解决民族问题的长期性等政策原则，1957年以后出现的错误导向有所克服。然而，从1959年西藏发生武装叛乱，到中苏之间的大论战，及至1962年苏联煽动和蛊惑中国新疆边民出走引发的"伊塔事件"，[②] 加之印度在中印边界发动战争等事件，使民族问题再度与阶级斗争和国际政治环境交织在一起，导致业已形成的"民族问题的实质是阶级问题"的判断，纳入了举国防止和反对苏联修正主义的思想动员氛围之中，这也成为1966年发动"文化大革命"的背景。1966—1976年的"十年动乱"，使中国的国民经济处于濒临崩溃的边缘，民族区域自治地方同全国一样，在政治、经济、文化和社会各个领域都蒙受了重大挫折。

"文化大革命"结束以后，1978年中共十一届三中全会揭开了中国社会主义建设事业的新篇章，进入了以经济建设为中心的改革开放新时期。在全面恢复和落实民族政策的实践中，支援和帮助少数民族地区的经济发展也进入一个新阶段。1977年国家设立边境建设事业

[①] 参见黄光学主编《当代中国的民族工作》（上），第130页。
[②] 参见沈志华主编《中苏关系史（1917—1991）》，第311—312页。

补助费，1979年制定的《边疆建设规划（草案）》提出8年内安排边疆建设资金400亿元，同年召开的全国边防工作会议提出了东部相对发达的省市"对口支援"西部少数民族地区的政策。即除了国家从各方面对少数民族地区经济社会发展给予扶持外，开展东部地区的省、直辖市，对西部的自治区、少数民族人口规模大的省进行经济、教育、医疗等方面的援助。如北京支援内蒙古，上海支援云南、宁夏，天津支援甘肃，河北支援贵州，江苏支援广西、新疆，山东支援青海，全国支援西藏。1980年国家专门设立了支援经济不发达地区发展资金，等等。

在改革开放之初，中央政府对少数民族地区确立的这些政策，特别是建立东部对西部的对口支援机制，对促进少数民族及其聚居地区的经济社会发展具有重大意义。这是在改革开放的全国统一布局中，针对少数民族地区给予的差别化政策。这些政策措施既体现了从少数民族地区实际出发的科学态度，又体现了中央政府通过制定特殊扶持政策确立东部援助西部的责任，目的就是缩小地区之间、民族之间的发展差距，实现各民族人民的共同富裕。在中国改革开放总设计师邓小平的思想中，贫穷不是社会主义，共同富裕是社会主义的本质特征，这就揭示了中国改革开放的根本目标。对一个统一的多民族国家而言，或者说对中华民族这个多元一体的大家庭来说，消除贫困、共同富裕就是维护统一、巩固一体的基石，因地制宜、差别扶持则是实现统一、凝聚一体的必不可少的条件和过程。

中国的民族政策本身就是立足国家统一基础上适应多样性的政策。其差别性在区域因素方面，体现为民族区域自治地方依法享有的，有别于其他省、市、地、县的权利；在民族因素方面，体现为少数民族依法享有的有别于汉族的权益。这种差别化的政策，在改革开放以后得到不断充实和加强。例如，1980—1988年，中央财政对5个自治区和少数民族较为集中的贵州、云南、青海等省实行年递增10%的定额补助制度等。这种向少数民族聚居地区倾斜的扶持政策，并非是刻意优待的锦上添花，而是为了解决这些地区财政自给率显著低于全国平均水平的问题，是雪中送炭。因为这些地区的经济社会发展水平，不仅在改革开放前就与其他地区存在着巨大的差距，而且在改革开放初期已经呈现了发展差距持续扩大的趋势。

因此，民族区域自治地方在共同享有国家改革开放政策的同时，也必须得到特殊政策的扶持。从1984年后，国家对西藏自治区实行了农区"土地归户使用，自主经营，长期不变"，牧区"牲畜归户，私有私养，自主经营，长期不变"的政策，[1] 这就是差别政策区域化的集中体现。其目的是为了尽快消除贫困问题，而贫困问题是西部少数民族聚居地区最普遍的现象。1986年，国务院成立了贫困地区经济开发领导小组，启动了以开发式扶贫为标志的全国行动。当时全国有331个县被列为国家级贫困县，其中少数民族聚居地区的贫困县占143个，其比重之高显而易见。1994年重新确定国家重点扶持贫困县时，在全国592个国家重点扶持贫困县中，少数民族贫困县为257个，占43.4%。[2] 西藏地区作为特殊区域，其内含的74个县（市、区）整体被纳入扶贫开发范围。这些少数民族地区的贫困县，涉及5个自治区、20个自治州、49个自治县，其普遍性可见一斑。少数民族地区消除贫困的问题成为中国扶贫事业的重点。

在这种情况下，西部地区，特别是少数民族地区，不可能实现与

---

[1] 《西藏的民族区域自治》，载王晨主编《中国政府西藏白皮书汇编》，人民出版社2010年版，第74页。

[2] 《中国的农村扶贫开发》，《人民日报》2001年10月16日。

东南沿海地区和内地的同步发展。在国家财力、物力不足，综合国力薄弱的条件下，改革开放的突破口和推动力，必须依靠经济基础和发展能力比较强的东部地区。改革开放是中国实现现代化的基本国策，覆盖着中国"一盘棋"，但是在起步阶段则必须"落子"有序、梯度渐进。1988年，邓小平提出了改革开放的"两个大局"问题，即东南"沿海地区要加快对外开放，使这个拥有两亿人口的广大地带较快地发展起来，从而带动内地更好地发展，这是一个事关大局的问题。内地要顾全这个大局。反过来，发展到一定的时候，又要求沿海拿出更多力量来帮助内地发展，这也是一个大局。那时沿海也要服从这个大局"[①]。东南沿海地区利用区位及其所蕴含的经济、教育、科技、市场、劳动力等优势，形成了改革开放进程中的经济社会发展重心，在经济特区的引领下实现了高速发展。这种发展效应，一方面扩大了东部和西部之间的发展差距；另一方面则迅速扩大了国家的经济总量，提升了国家的综合国力，为展开第二个"大局"创造了条件。

在东部率先发展的进程中，邓小平已经在思考改革开放的第二步棋路：他认为"沿海如何帮助内地，这是一个大问题"，也就是关乎全局的大问题。针对东西部的差距问题，他深刻指出："可以由沿海一个省包内地一个或两个省，也不要一下子负担太重，开始时可以做某些技术转让。共同致富，我们从改革一开始就讲，将来总有一天要成为中心课题。社会主义不是少数人富起来、大多数人穷，不是那个样子。社会主义最大的优越性就是共同富裕，这是体现社会主义本质的一个东西。如果搞两极分化，情况就不同了，民族矛盾、区域间矛盾、阶级矛盾都会发展，相应地中央和地方的矛盾也会发展，就可能

---

① 邓小平：《中央要有权威》，《邓小平文选》第三卷，第277页。

出乱子。"① 因此，国家在支持东部地区扩大开放、加快发展的同时，对西部地区，主要是少数民族地区的扶持发展政策也呈现了水涨船高的态势。

例如，1990年设立少数民族贫困地区温饱基金，1992年设立少数民族发展资金，实施陆路地区沿边开放战略，确立13个对外开放城市和241个一类开放口岸，设立14个边境技术合作区，开展边民互市；1994年，调整了中央与自治区在矿产资源补偿费方面的分成比例，从全国统一的5∶5调整为4∶6，扩大自治区利用矿产资源开发、增强发展能力的收益比重；1996年国务院确定15个东部发达省市对口帮扶西部11个省市（自治区、直辖市）。从1994年到2000年，国家向内蒙古、广西、西藏、宁夏、新疆五个自治区和贵州、云南、青海三个少数民族人口较多的省投入资金432.53亿元，占全国总投资的38.4%。在支持东部地区快速发展的同时，以这样大的投资比例支持少数民族聚居地区的发展，既体现了共同发展的要求，也为防止过度拉开东西部之间差距做出了力所能及的努力。这些陆续向西部地区倾斜的政策，预示了中国经济发展重心正在逐步向西部转移。

三 西部大开发的"西部"

1992年，邓小平在南方讲话时明确提出了开启第二个"大局"的时间表。他说"可以设想，在本世纪末达到小康水平的时候，就要

---

① 邓小平：《善于利用时机解决发展问题》，《邓小平文选》第三卷，第364页。

突出地提出和解决这个问题"①。在即将迈入 21 世纪之际，中国实现了 1981 年到 20 世纪末国民经济总量翻两番的目标。1999 年召开的第二次中央民族工作会议，以"加快少数民族和民族地区经济发展和社会进步"为主题，做出了"加快中西部地区的发展特别是实施西部大开发战略，条件已基本成熟"的判断，提出了西部大开发战略。② 这次会议指出："我国少数民族和民族地区主要集中在西部地区，实施西部大开发战略，也就是要加快少数民族和民族地区的发展。"③ 显而易见，实施西部大开发战略的目标十分明确，就是要彻底消除历史遗留下来的、最大限度缩小现实扩大的少数民族及其聚居地区的经济社会发展差距。而这正是实现各民族真正平等，解决民族问题最基本的条件。

2000 年，中国正式启动了西部大开发战略。那么，这个"大开发"的"西部"是一个什么样的范围？如果从地域来看，"西部"与"胡焕庸线"划分的西北区域相当重合，包括 12 个省市及自治区，即西南五省区市（四川、云南、贵州、西藏、重庆），西北五省区（陕西、甘肃、青海、新疆、宁夏），以及内蒙古、广西两个自治区。总面积约 686 万平方公里，约占全国总面积的 71.4%。其中，5 个自治区、27 个自治州、83 个自治县都分布在西部地区，这些民族区域自

---

① 邓小平：《在武汉、深圳、珠海、上海等地的谈话要点》，《邓小平文选》第三卷，第 375 页。

② 江泽民：《在中央民族工作会议暨国务院第三次全国民族团结进步表彰大会上的讲话》，载国家民族事务委员会、中共中央文献研究室编《民族工作文献选编（1990—2002 年）》，第 213 页。

③ 朱镕基：《加快少数民族和民族地区发展，把民族团结进步事业推向新世纪》，载国家民族事务委员会、中共中央文献研究室编《民族工作文献选编（1990—2002 年）》，第 222 页。

治地方的总面积占西部地区的 86.5%，占全国民族区域自治地方总面积的 96.7%。也就是说，西部大开发划定的"西部"，基本上都是民族区域自治地方。

西部大开发是中国实现现代化的重大国家战略，加快少数民族及其聚居地区经济社会发展的目标指向十分明确，列入西部大开发战略的地区将享有国家确定的特殊政策。但是，中国的民族区域自治地方具有全国广泛分布的特点，分布在东北、华北、华东、中南地区省治中的民族区域自治地方，在地理位置上不属于西部地区。其中包括东北地区吉林省的延边朝鲜族自治州，中南地区湖南省的湘西土家族苗族自治州和湖北省的恩施土家族苗族自治州，以及分布在东北、华北、华东、中南各省中的 37 个自治县。这些自治地方，虽然不属于西部地区，但是这些少数民族聚居的自治州、自治县的经济社会发展水平，大都具有西部地区的经济地理特征。因此，根据这 40 个自治地方的不同特点，国家决定对其中的 3 个自治州和 15 个自治县比照享受国家的西部大开发政策，纳入了西部大开发范围。西部大开发战略确定的"西部"，已经超出了地理意义上的西部，而是经济地理范畴的"西部"。

2005 年，在实施西部大开发战略的第五个年头，"西部"的范围进一步扩大。根据《国务院实施〈中华人民共和国民族区域自治法〉若干规定》的要求，"未列入西部大开发范围的自治县，由其所在的省级人民政府在职权范围内比照西部大开发的有关政策予以扶持"。由此，所有未能列入国家西部大开发政策范围的 22 个自治县，在各自所属的省份中，开始享有根据实际情况比照西部大开发政策的支持。至此，全国的民族区域自治地方全部纳入了西部大开发战略的政策范围。西部大开发政策对全国民族区域自治地方的覆盖，体现了这一发展战略针对的少数民族及其聚居地区，所以其区域性的政策也具有了民族政策的性质。也就是说，实施西部大开发战略的目的，虽然立足于"西部"这个区域，但根本上说是解决"西部"人的发展问题，也就是少数民族及其聚居地区各民族人民的发展问题。

在 2000 年国务院发布西部大开发战略若干政策措施的政令中，提出的目标和任务是：加快基础设施建设；加强生态环境保护和建设；巩固农业基础地位，调整工业结构，发展特色旅游业；发展科技教育和文化卫生事业。力争用 5 年到 10 年时间，使西部地区基础设施和生态环境建设取得突破性进展，西部开发有一个良好的开局。到 21 世纪中叶，要将西部地区建成一个经济繁荣、社会进步、生活安定、民族团结、山川秀美的新西部。为实现这一目标、完成这一任务，国家制定了四个方面的重大政策：增加资金投入的政策，改善投资环境的政策，扩大对内对外开放的政策，吸引人才和发展科技教育的政策，这些重大政策中都包括了一系列具体的内容。如增加资金投入，包括加大建设资金、优先安排建设项目、加大财政转移支付、加大金融信贷支持等；改善投资环境，包括改善投资软环境（简政放权）、实行税收优惠（减免）、实行土地和矿产资源开发利用的优惠措施、调节价格和收费机制；等等。这些政策目标，就是在国家大力扶持下，使西部地区充分发挥当地有利于发展的条件，加快提升自我发展能力。

西部大开发是对中国近 72% 的国土面积展开的发展战略，其政策内涵涉及社会各个领域的进步和人的发展，这不是一个短期能够解决的问题，也不是一次就能够做出全面或完备的政策安排。国家确定的政策原则，在西部各个省、自治区、市及其内部各层级行政单元情况迥异的条件下，都需要因地制宜地制定具体政策和措施，才能充分发挥国家政策的效应。同时，国家也需要在发展的实践中，不断调整和制定新的政策来适应不断变化的实际情况。这是一个长期、动态的过程。就是说，从根本上改变西部地区的落后面貌，"要做大量艰苦细致的工作和进行坚韧不拔的努力，要充分认识到实施西部大开发是一项长期的、艰苦的战略任务。因此，我们对加快少数民族和民族地区的发展，既要有高度的历史责任感和紧迫感，又要从实际出发，按客观规律办事"[①]。从实际出发，就不能"一刀切"，要根据每一个行政地理单元、每一个民族的特点去创造性地落实政策；按客观规律办事，就是要切实把握发展的必然过程，而不是以人为想象或激进愿望，去简化发展的过程，或简单移植东部的发展经验。

西部地区，是中国最复杂的地区，自然地理、生态环境、气候条件多样，民族众多、文化殊异、经济生活多样。总体上经济社会的发展水平很低，城镇稀疏、交通闭塞、农牧业人口比重高且教育实现程度低，等等。在这种复杂多样的发展环境中，国家确立的西部大开发政策，一方面总体上体现了东部和西部区域性的差别化特点，另一方面在西部大开发政策总体一致性的原则基础上，又包含了针对不同地区、不同民族的特殊性。这种针对地区、区位、民族等不同条件，实施因地制宜、因族制宜的差别性政策，使西部大开发政策形成了点面结合、纵横交错的差别化有机组合。其中既有针对自治区、省的专项政策指导，也有针对西藏、新疆地区的特殊政策安排；既有解决西部地区普遍性问题，如贫困问题的国家统一政策，又有针对特定区位、特定民族的专项政策实践，其中"兴边富民行动""扶持人口较少民

---

① 朱镕基：《加快少数民族和民族地区发展，把民族团结进步事业推向新世纪》，载国家民族事务委员会、中共中央文献研究室编《民族工作文献选编（1990—2002年)》，第222页。

族发展"的政策最有代表性。

四 "一线"兴边与"点状"扶持

西部地区是中国的内陆，也是中国的边疆地区，即对外接壤的前沿地带。在漫长的陆地边境线所确定的边疆地区，有136个县（旗）处于边境地带，这些通常称为边境县（旗）的地区总面积达到212万平方公里，约占全国总面积的22%；总人口2050万，约占全国总人口的1.6%。在这136个边境县（旗）中，有107个县（旗）属于少数民族聚居的自治地方，其土地面积占边境地区总面积的92%，人口占边境地区总人口的51%。这些边境地区不仅与14个国家接壤，而且有30多个少数民族与接壤国的一些民族具有历史同源性的经济文化关系。简单地说，在中国2.2万公里长的陆地边境线上，约1.9万公里都属于民族区域自治地方。作为一个国家的边境地区，国防安全无疑是第一位的，而且这些地区由于人口稀疏、交通不便等原因，也往往属于一个国家经济发展中心的边缘地带。所以，这些边境县（旗）更加突出地反映了西部地区的经济社会特征。

在中国改革开放的进程中，东南沿海地区的对外开放产生了巨大的经济效益。陆路边疆地区，尤其是边境地区作为对外开放的前沿地带，如何建立经济社会的发展优势，这不仅关系到边疆地区的国防巩固，而且也关系到与接壤国家深化发展睦邻友好关系。虽然边境县（旗）以少数民族聚居的自治地方为主，在政策范围已经纳入了西部大开发战略，但是边境地区还包括了以汉族为主的20多个县，处于同样的经济地理范围。因此，一项针对边境地区的特殊发展政策——

兴边富民行动——应运而生。1999年，由国家民族事务委员会联合国家发展改革委员会、财政部等部门倡议发起了边境地区建设工程，编制了《全国兴边富民行动规划纲要（2000—2010）》，其宗旨是通过特别的政策振兴边境地区的经济，使边境地区各民族人民尽快脱贫致富，实现"富民、兴边、强国、睦邻"的目标。这是延陆路边境一线展开的"线性"发展规划。

兴边富民行动与西部大开发战略同步开始实施，它既是西部大开发战略的组成部分，又在西部大开发战略中占有十分特殊的地理区位，直接关系到这些边境县（旗）所在的9个省区（辽宁、吉林、黑龙江、内蒙古、甘肃、新疆、西藏、云南、广西）的对外开放。2000年，兴边富民行动开始在17个边境县（旗）进行试点，2004年确定对37个重点边境县（旗）进行扶持。2006年将兴边富民行动列入少数民族发展基金的支持范围，明确"少数民族发展基金是中央财政设立的用于支持贫困少数民族地区推进兴边富民行动、扶持人口较少民族发展、改善少数民族生产生活条件的专项资金，是中央财政扶贫资金的组成部分"。基金的使用范围，聚焦于改善生产生活基础条件，修建乡村人、畜饮水设施，通电、修路，解决生活能源，改造危房、茅草房；开展劳动技能培训，推广先进适用的生产技术；发展具有地方特色的种植业、养殖业、农产品加工业，扶持手工业和具有民族特点的旅游业等。

2007年，为了全面推进兴边富民行动，根据国家"国民经济和社会发展第十一个五年规划纲要"的精神，国务院专门制定了《兴边富民行动"十一五"规划》，兴边富民行动成为国家五年规划中的专项规划。这份规划覆盖的范围，除了136个边境县（旗）、市、市辖区外，还包括了新疆生产建设兵团的58个边境团场。作为国家规划的组成部分,兴边富民行动的总体目标:重点解决边境地区发展和边民生产生活面临的特殊困难和问题,不断增强自我发展能力,促进经济加快发展、社会事业明显进步、人民生活水平较大提高,使大多数边境县和兵团边境团场经济社会发展总体上达到所在省、自治区和新疆生产建设兵团的中等以上水平。在实际措施方面则确立了加强基础设施建设,改善生产生活条件;解决边民的贫困问题,拓宽增收渠道;大力发展边境贸易,促进区域经济合作;加快发展社会事业,提高人口素质等方面的政策目标。

国家在推进兴边富民行动过程中,颁发和制定了一系列定向支持边境县(旗)发展的政策。2000—2010年,中央财政通过少数民族发展基金对兴边富民行动给予补助资金22.1亿元。纳入兴边富民行动的9个省区,也相继建立专项资金展开了兴边富民的建设工程,使这一行动发挥了中央与地方双重政策支持的积极作用。在实施《兴边富民行动"十一五"规划》期间,中央财政的项目投资、专项转移支付的力度逐年递增,兴边富民行动在改善边境地区基础设施,改善生产条件、生活环境,提高居民收入,提升教育和医疗水平,加强边境口岸建设和推动边民互市,都取得了显著的成效,边境地区的经济实力明显增强。2009年,136个边境县(旗)的主要经济指标与2000年相比,都增长3倍以上,其中生产总值增长342.2%,地方财政收入一般预算增长340.3%,等等。

在国家实施"十二五"规划的同时,2011年国务院再度颁布了《兴边富民行动规划(2011—2015年)》。新的规划在总结经验的基础上,进一步强调了因地制宜、分类指导的原则。立足于从边境不同地区的自然生态条件、经济社会发展水平、文化形态和毗邻国家状况等差异较大的实际出发,根据边民和地方政府的需求,确定主要任务和重点工程，加强分类指导并重点解决突出问题。从全面建成小康社会全局的高度，在统筹考虑边境地区发展的基础上，把改善民生放在更加突出的位置，采取特殊政策和措施解决边民在生产生活、就业、就医、就学和社会保障等方面的特殊困难和问题。提出了基础设施进一步完善，边民生活质量明显提高，社会事业长足进步，沿边开发开放水平显著提升，特色优势产业较快发展，民族团结、边防巩固、睦邻友好的发展目标。新一轮的兴边富民行动突出了提高经济社会发展质量，特别是改善民生的根本要求。

截止到 2014 年，中央财政在少数民族发展基金中专门设立的兴边富民补助，累计安排资金 83 亿元，累计下达边境地区转移支付 277.5 亿元，国家发展和改革委员会新设立兴边富民中央预算内投资专项资金累计达到 33 亿元。这些持续增大的资金投入使边境地区的经济社会面貌和人民生活水平发生了重大变化。2013 年与 2010 年比较，边境地区的自我发展能力明显提升，生产总值达到 8097 亿元，年增速 16%。各民族人民群众的收入大幅度提高，城镇居民人均可支配收入达到 19168 元，增加了 6108 元；农村居民人均纯收入达到 7589 元，增加了 2749 元。[1] 这样的增长速度和幅度，在全国范围内都处于领先地位。同时，边境地区的对外开放也不断扩大，边境口岸数量达到 121 个，边民互市点增加到 421 个。边境地区经济能力的增长，使社会建设也实现了全面进步，危旧民居改造、人畜饮水安全、教育能力提升、公路通达村落、电力通信入户的比例逐年提高，日新月异，实现了边境县（旗）新型农村合作医疗制度和农村低保制度的全覆盖。昔日贫困闭塞的边境地区，在实现"富民、兴边、强国、睦

---

[1] 参见《我国开展兴边富民行动成效显著》，新华网，2014 年 9 月 23 日。

邻"的道路上，已经发生了根本性的变化。

在实施西部大开发战略的进程，国家的扶贫重点、兴边富民等专项的规划，都构成了西部大开发政策的组合效应，其中与兴边富民同时启动的《扶持人口较少民族发展规划（2005—2010）》，也是这种政策组合效应的重要支点。2000年，中国的55个少数民族人口已经逾亿，但相对12亿多的汉族来说仍是名副其实的"少数"。在少数民族中，从人口超过一千多万的壮族到人口仅有两千多的珞巴族，人口规模差别很大。在经济社会发展中，人口是一个重要的经济指标，在少数民族聚居地区普遍地广人稀的条件下，少数民族自身的发展和区域内各民族的发展，仍存在着经济生产生活方式差别，语言文化、风俗习惯、宗教信仰差异等因素的影响。特别是人口规模比较小且相对聚居的少数民族，在一个行政地理区划单元中也大都处于经济条件、人力资源、传统产业缺乏竞争能力的状态，即便在相间杂处的乡村，少数民族家庭与汉族家庭的比较中，也普遍存在经济文化发展滞后、贫困发生率高的现象。因此，从1999年学术界开展对人口较少民族发展现状的调查，到2001年人口较少民族的发展问题进入了西部大开发的国家议程，在国家民族事务委员会等中央部门共同努力下开始了制定扶持人口较少民族发展规划的工作。这是对少数民族聚居地区进行"点状"布局展开的特别扶持、加快发展政策。

2005年颁布的扶持人口较少民族规划，确定的"人口较少民族"是指2000年全国人口普查中人口在10万人以下的22个少数民族，他们分布在内蒙古、黑龙江、福建、广西、贵州、云南、西藏、甘肃、青海、新疆等10省（区）中的86个县、238个乡镇、640个行政村，包括毛南、撒拉、布朗、塔吉克、阿昌、普米、鄂温克、怒、京、基诺、德昂、保安、俄罗斯、裕固、乌兹别克、门巴、鄂伦春、独龙、塔塔尔、赫哲、高山和珞巴族，总计63万人。这些少数民族聚居于640个村落，占这些村落95.6万人总人口的40.2%，占22个人口较少民族总人口的61%。在2003年，他们的人均纯收入仅为884元，而当年全国农民人均纯收入的水平是2622元，相差3倍。可见，人口较少民族中存在的贫困落后问题十分突出。

在人口较少民族聚居的640个村落中，贫困村为345个，占53.9%，绝对贫困人口19万，低收入人口20.4万，缺口粮户数27821户，占总户数的比重为14%。这些村落的生产生活条件很差，145个村不通公路，90个村不通电，279个村不通电话，274个村不通邮政，498个村没有有线广播，215个村不能接受电视信号，368个村没有安全饮用水，46346户房屋属于漏雨透风的茅草房或危房，其中11645户49472人居住在缺乏基本生存条件的恶劣环境中。在这种经济生活环境中，适龄儿童接受教育的条件十分欠缺，平均文盲率达到42.3%，其中9个民族的文盲率超过了50%。355个村没有卫生室，地方病、传染病较为严重。[①] 显而易见，新中国成立半个多世纪以来，改革开放20多年来，这些中国社会最基层的村落，在改变经济社会发展落后面貌方面，尚未发生根本性的变化。因此，从中也可以看出中国的扶贫事业之艰难，中国通过西部大开发战略解决少数民族共同富裕任务之艰巨，国家确定扶持人口较少民族发展政策之重要。

扶持人口较少民族发展既是中国消除贫困事业的组成部分，又是加快少数民族及其聚居地区经济社会发展的专项政策，这是国家的力

[①] 参见《扶持人口较少民族发展规划（2005—2010）》，载国家民族事务委员会、中共中央文献研究室编《民族工作文献选编》（2003—2009），中央文献出版社2010年版，第119—121页。

量具体细微地深入少数民族基层社会、村落家庭的一项惠民工程。这项政策的具体措施包括了基础设施建设，财政资金扶持，信贷资金优惠，社会事业发展，人力资源培育，动员发达地区、大中城市和社会力量进行对口帮扶等。这些政策原则在实践中，又因地制宜地体现为"一族一策""一村一策""一寨一策"的具体措施。实现发展的具体目标确定为"四通"（路、电、水、广播电视），"五有"（安居房、学校、卫生室、安全饮用水、稳产基本农田或牧场），"三达到"（人均纯收入、人均粮食量、九年义务教育普及率达到国家扶贫等规定的标准），并且通过80多项指标加以体现。这些指标不仅在全国的扶贫事务中具有普遍意义，而且在扶持人口较少民族发展中具有十分特殊的意义。

国家对总人口65万的22个少数民族实施专项扶持政策，其特殊意义不仅仅在于扶贫，因为65万这个数字，即便在今天全国7000多万贫困人口中也可谓"微不足道"。但是，如果从中华民族大家庭56个成员而言，这22个少数民族则约占大家庭成员40%的比重。因此，扶持人口较少民族的政策核心是为了实现各民族一律平等，这是中国民族平等观的基本内涵，也是中华民族大家庭成员"一个也不能掉队"的国家政策保障。截止到2005年，这项规划实施后的6年中，中央财政投入的各类资金达到37.51亿元，实施了11168个各类项目，基本实现了"四通""五有"和"三达到"的规划目标。人口较少民族的农民、牧民、猎民、渔民的收入大幅度提高，生活条件明显改善。[1] 但是，就整体差距和22个人口较少民族之间的情况来说，仍存在巩固脱贫致富的基础，深度解决各方面困难的任务。

---

[1] 参见朱玉福《中国扶持人口较少民族政策实践程度评价与思考》，《广西民族研究》2011年第4期。

2011年，在全国实施第十二个国民经济和社会发展规划的进程中，国家民族事务委员会、国家发展和改革委员会、财政部、中国人民银行和国务院扶贫办公室再度联合发布了《扶持人口较少民族发展规划（2011—2015）》。这是加快少数民族地区全面建成小康社会，实现跨越式发展和长治久安的重要措施，也是巩固发展成就、深化继续发展的新动力。这份规划的新特点，是将"人口较少民族"的范围扩大到总人口30万以下的少数民族范围，即在原有的22个少数民族基础上增加了景颇、达斡尔、柯尔克孜、锡伯、仫佬和土族。这28个人口较少民族总人口为169.5万人，分布地域进一步扩大，包括了2119个人口较少民族聚居的行政村、71个人口较少民族的民族乡、16个人口较少民族的自治县、2个人口较少民族的自治州。

在这一新确定的特殊政策扶持范围，总人口为701.7万人，其中人口较少民族为153.5万人，占21.9%，在28个人口较少民族的全国总人口中占90.6%，也就是绝大部分。"人口较少民族"范围的扩大，很大程度是"十一五"期间经济社会发展比较效应的结果。一是随着中国城镇和农村人均收入的提高和生活质量的改善，衡量贫困人口的底线也相应地有所提高；二是22个人口较少民族在经过第一轮扶持发展后，其总体发展程度的平均水平等同和超过了新增加的6个人口较少民族，形成了"人口较少民族"的新平台；三是在这28个人口较少民族中，脱贫致富存在的问题比例均高于全国和民族区域自治地方的平均水平。

截止到2009年年底，2119个人口较少民族聚居村的贫困人口为89.1万人，贫困发生率32.7%，高于全国（3.8%）28.9个百分点，高于民族自治地方（16.4%）16.3个百分点。不通公路的村占42.2%，不通电的村占11.0%，没有安全饮用水的村占35.2%，没有文化活动室的村占39.8%，没有卫生室的村占30.7%。2119个人口较少民族聚居村的农牧民人均纯收入为2591元，相当于民族自治地方平均水平（3369元）的3/4、全国平均水平（5153元）的1/2。① 比较而言，这些数据和比例，较之第一轮扶持人口较少民族发展的起始情况已经有明显改善，但是巩固脱贫的效果、提高自我发展能力，则是一个长期复杂的过程。即便完成了某些项目或实现了某些指标，仍存在其功能和作用的切实发挥问题。例如，已经建立卫生室的村落，仍存在缺医少药的问题，甚至43.8%的村卫生室没有合格的医生。

新一轮扶持人口较少民族发展规划提出的目标，是在2015年基本实现人口较少民族聚居行政村的"五通十有"，基本实现人口较少民族聚居区的"一减少、二达到、三提升"。"五通十有"，即人口较少民族聚居村落通柏油路、电、广播电视、信息（电话和宽带）、沼气（清洁能源）；有安全饮用水、安居房、卫生厕所，有高产稳产基本农田（草场、经济林地、养殖水面）或增收产业，有学前教育、卫生室、文化室和农家书屋，有体育健身和民族文化活动场地，有乡村办公场所、农家超市（便利店）和农资放心店。② "一减少、二达到、三提升"，即人口较少民族聚居区贫困人口数量减少一半或以上；农牧民人均纯收入达到当地平均或以上水平，1/2左右人口较少民族的农牧民人均纯收入达到全国平均或以上水平；基础设施保障水平、民生保障水平、自我发展能力大幅度提升。

在这些数字化目标的背后，都包含了更加具体的数据指标，这是"十二五"期间扶持人口较少民族发展规划的重要特征。以28个人口

---

① 《扶持人口较少民族发展规划（2011—2015）》，中国政府网，2011年7月1日。
② "农资放心店"指保证农业物资质量的商店。

较少民族聚居的 2119 个行政村为例，5 年内实现的目标包括：除西藏地区外，80% 的行政村通沥青（水泥）路，基本通宽带网络，为 66.2 万户家庭修建卫生厕所，每户至少有 1 人接受家庭理财培训，对 142.7 万劳动力开展农村适用技术培训，为村级卫生室培养从事全科医疗的卫生人才，实施农村妇女住院分娩补助、增补叶酸预防神经管缺陷、艾滋病母婴阻断、优先开展妇女"两癌"（乳腺癌和宫颈癌）的检查试点，有经营面积大于 50 平方米的从事商品批发或者零售业务的商店或农家超市，村民委员会有人管事、有钱办事、有场所议事，等等。这些深入到户、落实到人的数据目标，集中体现了人口较少民族在全面建成小康社会进程中，在人居环境、卫生条件、劳动技能、经营能力、妇幼保健、商业市场和基层服务等一系列以人为本的发展要求。

根据 2014 年相关省、自治区实施扶持人口较少民族规划的情况看，"五通十有"和"一减少、二达到、三提升"的目标，都取得了显著的进展，在一些省、自治区因涉及的人口较少，民族数量不同，经济社会发展的水平不一，但是总体上都已接近了规划要求。有的地区人口较少民族的聚居村落，已经超前达到了预期目标。如贵州省毛南、仫佬两个人口较少民族的 63 个行政村，已经有 9 个行政村不仅提前实现了"五通十有"和"一减少、二达到、三提升"的目标，而且已经达到了 2020 年全国实现全面建成小康社会的指标要求。所以，贵州省提出了 2017 年省内的人口较少民族行政村率先全面建成小康社会的计划，这无疑是令人振奋的消息。但是，就普遍的情况来看，完成 2011—2015 年的规划目标并不平衡，即便达到预期目标，距离实现全面建成小康社会的要求也还需要付出艰苦的努力。

全面建成小康社会所指的"全面"，关系到社会生活各个领域的全面进步。2007年经国务院批准颁布的《少数民族事业"十一五"规划》，即是专门针对少数民族及其自治地方全面发展的规划，与之相衔接的是2012年颁布的《少数民族事业"十二五"规划》。把少数民族的全面发展作为一项国家规划的事业，这在世界范围可谓绝无仅有。从2014年开始，国家民族事务委员会已经展开了制定"十三五"期间《扶持人口较少民族发展规划（2016—2020）》的调查研究，继续实施兴边富民行动和少数民族事业的国家规划也在制定之中。中国的第十三个国民经济与社会发展规划纲要，是实现2020年全面建成小康社会目标最后5年的发展纲领，其中兴边富民行动、扶持人口较少民族发展和少数民族事业规划，将以更强劲的力度支撑西部大开发战略的实施。

五 摆脱贫困的"最后一公里"

兴边富民行动、扶持人口较少民族发展这类专项规划，是实施西部大开发战略中的重要政策，也是集中力量在一定时期内解决边境地区、人口规模比较小的少数民族发展困难的重要实践。这些行动和规划，虽然覆盖区域广泛、惠及的少数民族成员较多，并且已经取得了显著的成就，但是对更加广阔的西部地区、人口规模较大的少数民族及其聚居地区而言，仍具有局部性和局限性。这些边境地带和人口较少民族聚居地区，巩固发展的成就和实现发展的目标，都离不开这些区域基本属于"西部"的大环境。也就是说，如果边境地带和人口较少民族聚居地区所局处的省、自治区范围，不能在整体上实现相应的发展，这种"线性""点状"的区域发展，则难以改变"空投"扶持的"孤岛"效应。这就如同"村村通路"但是与交通干线未能连接一样。所以，区域发展的"大动脉""静脉"和深入村庄、家庭"毛细血管"之间的畅通，也被形象地比喻为解决"最后一公里"的问题。所谓"最后一公里"的问题，在西部地区是一个隐喻性的普遍问题。实质就是如何使中国改革开放的发展成就、西部大开发取得的成效深入千家万户的问题，其中最迫切的仍是摆脱贫困问题。

消除贫困，是中国政府矢志不渝努力解决的重大问题。改革开放30多年持续开展的扶贫开发实践，使6.6亿人摆脱了贫困，其成就举世瞩目。同时，随着国家经济实力的不断增强和人民生活水平的提高，中国的"贫困线"也多次提高，并接近了世界银行提出的标准。消除贫困的标准提高，虽然显性地扩大了贫困人口的规模，但是也意味着消除贫困、巩固脱贫、防止返贫的保障水平更加有效。2013年底，按照人均2300元/年收入的农村贫困线计算，仍有8249万人口生活在贫困的农村，中国扶贫开发的困难举世罕见。这些贫困人口集中在全国14个集中连片的特殊困难地区，即六盘山区、秦巴山区、武陵山区、乌蒙山区、滇桂黔石漠化区、滇西边境山区、大兴安岭南麓山区、燕山—太行山区、吕梁山区、大别山区、罗霄山区等连片的特困地区，同时包括实施特殊政策的西藏自治区，甘肃、青海、四川、云南四省的藏族聚居地区，新疆维吾尔自治区的南疆三地州。在这14个集中连片的特殊困难地区中，有11个属于民族区域自治地方或包含了民族区域自治地方。

2015年6月22日、23日，新华社记者发表了一份"扶贫调查"报告，这份报告揭示的贫困数据和展示的贫困场景令国人动容。根据国家统计局发布的数据，全国农村尚有7017万贫困人口，约占农村居民的7.2%，其中少数民族地区的贫困人口约占三分之一。这份报告列举的10个贫困样本中，9个属于少数民族聚居地区：四川省凉山彝族自治州美姑县拉木阿觉乡、贵州省黔南布依族苗族自治州荔波县瑶山瑶族乡、贵州省黔东南苗族侗族自治州从江县加勉乡、宁夏回族自治区西吉县、湖南省湘西土家族苗族自治州保靖县葫芦镇木耳村、云南省怒江傈僳族自治州泸水县古登乡、云南省怒江傈僳族自治州贡山县独龙江乡、甘肃省东乡族自治县、贵州省铜仁市沿河土家族自治县。这些乡村山寨大都被深山大川所隔绝，交通闭塞、家徒四壁、儿童失学、饮食困难、卫生缺失等深度贫困的现象比比皆是。[1] 这种状况，正是中国2020年全面建成小康社会面对的消除贫困的攻坚对象。

这场消除贫困的攻坚战，始于2011年年底公布的《中国农村扶贫开发纲要（2011—2020年）》。这是继《国家八七扶贫攻坚计划（1994—2000年）》和《中国农村扶贫开发纲要（2001—2010年）》之后，中共中央和国务院再次确定的扶贫开发战略。其时间节点是2020年全面建成小康社会，实施重点是中西部地区，难点是14个集中连片特殊困难地区。几十年的扶贫开发实践证明，通常的经济增长方式无法有效带动这些地区的发展，常规的扶贫手段也难以取得明显的效果，必须采取超常规的扶贫政策，实行有差别的扶持措施。总体目标是在2020年稳定实现扶贫对象不愁吃、不愁穿，保障义务教育、基本医疗和住房。贫困地区农民人均纯收入增长幅度高于全国平均水平，基本公共服务主要领域指标接近全国平均水平，扭转发展差距扩大的趋势。可见，这一目标并没有攀比全面建成小康社会的一系列标准，而是立足于解决当地各民族群众最突出的贫困问题。即便如此，这也是极其艰巨的任务。

---

[1] 参见《扶贫调查：直面中国贫困角落》，新华网，2015年6月22日。

从新华社记者的"扶贫调查"可以看出，这份扶贫开发纲要实施4年以来，总体目标的实现程度尚不明显。"不愁吃、不愁穿"，面对的是食用生了芽的土豆，"吃米饭和肉是奢侈的事情"，一年吃三次肉，经常"清水煮野菜"，往返40公里拉1吨水用半个月；"保障其义务教育"，面对的是"这个村目前适龄儿童没有读书的有上百人"，"全村1200多人中，有1100多人是文盲、半文盲"，"一些小学一年级有50个学生，到五年级就只剩下5个"；"基本医疗的保障"，面对的是"有新农合可以报销医药费，但要个人先垫资才能报账，他垫不起。看病还要路费、生活费，对他来说这是一笔大开销。他就一直拖着，直到无法医治"；"保障住房"，面对的是人畜共居一室，或"他和母亲住的茅草房已有几十年历史，是用树枝、竹片拼成的，缝隙里抹着些牛粪，寒风和光线从无数孔洞透进来"；交通方面，面对的是溜索渡河，"去最远的贫困村，从公路尽头出发，还要骑马走上三天"；等等。①

这些典型的贫困例证，虽然存在着一家一户、一村一寨的不同原因，但是在这些集中连片的深度贫困地区具有普遍性。这并不是说，在这些地区没有成功脱贫或开始致富的家庭和村落。除了国家、当地政府持续的资金、技术等投入外，脱贫愿望激发的民众行动最为重要。贫困村落不仅需要外力的扶持，也需要内在的动力和脱贫的带头人。扶贫开发包括了两个含义：一是扶持、二是开发。所谓开发不仅仅是利用当地的资源问题，关键是要提高贫困家庭、贫困村落、贫困地区的自我发展能力，也就是人力资源的开发。其中，人们的观念变革尤其重要。在这方面，不仅需要贫困村庄中一些观念开放的"能

---

① 参见《扶贫调查：直面中国贫困角落》，新华网，2015年6月22日。

人",通过个体家庭有效利用扶贫开发政策实现发展,为其他家庭做出榜样;而且更需要村民委员会、党支部、共产党员组织和带领村民,团结合作、互相帮助、共同改变家乡的贫困面貌。这是中国最有特色、最具优势的一种力量。

2013年10月17日,在北京国际会议中心召开的第四届中国消除贫困颁奖大会上,一位来自贵州省黔南布依族苗族自治州罗甸县董架乡麻怀村的妇女走上了领奖台。这位名叫邓迎香的农民,获得了国家扶贫开发最有影响力的"第四届中国消除贫困奖感动奖"。她居住的村庄处于贵州省崇山峻岭的"天坑式"窝凼中,出入只有一条险峻的山路,相当封闭。村民赶集交换农产品、孩子上学、求医治病、探亲访友,都要起早贪黑地翻山越岭几个小时才能抵达公路。这位不甘于世代封闭山中的农妇,于1999年带领村民利用山体上的一个自然溶洞,展开了长达12年的凿山开道工程。2011年8月,这条216公尺长的隧道终于贯通,世世代代通往山外徒步两个多小时的崎岖山路,变成只需要15分钟的坦途,汽车第一次开进了这个山村。"要想富、先修路",这是中国改革开放以来民间社会广为传颂的俗语。邓迎香的山村由此走上了脱贫致富的道路,"最后一公里"的效应使80%以上的村民入住了新居,人均纯收入从过去的七八百元提高到2000多元,① 这位令人感动的农村妇女是中国共产党党员。

2015年6月18日,习近平总书记在贵州视察期间,再度强调了扶贫开发基本原则:要求各级党委和政府增强扶贫开发的紧迫感和主动性,"在扶贫攻坚上进一步理清思路、强化责任,采取力度更大、针对性更强、作用更直接、效果更可持续的措施,特别要在精准扶

---

① 参见《罗甸县农村党员邓迎香夫妇率领村民12年凿通隧道的故事》,中国网,2014年4月9日。

贫、精准脱贫上下更大的功夫"。就国家扶贫开发的资金投入而言，从2010年中央财政安排专项扶贫资金222亿元，到2014年达到433亿元，其力度之大实属罕见。但是，作为解决"最后一公里"的问题，集中连片特殊困难地区也好，一村一寨也罢，乃至一个个的贫困家庭，导致贫困既有自然条件恶劣和区域经济落后等普遍性的原因，也有人口素质、观念束缚、老弱病残等具体的原因。所以，摆脱贫困的措施必须针对贫困对象的具体情况，采取直接有效的方法，达到扶贫开发成效的稳定性和持久性，这就是"精准扶贫、精准脱贫"的基本要求。而且，这种"精准"的要求，必须形成外力扶持与自力更生相结合基础上的合力。

贫困问题是一个具有综合因素的社会问题，它不仅意味着物质生活条件的匮乏，而且也反映了精神生活条件的贫乏。因此，扶贫开发是关系到社会各个领域的事务，也需要社会各个领域的介入和支持。从改革开放初期确定的东部地区对西部地区进行对口支援，到发达地区定向帮扶欠发达地区的政策实践，中国形成了区域、行业和社会力量支援西部地区经济社会发展和扶贫开发的政策机制。国家各个部门、各个行业、民主党派、人民团体、民营企业、军队和武警部队等社会各界，都通过政策、资金、项目、智力、人力和捐助等多种形式对贫困地区进行援助，其中也包括利用国外资金、国际机构和国外民间组织的减贫项目开展扶贫。在《中国农村扶贫开发纲要（2011—2020年）》中，在"广泛动员社会各界参与扶贫开发，完善机制，拓展领域，注重实效，提高水平"的政策动员下，已经形成了举国参与扶贫开发事业的行动。

面对未来5年的扶贫开发，少数民族聚居地区依然是扶贫开发的重点。根据国家新的扶贫标准，少数民族聚居地区的贫困人口为2500

万，约占全国贫困人口的三分之一，而且由于其聚居地区的自然地理条件和传统生产方式等因素的制约，特困地区、特困群体、特困家庭的比重高，稳定脱贫的难度很大。2014年，习近平、李克强在中央民族工作会议上专门对此进行了动员，强调指出：打好全国扶贫攻坚战，少数民族地区是主战场。通过整体推进和精准到户相结合，提高扶贫效能和实现大幅度减贫。"我们要有这样一个决心，把穷根斩断，不让贫穷代际相传。"[1] 这就是中国扶贫开发事业追求的目标。

六　西部的"内蒙古现象"

改革开放以来，特别是实施西部大开发以来，西部地区的经济社会呈现了持续性的加快发展，特别是五个自治区和甘肃、青海、四川、贵州、云南这些少数民族人口聚居比重高的省份，都实现了高于全国平均水平的经济增长幅度，甚至增长速度高于东南沿海等发达地区。国家对西部地区的资金投入，重大基础设施建设项目的安排，也达到了前所未有的水平。从2000年至2012年，中央财政对西部地区财政转移支付累计达8.5万亿元。在改善西部地区交通、水利、能源、通信等基础设施方面，实施了数以百计的重点建设工程，如青藏铁路、西气东输、西电东送、北煤南运、大型水利枢纽、国道主干线路段等，显著地提升了西部地区经济社会发展的水平，不断为彻底改变西部地区特别是少数民族聚居地区经济社会发展的旧格局，开创未来发展的新局面，奠定了坚实的基础和创造了加快发展的条件。

---

[1] 国家民族事务委员会编：《中央民族工作会议精神学习辅导读本》，民族出版社2015年版，第187页。

如前所述，西部大开发战略的实施，既有总体的方针政策，又有专项的政策和规划，具有统一与多样、宏观与微观的政策组合特点。在这种政策组合中，针对各少数民族聚居地区的因地制宜政策，形成了西部大开发战略中引人注目的差别化区域政策体系。2007年《国务院关于进一步促进新疆经济社会发展的若干意见》颁布，这是针对新疆维吾尔自治区在经济发展、社会建设进程中存在的一系列特殊困难和问题，确定的指导性方针和政策保障。其提出的发展目标为：2010年新疆人均国民生产总值接近或达到全国平均水平，位居西部前列；城乡居民收入接近或达到西部地区较高水平；人均基本公共服务接近或达到全国平均水平；等等。这种因地制宜的区域性政策安排，使西部大开发战略的总体布局，实现了在不同行政区划中的具体发展目标，即立足一个自治区、一个省的实际情况（区位、人口、生态环境、资源禀赋、经济基础、市场发育、优势产业和主要困难等），确定了国家给予引导和扶持的重点。同年制定的《国务院关于支持青海等省藏区经济社会发展的若干意见》，则针对了青海等省藏族聚居地区经济社会发展面临的具有普遍性的问题，体现了跨省性区域和民族的经济社会发展政策布局。

如果说破解"胡焕庸线"的基本立足点是东南、西北的"半壁江山"分野，那么在实施西部大开发战略进程中，"西北"已经分解为中部和西部。西部地区在普遍的扶贫开发中，又分解为不同的区域，以专项政策覆盖了"兴边富民行动"的线性区域、"扶持人口较少民族发展"的点状区域、"集中连片特殊困难地区"的重点区域。同时，对各个自治区和少数民族人口规模较大的省，也实施了差别化的区域政策。诸如《国务院关于进一步促进宁夏经济社会发展的若干意见》（2008）、《国务院关于进一步促进广西经济社会发展的若干意见》(2009)、《国务院办公厅关于进一步支持甘肃经济社会发展的若干意见》(2010)、《国务院关于进一步促进内蒙古经济社会又好又快发展的若干意见》(2011)、《国务院关于支持云南省加快建设面向西南开放重要桥头堡的意见》(2011)、《国务院关于进一步促进贵州经济社会又好又快发展的若干意见》(2012),正是这种差别化区域政策的体现。而这些组合性政策所覆盖的区域,都是少数民族聚居程度高、民族区域自治地方最集中的地区。

中国政府破解"胡焕庸线"的政策措施,是在西部大开发过程中通过对"西北"区块进行分解,从而使国家的总体政策在准确针对每一个地区、充分发挥各个地区的优势的基础上,实行渐次推进不同区域和不同民族加快发展的多样性策略。正如改革开放率先推动东南沿海地区发展,鼓励一部分地区先行发展,梯度性地向内地和边疆地区延伸一样,西部地区的发展也需要一些地区、一些少数民族能够率先脱贫致富,实现以缩小差距为目标的区域经济社会快速发展。在这方面,中国经济学界概括的"内蒙古现象"颇具代表性。所谓"内蒙古现象",简单地说是指内蒙古自治区在西部大开发进程中率先实现了经济持续高速增长,工业化水平显著提高,经济总量不断扩大,在西部 12 个省区中名列榜首,在全国内地 31 个省市自治区的经济增长中跻身于"第一方阵"。

早在中国实施西部大开发战略之前,邓小平在筹划第二个发展"大局"时就提出了一个预见:"如内蒙古自治区,那里有广大的草原,人口又不多,今后发展起来很可能走进前列,那里有不少汉人。观察少数民族地区主要是看那个地区能不能发展起来。如果在那里的汉人多一点,有利于当地民族经济的发展,这不是坏事。看待这样的问题要着重于实质，而不在于形式。"①他所强调的"实质"，也就是中国实行民族区域自治制度基本立足点，即使少数民族及其聚居地区的经济社会实现现代化的发展，改变各民族之间、各地区之间经济社会发展不平衡的现状，实现各民族、各地区的共同富裕。"内蒙古现象"即是体现这一实质的典型。在中国改革开放的进程中，东南沿海地区创造了包括"苏南模式"在内的诸多发展经验，而这些经验也大都体现了东南沿海地区的区位优势、乡镇企业、引进外资、劳动力密集等要素。但是对于地域广阔、人力资源稀薄、农牧业为主的内陆边疆地区而言，内蒙古自治区丰富的自然资源，则是区域经济发展的重要优势。

2001年，内蒙古自治区在盘点西部大开发一年后的经济社会发展情况时，列出了地区生产总值（GDP）达1400亿元，比上年增长9.7%，增速加快了1.9%的总账；也展示了人均国内生产总值5872元，城镇居民人均可支配收入5120元，农牧民人均纯收入2050元的细账。当时，内蒙古自治区的国内生产总值居于新疆、甘肃、贵州、海南、宁夏、青海、西藏之前，但处于西部之属的四川、广西、云南、重庆之后，在全国（不含港澳台）31个省市自治区中名列第24位。而当年的广东省，则以国内生产总值突破1万亿元的水平位居全国榜首，其差距之大令人唏嘘。然而，十年之后的2010年，内蒙古自治区的国内生产总值达到11655亿元，较之2001年增加了8.3倍，在全国（不含港澳台）排名跃居到第15位，加入了"万亿GDP"的行列。人均国内生产总值水平名列31个省市自治区的第7位，成为西部地区和五个自治区中的佼佼者。就国内生产总值而言，内蒙古与

---

① 邓小平：《立足民族平等，加快西藏发展》，《邓小平文选》第三卷，第246页。

位居榜首的广东省比较，经济总量的差距从2001年的7.5倍缩小到2010年的5.8倍。

内蒙古自治区经济的高速发展，是在国家西部大开发战略进程中产生的奇迹。国家政策的保障、中央财政投入的扩大，北京等先进地区的对口支援，为内蒙古地区的经济社会发展创造了有利的外部条件。而内蒙古地区工业、农业、畜牧业、林业、贸易、口岸经济和服务业等行业的全面发展，则形成了区域经济内源式的发展动力。其中煤炭、电力、稀土、羊绒、奶业等资源优势，在拉动地区经济高速增长方面发挥了重要作用，形成了一批资产雄厚的大型企业。以鄂尔多斯地区为代表的能源开发和羊绒加工，以蒙牛、伊利为代表的制奶业，以包头地区为代表的稀土资源，以内蒙古东部煤炭为代表的矿产资源开发等，资源型产业成为内蒙古经济快速增长的重要支撑和主要增长因素。内蒙古地区形成了国家的能源基地、农畜产品加工基地、重化工基地。2014年，内蒙古自治区经济总量的位置虽然没有提升，但是人均水平已突破1万美元的大关，成为全国8个省级人均"1万美元俱乐部"成员中唯一的民族区域自治地方。

实施西部大开发战略以来的"内蒙古现象"，以经济持续大幅度增长，表明了西部地区发挥资源优势实现快速发展的现实。同时，也显示了以资源开发带动发展对生态环境造成的巨大压力，以及产业结构单一等问题。因此，在2011年《国务院关于进一步促进内蒙古经济社会又好又快发展的若干意见》中，针对内蒙古自治区的发展优势和存在问题，提出了新的发展定位：中国北方重要的生态安全屏障，国家重要的能源基地、新型化工基地、有色金属生产加工基地和绿色农畜产品生产加工基地，向北开放的重要桥头堡，团结繁荣文明稳定的民族自治区。这一定位，突出了以科学发展观为引领，以生态建设和环境保护为基础，以建立能源、新型化工、有色金属、绿色农产品基地为重心的发展要求，确立了对蒙古、俄罗斯沿边开放的战略，明确了建立满洲里、二连浩特开发开放实验区的地位，提出了建成民族团结、经济繁荣、社会进步和边疆稳定的民族自治区的目标。

内蒙古作为第一个自治区，在不同的历史时期都为民族区域自治地方的建设和发展提供了经验、树立了榜样，特别是在实现经济社会跨越式发展的进程中，"内蒙古现象"对西部地区尤其是民族区域自治地方也产生了巨大的激励和鼓舞作用。但是，也必须看到内蒙古在快速发展过程中，仍旧面对西部地区具有普遍性的突出困难和问题，如基础设施建设滞后、生态环境脆弱、产业结构单一、区域发展不平衡、公共服务能力不强等。因此，如何实现"又快又好"的发展，是内蒙古自治区在适应国家经济发展新常态进程中，需要展开的新探索。目前，经济增速放缓（8%）、调整产业结构、推动产业转型，全面推进民生改善和社会基本公共服务均等化，已经成为内蒙古全面建成小康社会最重要的指向。"小康不小康，关键看老乡"，地区经济的增长、人均水平的提高，并不能全面代表当地各民族人民生活水平的改善程度，甚至会掩盖一个省、自治区内部的区域之间、民族之间发展不平衡的差距。目前，内蒙古自治区正在全力以赴推进惠及民生的"十个覆盖"工程，[①] 这将成为2017年内蒙古自治区成立70周年的重大成就之一，而且也是2020年内蒙古自治区全面建成小康社会的重大标志之一。

---

① 内蒙古自治区以2014—2016年为期，在全区实现农村牧区危房改造、安全饮水、嘎查（村）街巷路面硬化、村村通电、村村通广播电视和通信、校舍建设及安全改造、嘎查（村）标准化卫生室、嘎查（村）文化活动室、便民连锁超市、农村牧区常住人口养老医疗低保等社会保障。

七 创造青藏高原的奇迹

从青海省省会西宁市通达西藏自治区首府拉萨市的青藏铁路，长达1956公里，这是贯通中国青藏高原南北的一条大动脉，它翻越了海拔5072公尺的唐古拉山口，穿越了960公里海拔4000公尺地带和550公里的常年冻土地段，是世界上海拔最高、线路最长的唯一高原铁路，这是一个人们称为"天路"的奇迹。这条陆地的"天路"已经延伸到了日喀则，并继续在西藏自治区广阔的土地上蔓延。同时，天空中的"天路"也令人惊叹。从海拔最高的四川甘孜藏族自治州的稻城亚丁机场（4411公尺），到四川阿坝藏族羌族自治州九寨黄龙机场（3448公尺），在平均海拔4000公尺的青藏高原上，业已通航的高原飞机场达到8个。在世界范围，只有玻利维亚的埃尔阿托国际机场（4061公尺）、秘鲁的印加曼卡·卡帕克国际机场（3826公尺）能够与此相提并论。从1965年西藏拉萨贡嘎机场投入使用，2006年青藏铁路开通，到2013年四川甘孜稻城亚丁机场通航，这是中国青藏高原现代化的重要标志，也是中国特色社会主义已经、正在和继续推进的一项伟大事业。作为青藏高原主体部分的西藏自治区，是中国现代化建设进程中最具特殊性和艰巨性的地区。

1965年西藏自治区成立后开始的社会主义所有制改造，与1966年发生的"文化大革命"几乎同步展开。这场以农村牧区为重心的人民公社化运动于1975年完成，随后以拉萨等城镇的私营商业和手工业改造也在1976年基本结束。这10年间，在国家扶持下西藏地区的交通、农牧业和社会事业虽然有所发展，但是"文化大革命"造成的政治、经济、文化和民族关系、宗教生活等方面的破坏则十分严重。因此，西藏同全国一样，在"文化大革命"结束后进入了全面拨乱反正、清理"左"的错误影响的过程。其中最有意思的是，西藏农村牧区刚刚确立的"一大二公"人民公社体制，即将成为中国改革开放的突破口。1978年冬，安徽省凤阳县小岗村的18位农民在一份分田到户、包产到户的"秘密契约"上按下了手印，这一行动成为变革人民公社制度的"破冰"之举，开启了中国改革开放的农村家庭联产承包经营体制的先声。可见，西藏地理条件的特殊性、经济社会的滞后性，在融入祖国大家庭的社会变革和经济发展中，按部就班地追随内地的步伐，无法改变旧西藏留下的落后面貌，而需要跨越式地加快发展。

1977年，在"文化大革命"刚结束不久，中共中央就开始关注西藏地区的政治、经济和社会形势，其中包括争取流亡在外的达赖喇嘛和藏人回国。1979年邓小平在北京接见了达赖喇嘛的二哥嘉乐顿珠，再次明确指出了西藏事务是中国的内部事务这一根本问题。[1] 这是一个不可逾越的底线。1980年，胡耀邦总书记主持召开了西藏工作座谈会，对西藏地区的工作确定了一系列重大原则，其中就包括国家各部门要从西藏的特殊性出发，在财力、物力和技术等方面积极支持西藏的经济社会发展，全国各有关地方和单位要做好支援西藏的工作。这是改革开放后，国家对西藏地区进行大规模援助的首次动员，确定了当年对西藏4.96亿元的财政支持和每年递增10%的原则，明确了西藏地区实行休养生息、减轻民众负担的政策，包括鼓励生产经营自主权、减免农牧业税等一系列具体措施。1984年中央第二次西藏工作座谈会，进一步确定了西藏农村牧区土地、牲畜归户，"自主

---

[1] 参见王小彬《经略西藏——新中国西藏工作60年》，人民出版社2009年版，第229页。

经营、长期不变"等一系列扶持政策。至此,"西藏工作座谈会"成为中共中央、国务院在不同阶段全面部署西藏工作的重要机制,成为维护西藏地区社会稳定、加快经济社会发展的政策动力之源。

2014年,西藏自治区的农牧民人均纯收入达到了7471元,与全国农牧民人均纯收入9892元相比,差距还十分显著。但是,如果与1982年西藏自治区农牧民人均收入200多元的水平相比,无论如何考虑物价等因素,这都是几十倍的变化。而这一变化的速率已明显地缩小了与全国平均增长率的差距。这对西藏地区而言,的确是来之不易的成就。因为,改革开放以后,西藏地区的经济社会发展不仅受到基础条件落后的制约,而且一直受到来自境外达赖集团及其支持势力的破坏性影响。1987年9月27日在拉萨街头出现一些僧人鼓噪"西藏独立"、围攻公安设施、抢夺武器、焚烧汽车等骚乱活动。这是自1959年平息叛乱后,拉萨出现的首次政治骚乱。而这一事件发生的6天前,流亡在外的达赖喇嘛在美国国会人权小组会议上发表了鼓吹"西藏独立"的"五点计划",其因果的直接关联显而易见。然而,达赖喇嘛却将这一骚乱事件的发生,归结为"北京对我提出的五点和平计划公开指责"的结果。[1] 显然,这是一个本末倒置的荒谬政治逻辑。

20世纪五六十年代,美国支持达赖喇嘛及其流亡势力未能取得成效。随着中美关系改善和建立外交关系,所谓"西藏问题"在美国的外交事务中也被放入了"冰箱"。不过,当美国从苏联戈尔巴乔夫的"新思维"中嗅出"民主社会主义"的味道时,便毫不犹豫地于

---

[1] 达赖喇嘛:《达赖喇嘛自传》,康鼎译,台北联经出版事业股份有限公司1990年版,第303页。

1987年公开了美国"国家民主基金会在'经营民主计划'"的秘密。① 这种计划在助力苏联和东欧政治演变的同时，也试图放大"多米诺骨牌"效应。因此，解冻所谓"西藏问题"也成为对中国实施"西方民主化"的"敲门砖"。美国国会众议院议员发起成立的"国会人权联线"，率先将"西藏问题"纳入了以普世人权标准接受国际社会监督之列，这是美国以"人权问题"介入中国西藏事务的开端。当年5月共和党议员罗斯、索罗门向众议院提出了题为"中华人民共和国在西藏地区侵犯人权"的议案，② 进而邀请达赖喇嘛前往美国国会去演讲，目的就是为其"人权议案"做注释，为"达赖喇嘛合理而正当的愿望"搭建国际舞台。③

西藏地区是中国的领土，西藏事务是中国的内政，中国政府对干涉中国内政的言行给予谴责，对依靠外国势力煽动分裂中国的言行予以驳斥，这是天经地义的国际准则。而西藏地区极少数僧人继续沉浸在"政教合一"的崇拜中，迎合达赖喇嘛的政治主张挑起事端、制造骚乱，恰恰是他所期望的结果。因为，中国政府维护社会稳定、平息骚乱的行动可以被美国列为新的"人权记录"。后来的事实表明，这种境外—境内交相呼应的事件，周而复始、逐步升级，进而导致1989年3月拉萨再度发生严重骚乱，中央政府决定在拉萨实施戒严。随之而来的是达赖喇嘛获得"诺贝尔和平奖"和美国等西方国家的"援藏"政治势力形成气候，美国等西方国家领导人纷纷以会见达赖喇嘛

---

① [美]威廉·恩道尔：《霸权背后：美国全方位主导战略》，白德宏等译、顾秀林校，知识产权出版社2009年版，第86页。
② 参见张植荣《美国国会涉华联线体制分析——以西藏问题为中心》，《美国研究》2007年第2期。
③ 达赖喇嘛：《达赖喇嘛自传》，第295页。

来向中国施加压力,向国际社会表达他们居高临下的"道义观"。这些行径,不仅为达赖喇嘛在西方世界提供了颠倒黑白、鼓吹"西藏独立"的社会舆论空间,而且也引发了2008年拉萨的"3·14事件"及其针对中国举办奥运会的种种破坏行动。

中国的改革开放,需要和平的国际环境、稳定的国内形势,这是以经济建设为中心的基本保障。对西藏地区来说,抵御境外达赖集团的煽动和破坏,应对美国等西方国家"援藏"政治势力的渗透和施压,斗争十分尖锐、任务极其艰巨。但是,以经济建设为中心的发展,是解决中国所有问题的关键,这一根本原则不容动摇。就在美国一些政客鼓噪"人权援藏"之际,邓小平在会见美国前总统卡特时明确地指出了中国政府"发展援藏"的决心:"中央决定,其他省市要分工负责帮助西藏搞一些建设项目,而且要作为一个长期的任务。"①在人权保障方面,发展权是实现充分人权的基础,这是中国人权观的基石。因此,1994年、2001年、2010年中共中央相继召开了第三、第四、第五次西藏工作座谈会,根据国内外形势的变化、针对西藏经济社会发展中存在的困难和问题,对西藏事务做出了持续性的全面部署。在维护社会稳定的同时,加快发展、跨越式发展、全国对口支援西藏的差别化区域政策,也日益趋于完善,使西藏地区在面对来自境外达赖集团、西方势力干扰破坏的困难条件下,不断推进着雪域高原"中国特色、西藏特点"的现代化发展。

从1984年中央第二次西藏工作座谈会开始,除了国家直接加强对西藏地区的资金投入外,决定由北京、上海、天津、江苏、浙江、四川、广东、山东、福建9个省市,以及国家水电部、农牧渔业部等

---

① 邓小平:《立足民族平等,加快西藏发展》,《邓小平文选》第三卷,第246页。

帮助西藏建设43个基础性的中小型工程项目，覆盖了经济社会领域的电力、医院、学校、旅馆和多种企业等10个行业，这是国家发动全国力量对口支援西藏的起始。1994年第三次西藏工作座谈会，做出国家投资23.8亿元，中央各部门和15个省市对口支援西藏，兴建62个重要工程项目的决策。2001年第四次西藏工作座谈会，对口支援西藏的省市扩大到18个、17家中央企业和61个中央国家部委，援助建设的项目覆盖了西藏自治区74个县市区。1994—2005年，这些地方、企业和国家部门援助西藏的资金约78亿元，援助建设的项目2363个。[1] 2010年第五次西藏工作座谈会进一步确定，对口支援西藏的省市自治区以本地区上年度财政预算收入的千分之一支援西藏的发展。截止到2014年，除中央财政的大力支持外，全国对口支援西藏经济社会发展投入的资金达260亿元，实施覆盖各领域、各行业的建设项目7615个，先后选派了6000名管理、专业技术人才到西藏帮助工作。[2]

在世界范围，一个国家内部存在区域经济发展不平衡，是具有普遍性的现象。西方发达国家也大都经历了以政府为重心，支持国内欠发达区域地区发展的过程，其基本措施是通过中央投资、国际资金、政府采购、转移支付、税收优惠、金融倾斜和人力资源开发等政策，扶持欠发达地区的发展。但是，能够动员国内发达地区、势力雄厚的企业、国家专业部门以援助方式，支持欠发达地区的经济社会发展，特别是在完成中央税收的基础上仍以本地区一定比例的财力无偿援助欠发达地区，几乎是不可能的。而且，一些国家的中央政府对欠发达

---

[1] 参见王小彬《经略西藏——新中国西藏工作60年》，第308页。
[2] 参见《对口援藏20年：近6000人进藏工作累计投入资金260亿元》，新华网，2014年8月24日。

地区的财政补贴、转移支付等优惠政策，往往成为引起发达地区不满，甚至促发民族—地区分离主义运动的动因之一。比利时的法兰德斯、西班牙的加泰罗尼亚和巴斯克、意大利北方联盟，甚至前南斯拉夫的斯洛文尼亚、克罗地亚，苏联的波罗的海三国，在其国内均属于最富裕或相对发达地区，同时也都是谋求地区—民族分离、造成国家裂变的策源地。

在中国，扶持少数民族聚居地区、边疆地区、贫困地区，是中央政府的一贯政策。尤其是西部大开发以来，优惠的政策、投资的重心和发达地区的援助，在扶持西藏地区经济社会发展方面取得了极其显著的成就。在中央财政投入和转移支付力度不断加大的基础上，全国各地、中央部门和国家企业能够以这样大的财力、物力和人力对西藏地区经济社会跨越式发展给予援助，这是只有在中国才能实现的"共同富裕"模式，只有中华民族大家庭才能履行的"家庭责任"。事实上，对西藏自治区的这种政策支持，从 2008 年发布《国务院进一步促进青海等省藏区经济社会发展的若干意见》之后，也开始将范围扩大到青海、甘肃、四川、云南省内的 10 个藏族自治州、2 个自治县。其中青海省内含 6 个藏族聚居区的自治州（包括海西蒙古族藏族自治州），是率先重点扶持的地区。从 2010 年开始，北京、上海、天津等 6 个省市和 21 个中央国家部门、13 家中央企业分别展开了对口支援青海藏区的行动。

从第五次西藏工作座谈会提出制定对青海省藏区对口支援规划的同时，也提出了建立发达省市对口帮扶四川、云南、甘肃三省藏区的要求，并以《中共中央国务院关于加快四川云南甘肃青海省藏区经济社会发展的意见》（2010）做出了全面部署，确定了支持四川、云南、甘肃、青海四省藏区经济社会发展若干政策和重大项目。当年，对青海省乃至全国而言，最重大的事务是应对"4·14"玉树大地震的灾难。同年10月启动的玉树灾后重建工程，以10万援助人员、447亿元资金、1248个项目，展开了为期三年的玉树灾后重建。这一重建过程，是以高起点为特征的现代化过程，2013年11月，一个现代化的新玉树展现在了青藏高原之上。与此同时，国家对甘肃、四川、云南的藏族自治州、自治县确定的对口支援规划，也于2014年颁布，即《发达省（市）对口支援四川云南甘肃省藏区经济社会发展工作方案》。该方案确定：由天津市对口支援甘肃省甘南藏族自治州、天祝藏族自治县，上海市对口支援云南省迪庆藏族自治州，浙江省对口支援四川阿坝曾祖羌族自治州、木里藏族自治县，广东省（含深圳市）对口支援四川省甘孜藏族自治州。这一规划延续到2020年，也就是中国全面建成小康社会之年。

国家对西藏自治区和四省藏区给予特殊政策和实施对口支援，是鉴于青藏高原地区自然地理、气候条件、生态环境的特殊性，尤其是历史上留下的经济社会滞后性。虽然四省藏族聚居地区，在古代就与其他民族聚居地区融为了一体，在社会组织、经济生活、语言文化等方面形成了地域性的特点，但是地处青藏高原的自然地理条件及其对现代经济社会发展的制约性，与西藏自治区的情况基本相同，在实现现代化发展进程中面临的困难和需要解决的问题基本相似。从这个意义上说，历史上既不存在一个青藏高原范围的"大西藏"或"大藏区"，也不存在英国人在西姆拉会议上区隔的"内藏"（相当于四省藏区）和"外藏"（相当于西藏自治区）。西藏自治区和四省藏区，仅仅在青藏高原自然地理条件及其所由决定的经济发展水平方面具有整体性，何况青藏高原从来都是一个多民族的地区。

青藏高原的现代化，是生活居住在青藏高原所有中华民族大家庭成员的现代化；青藏高原的现代化，也是中国现代化进程中最艰巨的任务。所以，2015年，在西藏自治区迎来成立50周年之际，第六次中央西藏工作座谈会对进一步推进西藏经济社会发展和长治久安工作进行了新的部署。这是在实现2020年全面建成小康社会目标前，中央对加快西藏地区经济社会发展注入的新动力。会议要求西藏地区在加快发展中做到"五个结合"，即政府作用与市场作用、借助外力与激发内力、对内开放与对外开放、新型城镇化与新农村建设、开发建设与生态保护相结合；以发展特色产业、基础设施、生态环保为重点，提升西藏自我发展能力；以改善民生、凝聚人心为目标，打好扶贫攻坚战，多渠道扩大就业，加快补上教育这个"短板"，加快摘掉缺医少药的"帽子"，筑牢社会保障"安全网"，确保人民群众喝上"放心水"，等等。会议强调了"依法治藏、富民兴藏、长期建藏、凝聚人心、夯实基础"的治藏方略，进一步明确了在西藏和四省藏区继续实施特殊的财政、税收、投资、金融等政策。

这次会议确定的政策方针，将体现在第十三个国家经济社会发展的五年规划中，也将切实推进青藏高原地区全面建成小康社会的进程。正如俞正声在西藏自治区成立50周年庆祝大会上所说：西藏是重要的国家安全屏障、重要的生态安全屏障、重要的战略资源储备基地、重要的中华民族特色文化保护地和面向南亚开放的重要通道。中央将继续实施和完善对西藏的特殊政策，继续做好对口援藏工作，动员全社会的力量支持西藏发展。西藏有着特殊的区情和优势，要坚持从实际出发，大力推动经济社会发展，突出民生导向，逐步缩小地区差距，切实加快全面建成小康社会步伐。要适应经济发展新常态的要求，进一步深化改革，激发市场活力，提高自我发展能力。要着力加强基础设施建设，大力发展高原特色优势产业，积极稳妥推进城镇建设，不断提高经济发展质量和效益。要坚持"生态保护第一"的原则，确保生态环境良好，为子孙后代留下碧水蓝天。

八　重振丝绸之路的繁荣

历史上，沟通东西方的丝绸之路曾展现出商旅如织、驼铃交响的繁荣景象。15世纪之后，随着西亚帝国控厄欧亚之门和海路商贸的开通，丝绸之路的西域地带也随之衰落。现实中，中国的新疆地区将成为丝绸之路经济带的核心区，这是愿景，也是行动。而这种行动，是新中国成立以来，特别是改革开放和西部大开发以来，始终在进行的事业，因为"建设新的新疆即是建设新中国"[①]。1950年朱德元帅的这句简单明了的话，深刻而真切地表明新疆地区的发展，是新中国建设事业不可或缺的有机组成部分。新疆维吾尔自治区是中国不可分割的民族自治地方，新疆各民族人民是中华民族大家庭不可缺失的家庭成员。新疆的建设和发展，如同其他少数民族聚居地区一样，需要国家的大力扶持，需要兄弟省市的无私支援，需要新疆各民族人民共同团结奋斗。

1987年，邓小平会见美国前总统卡特时说："中国的资源很多分布在少数民族地区，包括西藏和新疆。如果这些地区开发起来，前景是很好的。我们帮助少数民族地区发展的政策是坚定不移的。"[②] 帮助少数民族及其聚居地区的发展，是中国发展的题中之义。在中国现

[①] 朱德：《建设新的新疆即是建设新中国》，载中共中央文献研究室、中共新疆维吾尔自治区委员会编《新疆工作文献选编》（1949—2010年），第60页。

[②] 邓小平：《立足民族平等，加快西藏发展》，《邓小平文选》第三卷，第246页。

代化发展进程中，工业化、城镇化水平是最重要的衡量标准，而少数民族地区大都处于传统农牧业为主、城镇化程度很低的状态，新疆维吾尔自治区也不例外。同时，新疆又是一个资源富集的地区，自然条件中的水、土、光、热资源，地下矿藏中的石油、天然气和煤矿等，农业中的棉花和畜牧业产品，需要在现代化发展中科学利用、合理开发和实现产品升级。因此，实现现代化的发展，不仅要解决地方的各类基础设施问题，而且需要在全国"一盘棋"中实现资源优势的价值。这种优势，如果说对国内开发合作以"一黑一白"（石油、棉花）为代表，那么新疆5600公里的边境线与8个国家接壤，则是无可比拟的对外开放优势。这种双向开放合作的格局，使新疆的区位从"西域"的边疆转变为一个对内对外双向开放的中心地区。

新疆维吾尔自治区经济社会的快速增长，是改革开放特别是实施西部大开发战略以后呈现的基本态势。2001年，新疆维吾尔自治区的国内生产总值为1485亿元，人均国内生产总值7898元。到2014年，这一对数字分别达到9264.1亿元和40607元，分别增长了6.2倍和5.1倍。从全区的居民收入来看，增长幅度也很显著。在这一时段中，城镇居民人均可支配收入从6590元提高到23214元，增加了3.5倍；农牧民人均纯收入从1710元提高到8742元，增加了5.1倍。当然，新疆地区的经济发展与"内蒙古现象"比较，尚存在较大差距，但是能够实现这样的发展已经是一个奇迹。因为新疆地区加快经济社会发展进程中，如同西藏地区一样，维护国家安全、社会稳定、民族团结、宗教和谐的任务极其繁重。

新疆和平解放和自治区建立以后，一直存在着历史上泛伊斯兰主义、泛突厥主义时起时伏的影响，其中包括1933年、1944年两次"东突厥斯坦共和国"余孽在境内外的活动。1962年苏联策动的"伊塔事件",中苏交恶期间苏联对新疆地区的渗透,进一步加剧了新疆地区意识形态领域中的"东突厥斯坦"影响。这些影响造成一系列内勾外联的武装暴乱、组党串联、示威骚乱等危及社会安全和民族团结的事端。及至苏联解体之际,中亚地区弥漫的民族主义、宗教复兴氛围,以及来自西亚地区重新"绿化"中亚、张扬"大突厥主义"的影响,使新疆地区的外部环境更加复杂。因此,在境外极端宗教思想影响下,"激进伊斯兰分子在新疆实施暴力活动的报道在20世纪90年代初首次出现,艾山·买合苏木(Hasan Mahsum)领导的东突厥斯坦伊斯兰运动(East Turkestan Islamic Mobement,TTIM)也在这一时段形成"[1]。正是"东伊运"这个极端组织的鄯善分部,于1990年4月在新疆阿克陶县巴仁乡发动了武装暴乱。这并不是一个孤立的事件,"巴仁乡事件同整个国际国内气候是分不开的"[2]。它预示了新疆地区境内外"三股势力"(民族分裂、极端宗教、暴力恐怖)浮出了水面。

1991年2月11日,在荷兰海牙成立的一个所谓联合国"无代表民族与人民组织"(The Unrepresented Nations and Peoples Organization,UNPO),这"正是美国地缘政治战略家们梦寐以求的组织"[3]。这个在美国"国家民主基金会"支持下的组织,先后吸收了近60个世界各地谋求独立建国的民族主义政治势力,发起该组织的核心成员包括达赖集团、"东突"势力和台湾民进党。随着苏联解体、东欧剧变掀

---

[1] [巴基斯坦]里亚兹·穆罕默德·汗:《阿富汗和巴基斯坦——冲突·极端主义·抵制现代性》,曾祥裕、赵超兰、孟雪译,时事出版社2014年版,第197页。
[2] 江泽民:《把新疆社会主义建设和改革事业不断推向前进》,载中共中央文献研究室、中共新疆维吾尔自治区委员会编《新疆工作文献选编(1949—2010)》,第319页。
[3] [美]威廉·恩道尔:《霸权背后:美国全方位主导战略》,白德宏等译,顾秀林校,知识产权出版社2009年版,第100页。

起的民族主义浪潮，美国等西方国家在"民族主义战胜共产主义"的乐观判断下，不遗余力地推动所谓"西藏问题""新疆问题"的国际化，名目繁多的"东突"组织在西亚、中亚、欧洲、北美纷纷建立，形成以"世界维吾尔代表大会"（"世维会"）为代表的"东突"组织体系，"东伊运"等则依附于相关国家的"塔利班""基地"等极端暴力恐怖主义组织之下。这些组织构成的"三股势力"，通过各种媒介宣扬、动员"东突厥斯坦"运动，采取境外培训、境内发动、走私武器、视频传授等多种形式发动暴乱。从"巴仁乡事件"后，新疆地区的大规模骚乱、暗杀爆炸、小团伙施暴等活动此伏彼起，最终酿成2009年乌鲁木齐的"7·5"事件。

就在"7·5"事件发生前的几个月，2009年3月国家发展和改革委员会批准了《南疆三地州建设项目专项规划》，国家决定五年内对新疆的南疆三地州（喀什、和田、克孜勒苏柯尔克孜自治州）补助投资534亿元，建设大中小型项目13910个。为什么国家会对新疆的南疆三地州给予专门的关注？这是由于该地区是新疆经济社会发展中最困难的地区，而且直接关系到维吾尔等少数民族的发展前途。南疆三地州土地面积占新疆的27.6%，人口占30.5%，而经济总量仅占新疆的9%，农业转型升级、工业化建设、城镇化进程的水平都很低。南疆三地州是维吾尔等少数民族聚居地区，维吾尔族人口中近60%生活在这里。在通常的经济发展指标统计中，一个省或自治区的人均国民生产总值，城镇居民人均可支配收入和农牧民人均纯收入等数据，并不反映该地区内部不同区域、不同民族之间的差别。例如，2010年新疆国内生产总值的人均水平是25057元。同口径比较：乌鲁木齐市的人均数据（GDP）大幅度超过了全区的平均水平，达到43039元，而南疆三地州的和田地区仅为5181元，新疆内部地区间经济实力的差距之大可见一斑。城镇居民可支配收入和农牧民人均收入水平及其倍差也是如此。

南疆三地州的绝大部分土地是沙漠、戈壁和山区，干旱少雨，有限的绿洲农业长期处于结构单一的状态。同时，该地区又是人口增长快、教育水平低、转产就业困难，致使贫困发生率很高的地区。在国家扶贫开发事业中，南疆三地州的国家扶贫开发重点县，占整个新疆扶贫开发重点县的70%以上，贫困人口占新疆贫困人口总数的80%以上，是典型的集中连片特殊困难地区。国家的扶贫开发政策、兴边富民行动、扶持人口较少民族发展规划的政策，都涵盖了南疆三地州及其边境地区的建设兵团团场和塔吉克、柯尔克孜等少数民族。正是由于该地区特别是维吾尔族聚居地区的普遍性贫困，致使南疆三地州成为了极端宗教思想传播、暴力恐怖分子滋生的"重灾区"。包括"7·5"事件在内的骚乱和暴力活动组织者、实施者大都来自这一地区。消除贫困、发展经济、提升社会各项公益事业的建设水平，已经成为维护社会稳定、民族团结、社会和谐的最紧迫任务。

在2007年《国务院关于进一步促进新疆经济社会发展的若干意见》中，就确立了"采取特殊措施，加快南疆三地州发展"的专项要求，在加大扶贫力度、加快基础设施建设、开发特色优势产业、促进社会事业发展的同时，提出"将喀什市建设成面向中亚的区域性商贸、旅游中心城市"的设想。① 这些与扶贫开发、兴边富民等叠加、组合的政策实践，虽然取得了明显的成效，但是也一直受到"三股势力"的干扰和破坏，暴力恐怖活动不断危害着经济社会发展所需要的稳定、和谐的社会环境，伤害着人民群众追求幸福生活的强烈愿望。

---

① 《国务院关于进一步促进新疆经济社会发展的若干意见》，载中共中央文献研究室、中共新疆维吾尔自治区委员会编《新疆工作文献选编（1949—2010）》，第693页。

没有稳定的社会环境，就难以实现一心一意谋发展的功效；经济发展缓慢、贫困等社会问题解决不力，又会造成人们的社会心理落差和不满情绪。而这正是"三股势力"蛊惑人心、挑拨离间、策动暴乱所利用的民间心理因素。它们通过制造事端危害社会安全和人心稳定，目的就是破坏经济社会的发展。因为，它们最害怕的就是老百姓过上好日子，人民群众的生活富裕和安宁，必然增强人心所向的国家认同。所以，这是一场决定人心向背的艰苦斗争。

2010年5月，中共中央、国务院召开了第一次新疆工作座谈会。这次会议针对新疆"7·5"事件及其产生的恶劣影响，尤其是对社会稳定、民族关系造成的严重危害，做出了努力推进新疆"跨越式发展和长治久安"的重大决策，提出了到2015年新疆人均地区生产总值达到全国平均水平，城乡居民收入和人均基本公共服务能力达到西部地区平均水平，基础设施条件明显改善，自我发展能力明显提高，民族团结明显加强，社会稳定明显巩固的任务。也就是说，面对"三股势力"的严峻挑战，坚持以经济建设为中心、实现经济社会各领域全面发展的基本立场不能动摇。从根本上来说，通过经济社会发展消除贫困、提升教育，实现经济转型、提高就业能力，这是传统农业社会现代化、城镇化的基本条件，也是铲除滋生极端宗教渗透、暴力恐怖犯罪民间土壤的治本之策。因此，加快或跨越式地推进经济社会发展，不仅是新疆地区不容丝毫放松的艰巨任务，而且是举国支援新疆发展的现实责任。

在中央新疆工作座谈会召开之前，全国对口支援新疆工作会议率先做出了部署：从2011年起，由北京、广东、深圳、江苏、上海、山东、浙江、辽宁、河南、河北、山西、福建、湖南、湖北、安徽、天津、黑龙江、江西、吉林19个省市，分别对新疆12个地（州）市的 82 个县、建设兵团的边境团场实施援助。其中有 9 个省市对口支援南疆三地州。这是以 2008 年汶川大地震之后中央政府和全国各地援助汶川灾后重建的模式，展开对新疆地区全方位支援的行动。其中，既包括国家确定的一系列重大政策和建设规划，诸如在新疆地区率先进行资源税费改革，增强新疆的财政税收能力；对一些企业所得税进行减免，提高企业的竞争能力；建设喀什、霍尔果斯两个特殊经济开发区；等等。同时，也包括 19 个省市的对口支援，即通过无偿援助的资金、技术、人才，为新疆地区解决民生事业、基础设施、产业园区、特色优势产业等紧迫的发展问题。而且很多援建的项目，以"交钥匙"的方式交付地方和农牧民家庭。

继 2010 年全国对口支援新疆工作会议之后，这一会议形式形成了逐年召开的机制。即总结对口支援新疆工作的实施情况，解决援助工作中存在的问题，部署下一年度的工作任务，并适时地提出对口支援的重要着力点。例如，2013 年第四次全国对口支援新疆工作会议，就突出了人的问题。首先是少数民族的就业问题，一方面要热情支持少数民族到内地就业，另一方面要拓宽南疆地区少数民族的就业渠道；其次是教育问题，即通过双语教育和职业教育，提高少数民族的科学文化素质和就业创业能力；最后是要通过内地支援、当地培养为新疆的发展稳定提供各方面的专业人才。进行基础设施建设，改善人民群众的衣、食、住、行条件，建立产业发展基地，建设各种社会公益设施，目的都是解决以人为本的发展特别是少数民族的发展问题。新疆地区跨越式发展和长治久安的目标，如果没有少数民族直接和广泛的参与是不可能实现的。国家的扶持、全国的支援、新疆地方的努力，在天山南北搭建的发展舞台，演出的是新疆各民族人民共同团结奋斗、共同繁荣发展的剧目。

2014年5月，中共中央、国务院召开了第二次新疆工作座谈会。会议以"维护新疆社会稳定和实现长治久安"为基调，对新疆地区的经济社会发展做出了新的部署。从"跨越式发展和长治久安"到"维护新疆社会稳定和实现长治久安"的主题变化，并不是对发展要求的弱化，而是对发展内涵、成效和目的的深刻解读。2010年以来，新疆地区、特别是南疆地区的暴力恐怖活动依然频发，甚至显现了向内地、北京和昆明等地的外溢效应。面对这一严峻态势，一些人对以经济建设为中心的发展也产生了犹疑，质疑发展是不是能够解决这类问题。在会议之前，习近平在新疆地区视察时，进一步强调指出：发展是破解一切难题的"总钥匙"，也是解决新疆一切问题的关键。但是，发展的成就，必须落实到改善民生、惠及当地、增进民族团结的实际效果之上。如果发展的成就不能充分地改善各民族人民的生活，不能增强新疆地区的自我发展能力，不能增强各民族人民心心相印的团结，也就失去了发展的意义。

从维护社会稳定和实现长治久安的角度说，发展要解决的所有问题中，包括严厉打击暴力恐怖活动，铲除滋生极端宗教、暴乱恐怖问题的"土壤"，就必须拔掉贫困之根。就南疆三地州而言，2011年国家上调贫困线标准之后，新疆地区78万户329万贫困人口中，80%在南疆三地州，贫困人口达266万。显然，这不是短期能够解决的问题。在国家、对口支援、新疆地方政府的共同努力下，目前形成了专项扶贫、行业扶贫、社会扶贫、援疆扶贫"四位一体"的扶贫开发格局。其中加快基础设施建设、发展生产、推进社会事业、改善基本生活条件、保护生态环境、开展脱贫能力培训、实行异地搬迁等扶贫措施，正在不断取得成效。从2013年开始，新疆维吾尔自治区做出了一个重要决定，从2014年起对南疆三地州政府不再进行国内生产总值（GDP）的指标考核。目的是使三地州的各级政府把工作重点聚焦于促进就业、改善民生。这些问题若不能有效解决，滋生"三股势力"的"土壤"就无法铲除，社会就不得安宁。所以，就业第一、教育优先，加快推进惠及各族群众的重大项目建设，成为维护新疆社会稳定和实现长治久安的根本指向。

2015年3月，阿克苏地区库车县乌尊镇塔格其村的维吾尔族村民们，迎来了一件并非节庆的"庆典"，30名18—25岁的维吾尔族姑娘统一着装，带着村委会配备的行李箱和奖励的500元现金，在父老乡亲们的祝福声中，踏上了前往阿克苏冠鑫纺织有限公司务工的就业旅途。这家公司是内地民营资本响应西部大开发战略，于2011年在阿克苏纺织工业城注册成立，主要从事棉花、棉短绒、棉籽、面纱、纺织产品等生产、加工、销售的企业。2015年完成了总投资6亿元、15万锭精梳棉纺生产线的建设。库车县与该企业签订了输送230名工人的协议，塔格其村的这30名姑娘在县政府组织的培训中脱颖而出，成为库车县首批外出务工的纺织女工。在3个月的试用期中，她们每月的工资为1800元，签署正式劳动合同后月工资为2000—3500元，包吃包住、包社会保险等。其实，这在新疆地区并非什么新鲜事，地方政府组织包括跨省际的劳务输出，在新疆投资建厂的内地企业吸纳当地少数民族就业，这已经是国家倡导、地方和企业协作实施的政策实践。但是，这件并不起眼的小事，却代表了新疆地区着力解决就业问题的一个新的突破口。

在新疆"一黑一白"资源优势中的"一白"，代表着全国棉花产量的60%。纺织服装产业是新疆的传统产业，包括民间、家庭的地毯编制业等。但是，长期以来新疆的这一资源禀赋和传统技艺，由于地区经济条件和发展环境的制约，没有实现现代化的规模式发展，主要停留在初级原料的产出阶段，有限的纺织产品在全国范围也不具备技术、质量等方面的竞争力。在国家《纺织工业调整和振兴规划（2009—2011）》中，就优化全国纺织工业区域布局方面提出了加强内地与新疆的合作的要求，建设优质棉纱、棉布和棉纺织品生产基地。国家支持大企业集团将其产业链的一端移入新疆发展，把新疆建成依托内地面向中亚乃至欧洲的纺织品服装出口加工基地和区域性国家商贸中心。这一规划对新疆地区纺织产业的发展产生了巨大的推动力。纺织产业作为增长空间大、延伸链条长、劳动密集型特点最突出的产业，也因此成为新疆解决就业问题潜力最大的工业领域，对此国家和新疆地区以前所未有的资金、技术和政策投入给予扶持。

第二次中央新疆工作座谈会，做出了一系列支持新疆纺织服装产业发展的优惠政策，包括设立专项资金，新疆纺织服装业缴纳的增值税全部投入企业再生产，等等。新疆维吾尔自治区也制定了《发展纺织服装业带动就业规划纲要（2014—2023）》，确立了以服装、棉纺织、毛纺织、针织、化纤、印染、地毯为重点的产业发展计划，提出了10年之内使纺织服装全产业链吸纳就业人数从目前的20万增加到100万的目标。2015年5月，国务院发布的《关于支持新疆纺织服装产业发展促进就业的指导意见》，明确指出纺织服装产业的发展是建设新疆丝绸之路经济带核心区的重要内容，对于优化新疆经济结构、增加就业岗位、扩大就业规模、推动新疆特别是南疆各族群众稳定就业、加快推进新型城镇化进程、促进新疆社会稳定和长治久安具有重要意义。在明确2020年新疆基本建成"国家重要棉纺产业基地、西北地区和丝绸之路经济带核心区服装服饰生产基地与向西出口集散中心"目标的同时，尤其值得注意的是，专门提出了积极培育特色产业和中小企业的要求，即"大力发展民族服装服饰、穆斯林服装服饰、手工地毯、刺绣等特色产业"①。这是一项极其重要的政策导向。

如果说，大规模发展纺织服装业的目标之一是解决就业问题，那么发展少数民族、穆斯林的服装服饰和传统手工编织品，则是中国民族政策中尊重差异、宗教政策中包容多样基本原则的重要体现。它不仅立足于满足新疆少数民族社会生活、宗教生活的特殊需求，而且打开了一条从服装服饰、织造、地毯、刺绣等家庭生产、手工作坊，到形成中小企业在人口集中区域内集群化发展，进而集中到纺织工业园区标准厂房的集约化路径。通过少数民族传统手工业产品现代化的过程，来实现少数民族就业人口的城镇化，实现少数民族农牧民、务工人员向新型产业工人的转变。这项政策对喀什、和田等南疆人口集中区域特别是少数民族聚居区，具有因地制宜的积极效果。同时，国家对南疆地区发展服装服饰、针织、地毯等劳动密集型产业的大力扶持，包括建立喀什服装服饰专业市场、和田地毯专业市场、霍尔果斯纺织品边贸市场等，还具有更加深远的考虑。少数民族和穆斯林服装服饰、织造、地毯、刺绣等特色产品，在建设丝绸之路经济带，开展中亚、西亚、南亚的经济文化交流合作中同样具有不可替代的优势。

2015年9月举行的第五次全国对口支援新疆工作会议，部署了"十三五"期间对口支援新疆的新格局，突出了对口支援新疆的新重点。其中注重扩大就业，把产业带动就业作为优先目标，使当地民众就近就地稳定就业，是首要原则。这是从新疆地区，特别是新疆少数民族人口增长和年龄结构等特点，做出的重要政策安排。同时，会议强调了更加注重教育的发展，特别是提高双语教育、中等职业教育的质量，这是实现农村富余劳动力转移、就业的基础条件。就业第一、

---

① 《国务院办公厅关于支持新疆纺织服装产业发展促进就业的指导意见》，中国政府网，2015年6月25日。

教育优先的关系即是如此,教育援疆成为人才援疆的着力之处。在经济社会建设方面,农村牧区的基础设施和公共服务项目建设是重要内容之一。而促进民族团结,维护社会稳定,则是实现新疆繁荣发展的根本保障。其中,以南疆地区为重点的扶贫攻坚战,是对口支援新疆的重要任务。

2015年,是新疆维吾尔自治区成立60周年。在中国,各个民族区域自治地方以成立之年起算的5年一小庆、10年一大庆,已经成为惯例。尤其是五个自治区每逢10年的成立纪念,中共中央和国务院都要派出高规格的代表团参加庆祝活动,这在中国的民族政策实践中亦属特别之举。这种庆祝活动展示的最重要内容,就是自治区成立以来,尤其是以10年为一阶段的经济社会发展成就。10月1日,在举国庆祝新中国建立66周年的日子里,新疆维吾尔自治区迎来了60岁"生日"庆典。这次庆典的意义,不仅意味着新疆地区步入了全面建成小康社会的关键阶段,而且预示了新疆地区的繁荣发展将登上一个历史新高地。在中国实施的"丝绸之路经济带"和"21世纪海上丝绸之路"的全面开放发展中,历史悠久的西域、"耳顺之年"的新疆,将以其独特的区位优势、历史文化资源成为中国向西开放的重要窗口。新疆作为连接亚欧大陆的重要枢纽,将在内外联通的发展中建成"丝绸之路经济带"的核心区。

九 多民族"家底"与"一带一路"

新中国成立以来,支援边疆少数民族经济社会发展是中国政府矢志不渝的基本国策,也是《中华人民共和国宪法》的基本原则——

"国家根据各少数民族的特点和需要，帮助各少数民族地区加速经济和文化的发展"。在实施西部大开发15年的实践中，中央财政的大力支持、差别化的区域政策和各类专项规划的优惠扶持，发达地区和内地省市对西部地区、民族区域自治地方、西藏和新疆的无偿对口支援，集中体现了中国政府践行《宪法》、缩小东西部经济社会发展差距、实现各民族共同富裕的目标追求。据统计，2000—2012年，中央财政累计对西部地区的财政转移支付达8.5万亿元，中央预算内投资累计超过1万亿元，分别占全国总量约40%，而2010年西部地区的人口仅占全国总人口的27.04%。正是在这种大规模投入、大幅度支持下，西部地区的综合实力明显提高，西部地区的国内生产总值在全国的占比，从1999年的17.9%增加到2012年的19.8%，提高了近2个百分点。当然，从中也不难看出推进西部地区经济社会发展是多么不容易。

西部地区特别是少数民族聚居地区的经济社会发展，是中国解决民族问题的基础性事业。当代中国民族问题的主题，是少数民族人民迫切要求经济文化发展和自我发展能力不足的矛盾，这是中国社会基本矛盾——"人民日益增长的物质文化需要同落后的社会生产之间的矛盾"——在民族问题领域的集中体现。解决这一矛盾，只能在国家的统一领导下，依靠各民族人民共同团结奋斗、实现共同繁荣发展，这将是一个长期的过程。所以，在相当长的发展阶段中，或者说在整个社会主义初级阶段，少数民族聚居地区的经济社会发展，离不开国家特殊的扶持政策，离不开东部发达地区的对口支援，这是激发少数民族及其聚居地区自力更生、艰苦奋斗的必要条件。但是，这并不意味着西部地区只是单向地获得扶持和接受援助。少数民族及其聚居地区的发展，本身就是统一的多民族国家的发展，就是实现中华民族伟大复兴的发展。东部地区对西部地区的支援，既是各民族共同团结奋斗、共同繁荣发展的题中之义，也是建立东西部互助合作、有利于东部继续发展的动力。中国实行民族区域自治制度、建立自治地方的重要支点之一，就是有利于全国"一盘棋"的经济合作与共同发展。

毛泽东曾经将中国的基本国情简约地概括为：地大物博、人口众多。如果从"胡焕庸线"去观察，也可以说是东南人口众多，西北地大物博。也就是汉族人口众多，少数民族地大物博。正是在这个意义上，毛泽东深刻地指出："少数民族在政治上、经济上、国防上，都对整个国家、整个中华民族有很大的帮助。那种以为只有汉族帮助了少数民族，少数民族没有帮助汉族，以及那种帮助了一点少数民族，就自以为了不起的观点，是错误的。"[①] "中国没有少数民族是不行的。中国有几十种民族。少数民族居住的地方比汉族居住的地方面积要宽，那里蕴藏着的各种物质财富多得很。我们国民经济没有少数民族的经济是不行的。"[②] 毛泽东把"少数民族的经济"作为"国民经济"不可或缺的组成部分，来理解"地大物博"，这是立足于统一的多民族国家的正确结论。"少数民族的经济"并不是拥有或独享"地大物博"，而是在国家开发利用"地大物博"条件时，必须有利于少数民族及其聚居地区经济发展和社会进步。

在2014年的中央民族工作会议上，习近平就西部少数民族地区"地大物博"的国情特点，做了进一步的具体概括：资源富集区、水系源头区、生态屏障区、文化特色区、边疆地区、贫困地区。这是中

---

① 毛泽东：《反对大汉族主义》，载国家民族事务委员会政策研究室《中国共产党主要领导人论民族问题》，民族出版社1994年版，第113页。

② 毛泽东：《再论反对大汉族主义》，载国家民族事务委员会政策研究室《中国共产党主要领导人论民族问题》，第115页。

华民族大家庭的共同"家底"。① 可以说，对这个"家底"的盘点，为全面、深刻理解"地大物博"展开了新的视野。其中既有得天独厚的优势，也有艰难困苦的发展劣势。仅从"资源富集区"而言，少数民族地区的自然资源拥有量，在全国的总量中占有很高的比例。如森林资源蓄积量占47%，草原面积占75%；煤炭保有储量占60%，原油的探明储量占27.8%，天然气的探明储量占87.5%；水能资源理论蕴藏量占全国的86%，可开发的水能资源占全国的81.1%；锌矿储量占64%，锡矿储量占69%，镍矿储量占90%；钛、钒、锂、锶等稀有金属储量分别占95%、64%、83%和82%，已探明的稀土资源储量占96%；钾盐占99.7%，钠盐占89%，富磷矿占86%；等等。② 这些自然资源，不仅是国家发展、中华民族大家庭及其子孙后代的可持续发展的宝贵财富，而且是缩小东西部差距、加快少数民族地区经济社会发展的现实有利条件。

中国是一个统一的多民族国家，国家的统一，意味着"矿藏、水流、森林、山岭、草原、荒地、滩涂等自然资源，都属于国家所有，即全民所有"；这是《中华人民共和国宪法》的基本原则。同时，民族的多样，则意味着"国家在民族区域自治地方开发资源、进行建设的时候，应当照顾民族自治地方的利益，做出有利于民族自治地方经济建设的安排，照顾当地少数民族的生产和生活。国家采取措施，对输出自然资源的民族自治地方给予一定的利益补偿"；其中也包括"民族自治地方的自治机关根据法律规定和国家统一规划，对可以由

---

① 参见国家民族事务委员会编《中央民族工作会议精神学习辅导读本》，第20页。
② 参见李佐军、张佑林《我国西部地区环境保护的难点与对策》，中国经济新闻网，2012年9月11日。

本地区开发的自然资源，优先合理开发利用"；这是《中华人民共和国民族区域自治法》的规定。因此，西部大开发以来中央政府的政策安排，少数民族聚居地区利用资源优势拉动经济社会发展，发挥资源优势展开东西部地区的合作，都是在这些法律规定的范围内实施的。东部地区对西部地区的对口支援产生的成效，其中也包含了西部少数民族地区对国家、对东部的贡献。

改革开放以后，东部地区在快速发展过程中开始面对能源等资源紧张的问题，从1989年启动的"西电东送"战略，即始于内蒙古自治区蒙西电网通过双回220千伏线路向华北主电网送电。截止到2009年，内蒙古"西电东送"累计达到1338.4亿千瓦时，成为国家"西电东送"北部通道的重要电源基地，保证了北京、华北、东北的电力供应。而广义的"西电东送"还包括了贵州、云南、广西的水电、坑口火电构成的南部通道，三峡和金沙江干支流水电形成的中部通道，以及正在建设的确保京津冀鲁、长三角、珠三角用电需求的12条"西电东送"输电通道。预期建成后每年可减少这些受电地区标煤消耗约1亿吨。同样，内蒙古作为国家战略能源基地，2001—2011年累计外"北煤南运"23.5亿吨，为保障国家能源安全做出了重大贡献。"北煤南运"的煤炭输出地，包括"十二五"期间建设的5个国家综合能源基地，14个大型煤炭基地，16个大型煤电基地，除了山西、陕西等中部地区，大都分布在内蒙古、新疆、甘肃、宁夏、贵州、云南等西部地区。

2001年，在实施西部大开发战略中启动的"西气东输"工程，西起新疆塔里木盆地的轮南，途经甘肃、青海、宁夏、陕西、河南、安徽、江苏，到达上海，全长4000多公里，形成了西部和东部之间的"能源大动脉"。2008年开工的"西气东输"二线工程，始于新疆霍尔果斯，途经全国15个省区市，止于香港，干支线全长8704公里，是首条引进境外天然气资源的战略大通道。2012年开工的"西气东输"三线工程，始于新疆霍尔果斯、止于福建省福州，是第二条以输送境外天然气为主、辅之以新疆煤制气的能源骨干管网。这些天然气管道工程对沿线地区，特别是东部地区能源结构调整、发展方式转变、节能减排、环境保护和人民生活条件的改善，都具有重大意义和显著的经济效益。同时，"西气东输"率先实现了与中亚国家的互利共赢、共同发展的合作，为新疆地区天然气、煤制气资源的开发利用提供了条件，促进了新疆地区经济社会的跨越式发展。可以说，这是"一带一路"建设的先期成果。

2013年9月和10月，中国国家主席习近平在访问哈萨克斯坦和印度尼西亚时，相继提出了共同建设"丝绸之路经济带"和"21世纪海上丝绸之路"的倡议。这是中国构建全方位对外开放的新格局，深度融入世界经济体系的重大战略。"一带一路"贯通欧亚非大陆，面向活跃的东亚经济圈和发达的欧洲经济圈，陆路建设新的亚欧大陆桥、中国—蒙古—俄罗斯、中国—中亚—西亚、中国—中南半岛等国际经济合作走廊；海路以重要港口为节点，与相关地区国家共同建设安全高效的运输大通道。这一宏大的构想，使中国海岸的沿边、陆路的边疆成为"一带一路"对外开放的前沿，也使西部地区特别是少数民族地区的战略地位发生了重大变化。这一变化，使陆路边疆地区形成了新的区位优势。

在"丝绸之路经济带"建设中，新疆地区将成为更广泛、更密切、更深入地与中亚、西亚、南亚地区交流合作的交通枢纽，享有了"一带"的核心区地位，并与陕西、甘肃、宁夏、青海构成的内陆型改革开放新高地紧密相连；内蒙古自治区全面向北开放，构建中国—

蒙古—俄罗斯经济走廊,与中国—巴基斯坦经济走廊,孟加拉—中国—印度—缅甸经济走廊,西藏—尼泊尔的边境贸易,共同构成了"一带一路"建设的开放通道。云南地区推进与周边国家的国际运输通道建设,打造大湄公河次区域经济区域合作的新高地,建成面向南亚、东南亚的辐射中心。在"21世纪海上丝绸之路"建设中,除东南沿海地区外,广西与东盟国家陆海相邻的区位优势,以北部湾经济区和珠江—西江经济带的开放发展,构建面向东盟区域的国际通道,形成西南、中南地区开放发展新的战略支点,成为"一带一路"有机衔接的重要门户。西部地区,尤其是少数民族地区,展现了开放发展的新格局。

对此,习近平强调指出:"一带一路"建设,对民族地区特别是边疆地区是个大利好。要深入实施西部大开发战略,加快边疆开放开发步伐,拓展支撑国家发展的新空间。[①] 也就是说,推进"一带一路"建设,对加快西部地区特别是沿边地区的经济社会发展,将产生更大的推动作用,因为只有这些地区实现更快的发展才能够担当起"核心区""开放通道""辐射中心""战略支点"和"重要门户"的作用。"一带一路"建设的核心概念是"通",即政策沟通、设施联通、贸易畅通、资金融通、民心相通。其中,民心相通是"一带一路"建设的社会根基。民心相通的社会根基,包括了人民之间的交往能力和相互理解,这正是边疆少数民族地区对外开放发展中最有优势的一个方面。

中国许多少数民族地区与周邻国家存在着历史文化的渊源关系,如内蒙古自治区与蒙古国之间,新疆维吾尔自治区与中亚、西亚一些

[①] 参见国家民族事务委员会编《中央民族工作会议精神学习辅导读本》,第194页。

国家之间，西藏自治区与尼泊尔之间，云南省与越南、缅甸、老挝、泰国之间，广西壮族自治区与越南之间，黑龙江省与俄罗斯之间，吉林省与朝鲜之间，在民间社会的交往中，语言、文化、宗教信仰、风俗习惯等方面都有不同程度的相通因素。这些因素，对发展双边、多边的民间交往关系都是有利、便捷和亲和的天然条件。在中国的民族政策中，保护、传承和发展少数民族文化的实践，尊重宗教信仰自由、包容风俗习惯的实践，在对外开放发展中具有民心相通的重要影响力。中国的民族政策最根本的两个立足点，一是缩小差距，一是尊重差异。缩小差距解决的是经济社会生活平等的问题，尊重差异解决的是中华民族大家庭的团结问题。这两个基本理念，与"一带一路"建设中互利共赢的发展和互信互敬的和谐，完全相通。

中国倡导的"一带一路"建设，顺应世界多极化、经济全球化、文化多样化、社会信息化的潮流，秉持开放的区域合作精神，致力于维护全球自由贸易体系和开放型世界经济。坚持和谐包容，倡导文明宽容，尊重各国发展道路和模式的选择，加强不同文明之间的对话，求同存异、兼容并蓄、和平共处、共生共荣。增进沿线各国人民的人文交流与文明互鉴，让各国人民相逢相知、互信互敬，共享和谐、安宁、富裕的生活。这是充满人文精神的发展理念，中国边疆少数民族地区的语言、文化、风俗习惯、宗教信仰和特色产品，是实现民心相通的人文力量。作为中国内政范畴的民族政策，所包含的尊重差异理念及其实践，在"一带一路"的内联外通开放发展中，是实现"外交是内政的延伸"这一公理的重要依托。因此，中国民族政策在国内实践的成效，也将影响到对外开放民心相通的广义外交之中。

第 六 章

尊重差异:构筑各民族共有精神家园

中国各民族之间因自然地理、社会历史等原因,普遍存在着经济社会的发展差距。同时,各民族之间也存在着广义的文化差异,诸如语言文字、文学艺术、宗教信仰、风俗习惯、社会心理等方面的精神表达,其中也包括承载这些精神价值的器物、工具、民居、服饰等物化载体。努力缩小各民族之间的经济社会发展差距,实现共同发展、共同富裕,这是奠定各民族一律平等的物质基础;充分尊重各民族之间的文化差异,实现"各美其美,美美与共",这是构筑各民族共有精神家园的文化动力。在中国解决民族问题的政策理念和社会实践中,物质力量和精神力量相辅相成,缺一不可。这就是习近平概括的"两把钥匙",一把钥匙开启缩小差距之路,一把钥匙开启尊重差异之门。缩小差异之路,在全面建成小康社会进程中,正在和将要大幅度地实现各民族人民共享经济社会发展成就的阶段性目标;尊重差异之门,则展现着在多样中熔铸一体、在差异中创建和谐的中华文化认同之道,这比缩小差距更加艰难、更加复杂,是一项深入民间、植根人心、久久为功的任务。

一 消除民族歧视的历史痕迹

中国历史上的中原王朝,代表了封建社会"天下一统"的权力中心。相对于局处边疆地区的"四夷"而言,中原王朝享有政治、经济、文化等方面的优越地位。源自夏、商、周时代的"五服"观念,以位居中心的京畿之地为圆心,由近及远、以间距五百里为直径划出了五个渐次放大的同心圆,分别称为"甸服""候服""绥服""要服"和"荒服"之地。所谓"服"就是指"臣服"之意,位居中央的京畿,以卿大夫采邑、爵位封地、诸侯邦国、"四夷"所居、荒蛮之地,确立了其政治、经济、文化影响渐次放大的"中心"地位。其中"要服""荒服"属于政令法律不统一、语言文化不同一的"化外之地",包括"不粒食者"(非农业民族)、"不火食者"(狩猎或畜牧民族)的"蛮夷戎狄",由此产生了中原"华夏"的"衣冠之国""礼仪之邦"与周边"四夷"的"引弓之国""蛮夷之地"的观念区隔,古代中国被想象为一种"文明的中心与野蛮的边缘"的"天下"格局。[①]

中原地区以礼乐制度为核心的政治文化,通过统治阶级对社会实施"上行下效"的教化而形成社会伦理道德的规范,渗透到社会生活、民间习俗之中,属于"化内之地"。而"化外之民"则被视为未开化之人,故多以"犬""虫"等歧视性的字眼为其命名,诸如"蛮""狄""羯""獠"之类。农耕社会的"化内"与采集、狩

[①] [英]冯克:《近代中国之种族观念》,杨立华译,江苏人民出版社1994年版,第7页。

猎、游耕和游牧社会的"化外",形成了"夷夏之辨"的民族观。事实上,中国从先秦时代,特别是春秋战国时期,已经展开了周边"蛮夷戎狄"与中原"百姓"(多姓氏)的"诸夏"之间的频繁互动,中原地区不断吸收着所谓"蛮夷戎狄"及其精神和物质的文化因素,包括"蛮音""胡乐""胡舞"也进入了中原王朝的礼乐之中。因此也形成了开明的文化观念,"盖内自中国外暨四夷,其风声气俗虽因水土不同",但"四夷之民异音而同歌"。① 这是形成秦汉以降"天下一统"观念中,"得天下"即"有中国"的历史认同文化主脉。

中原王朝政治文化中的"夷夏之辨"民族观,虽然蕴含着"非我族类,其心必异"的歧见,但是这并非简单的对立和排斥关系。以中原礼乐制度"教化"天下,包括"四夷"的"内化""向化""善化""德化""怀化""绥化"等,实质就是通过恩威并重的统治方式促其"归化"。不过,中国古代的"归化"并非"同化",而主要指政治上认同朝廷的统治权威。这种认同意味着臣服归顺,但在统治制度和治理方式上"因俗而治",在文化习俗上"和而不同"。因此,元朝、明朝直至清朝时期的"归化",甚至简约为以是否"输饷纳贡"作为"化内"与"化外"的标准。但是,这种"化内"与"化外"的"夷夏之辨",作为一种政治文化毕竟是阶级社会的产物,是阶级压迫在民族关系中的集中体现,也是封建王朝统治阶级利用民族矛盾掩盖和转嫁本民族内部阶级矛盾的必然结果,因此"非我族类"的压迫、歧视和侮慢性,也会产生反向的效果。

---

① (宋)陈旸:《乐书》卷一五八,"乐图论·北狄·北狄歌·大辽、鲜卑、杂蛮、獠、蛮、邆、黎·四夷歌",《四库全书》。

在中原王朝与北方游牧帝国的互动关系中，所谓"非我族类"的观念具有"争天下"的对峙含义。汉朝称"大汉"，皇帝称"天子"；匈奴帝国则称"强胡"，首领称"大天子"或"天之骄子"。及至北方"强胡"问鼎皇权、入主中原，建立大一统的中原王朝，统治者也会采取强化本民族的统治权力，赋予其族人优越的社会地位，来淡化"蛮夷戎狄"的政治和文化身份。如元朝蒙古人、色目人、汉人、南人的"人分四等"，清朝统治阶层"首崇满洲"和赋予"旗人"特权等最为典型。这是阶级社会民族压迫、民族歧视共有的政治文化，因此也必然在中原王朝的兴衰嬗替中，面对"驱逐鞑虏"的政治变局。近代孙中山领导的辛亥革命，以明朝"驱逐鞑虏，恢复中华"为旗号，一度掀起具有现代意义的种族—民族主义社会思潮，其阶级社会的烙印十分深重，这是资产阶级革命难以逾越的政治障碍，而且只能对历史上的民族积怨产生现代性的强化。

中国共产党成立后，接受马克思主义关于民族压迫的实质是阶级压迫的理论判断，即在一个多民族的国家，消灭了阶级压迫才能消灭民族压迫，消除了民族内部的阶级对立才能消除民族之间的对立。从中国统一的多民族历史和现实国情出发，确立了推翻帝国主义、封建地主阶级、资产阶级统治革命目标，主张中国各民族一律平等，反对民族压迫、民族歧视。在实践中，制定了一系列尊重少数民族的语言文化、宗教信仰和风俗习惯的基本政策。其中包括在当时的历史条件下，尊重少数民族内部的上层统治权威及其在本民族中的影响力，立足于消除历史积淀的汉族与少数民族之间的隔阂、偏见和互不信任。这些政策实践，不仅在红军长征过程中赢得了少数民族的拥护和信任，而且也为中共在延安时期倡导和建立包括少数民族在内的抗日民族统一战线、确立少数民族自主地管理本民族内部事务的民族区域自

第六章 尊重差异:构筑各民族共有精神家园 249

治制度奠定了基础。

新中国成立后,为了在全社会范围内树立民族平等的观念,消除旧社会遗留在民族关系中的种种消极因素,1951年5月16日中央人民政府政务院总理周恩来签署了《政务院关于处理带有歧视或侮辱少数民族性质的称谓、地名、碑碣、匾联的指示》的政令。要求"对于历史上遗留下来的加于少数民族的称谓及有关少数民族的地名、碑碣、匾联等,如带有歧视和侮辱的少数民族意思者,应分别予以禁止、更改、封存或收管"①。也就是说,中国的民族政策不仅确立了反对民族歧视、尊重少数民族的原则,而且要在社会生活中清除历史遗留的那些不利于民族平等、影响民族团结的旧痕迹。如当时北京城内的一些街区,所谓"回子营""鞑子营""骚鞑胡同"这类社区名称,都属于典型的歧视、蔑视、侮辱性的称谓。其中"骚鞑"不仅体现了"鞑虏"的含义,而且包含了对畜牧业民族衣着皮毛、饮食肉乳在体味上的鄙夷厌恶之意。对此,北京市政府将这些街道、胡同的名称改为以"合作""互助""团结""友爱"冠名的社区。②

这种着眼于消除民间生活中习以为常的不良历史痕迹,目的是使各民族人民在社会生活中建立一种新型的民族关系,创造一个平等团结、和睦相处的社会氛围。同时,对少数民族地区的地名中昭示天子皇恩浩大、宣示威势镇抚、寓意臣服归顺的政治文化标识,也进行了

---

① 周恩来:《政务院关于处理带有歧视或侮辱少数民族性质的称谓、地名、碑碣、匾联的指示》,载中共中央文献研究室、中共新疆维吾尔自治区委员会编《新疆工作文献选编(1949—2010)》,第66页。
② 黄光学主编:《当代中国的民族工作》(上),当代中国出版社1993年版,第86页。

清理，对碑铭、匾联、题记等标志或符号，依其历史文物价值进行封存收管。因为这些标识或符号的背后，包含了千百年来冲突、征服、臣服、归顺的历史记忆。如明朝年间，蒙古阿拉坦汗与夫人所建"库库和屯"城，万历皇帝赐名为"归化"，后与清朝所建"绥远"城合称为"归绥"。在内蒙古自治区设首府于此时，恢复了原有的城市名称呼和浩特。新疆的乌鲁木齐，也经历了乾隆年间改为"迪化"和新中国成立后恢复为乌鲁木齐的过程。

在社会生活环境中清除历史遗留下来的一些渗透着民族歧视观念的物化标志和符号标记，恢复少数民族的自我称谓或传统的地名，是对历史上"化内""化外"的"夷夏之辨"观念的废弃，也是对统一的多民族国家的汉族与少数民族、中央与地方关系的全新定位：少数民族及其聚居地区，不是什么"化外之民""化外之地"的"臣服之民""归化之地"，而是统一的多民族国家形成和发展的建设者和组成部分。这一政策实践并非为了抹杀历史，而是为了开创新的历史。这些历史记录、物化载体，可以收存于图书馆、博物馆，供人们以科学的态度去研究历史，用文明的意识去认识历史，为构建新型的民族关系创造和谐的社会环境。如果在一个崇尚现代文明、主张民族平等的国度中，历史上民族征服、民族歧视的象征物仍堂而皇之地存留于现实社会生活之中，成为人们挥之不去的历史记忆，也就不可能改变和消除这些象征物背后继续传承的歧视与对立观念。在这方面，并非没有现实的教训。

2015年7月10日，美国南卡罗来纳州议会大楼前飘扬了50多年的"联邦旗"被降下。这面有150多年历史、代表美国内战时期南方军队的旗帜，其象征意义包括了当时13个南方州维护奴隶制度的种族主义观念。虽然对"联邦旗"的政治辩论和民间争议由来已久，而导致南卡罗来纳州议会在短时间内做出降旗决定的原因，则是6月17日发生在该州查尔顿市一座非裔教堂的血腥屠杀案，一名白人向正在祈祷的教民扫射，枪杀了9名黑人。这一严重的种族暴力事件，是近年来美国社会一系列对黑人暴力执法事件在民间种族关系中的极端反映，它迫使美国社会再度面对根深蒂固的种族主义问题。这面被"3K"党等极端白人仇恨团体赋予种族主义意志的"联邦旗"，在非裔民众中不仅是悲惨历史的心理创伤，而且它象征着体制压迫和种族歧视的现实合法性。美国"民主""平等"地保留了种族主义的历史标志，所以也难以克服"联邦旗"这类标志对种族关系持久和消极的现实影响。

历史是已经发生的事情，不能改变，也无须回避。历史记录和历史遗迹告诉了我们昨天，但是我们是为了创建今天、走向明天，而非重蹈覆辙。人们需要认识历史发展的规律，从中汲取历史的经验，使历史积累的智慧得到现代升华。同样，人们也必须面对历史过程中的祸乱，从中吸取历史的教训，不能让悲剧重演。因此，中国政府在全国范围清理和剔除那些体现旧时代民族观、文化观的历史痕迹，目的不是简单地解决"看不到"的问题。而是意识到这些物化的标志、习以为常的称谓，承载着危害民族关系的陈腐观念。这些观念长期积淀、潜移默化地渗透于社会意识、民众心理之中。"看不到"固然有釜底抽薪的效果，但是不等于"想不到""听不到"，在观念上清除其意识，在心理上消除其影响，将是一个长期的过程。因此，新中国成立之初颁布的《政务院关于处理带有歧视或侮辱少数民族性质的称谓、地名、碑碣、匾联的指示》的政令，也要求对反映各民族历史和现状的艺术作品（如戏剧等）和学校教材中，丑化、污名化少数民族的内容进行研究和清理。①

事实上，在中国实施这一政策 15 年后，美国在民权运动的冲击下也实行了消除种族歧视社会影响的政策。时至今日，"美国在过去 50 年一直在努力清除流行文化中积存的种族主义印记"。从音乐剧、电影、漫画，到商标、广告、称谓，等等，任何"贬损性的种族玩笑、对少数族裔不敬的词汇、没心没肺地调侃种族相貌差异，都已经是不能被接受的禁忌"②。无疑，这是民权运动推动美国社会文明进步的标志。但是，这并不意味着美国已经解决了种族问题。美国社会中数以千计的种族仇恨团体、层出不穷的种族歧视事件，尤其是从 2014 年佛格森小镇事件到 2015 年巴尔的摩种族骚乱，以及南卡罗来纳州查尔顿市非裔教堂的惨案表明，同样"时至今日，对非裔群体不使用侮辱性称呼并不代表种族主义已经不复存在，种族主义烙印仍然存在于当今美国社会"③。可见，消除历史遗留的种族主义观念和现实生活中的种族歧视，对一个只有几百年历史、高度发达的美国来说，依然是一个举足轻重的政治议题。

中国经历了几千年的国家历史，封建社会的影响根深蒂固。在步入现代国家发展的百多年历史进程中，又遭逢了西方殖民主义列强及其"丛林法则"观念的侵袭，受到种族—民族主义等西方民族观、国家观的思想影响。因此，消除历史留给民族关系中的"不良资产"，克服现实中民族之间的歧异观念和歧视言行，创建各民族和睦相处、

---

① 参见周恩来《政务院关于处理带有歧视或侮辱少数民族性质的称谓、地名、碑碣、匾联的指示》，载中共中央文献研究室、中共新疆维吾尔自治区委员会编《新疆工作文献选编（1949—2010）》，第 66 页。

② ［美］斯蒂芬·平克：《人性中的善良天使：暴力为什么会减少》，安雯译，中信出版集团 2015 年版，第 458 页。

③ 《奥巴马："联邦旗"让非裔美国人很心塞》，新华网，2015 年 6 月 27 日。

和衷共济、和谐发展的社会氛围,是一项十分艰巨、旷日持久的社会观念改造工程。随着经济社会的发展,各民族之间的互动交流关系,呈现着不断扩大、日益密切的态势,相互之间在语言文化、风俗习惯、宗教信仰等诸多方面都需要认识、理解和适应。尤其在民间社会的交往中,对不同民族的风俗习惯产生奇异反应,是普遍的社会心理。其中也包括了价值判断性的轻蔑、嘲笑和排斥等负面的态度,这同样会对民族关系造成不良影响,甚至引起矛盾。因此,尊重少数民族的风俗习惯,在维护民族关系和谐发展方面具有十分重要的意义。

二 尊重少数民族的风俗习惯

人类社会在漫长的历史演进中,始终面对着群体文化差异和社会生活多样的客观现实。而诋毁差异、排斥多样的观念和实践在世界历史中也俯拾皆是。在中国的历史上,一方面,存在"化内"之高尚和"化外"之低俗的价值判断,以及歧视、鄙薄"异俗"的社会观念;另一方面,"修其教不易其俗"的"因俗而治"包容观念和实践,同样源远流长。中国古人从自然地理环境不同的视角,看待"五方之民,言语不通,嗜欲不同"的文化差异,认为"俗虽不同,亦皆随地以资其生"[①],形成了民间社会以"靠山吃山,靠水吃水"的俗语,来解释不同风俗的传统知识。"五方之民"的"风声气俗",因"水土不同"而相异,这是中国古代思想中朴实的"地理环境决定论"。不过,它不同于西方古代萌生、近代成型的"地理环境决定论",即

---

① 陈澔注:《礼记集说》卷三,"王制",《四书五经》中册,第74页。

不同民族所处的自然地理环境，决定了他们的社会文化和政治体制的优劣。

西方近代的"地理环境决定论"，对形成建立在种族优劣基础上的"西方中心主义"政治文化理论影响深重。并在殖民主义的全球扩张中，造成很多古代文明、古老国家"在几千年中积累的大部分知识也随之流失"的文化悲剧。① 中国传统的"一方水土养一方人"观念，产生的"四夷之民异音而同歌"的文化包容观念，则从精神层面表达了不同文化的共同价值，其现代意义也显而易见。在当代西方学界反思"西方中心主义"的论述中，对世界文化多样性的价值也做出了"异音而同歌"的阐释："他们在文化和语言方面难以沟通，在礼仪和习俗方面互不理解，在各自的信仰方面互不相容，但到处都有神话，到处都有理性，到处都有谋略与发明，到处都有舞蹈、节奏和音乐……"② 因此，从这种文化观念去认识中国反对民族歧视，尊重少数民族的风俗习惯、语言文化、宗教信仰，是理解中国民族政策平等原则的重要方面。

中国地域辽阔、民族众多，"百里不同风，千里不同俗"的说法，反映了不同地区、不同民族风俗习惯的多样性。一个民族的风俗习惯，是由物质生产方式所决定的生活方式及其知识积累而形成的传统。它渗透于社会生活的方方面面，约束和规范着人们的行为方式，是文化基质在民间生活中传承最广、影响最深的因素，也是本民族自我认同的生活规约。如节日、礼仪，饮食、服饰，工具、器物，民居、装饰，避讳、禁忌，还包括民间崇拜、宗教信仰对日常生活的浸染，

---

① [法] 埃德加·莫林、安娜·布里吉特·凯恩：《地球 祖国》，马胜利译，生活·读书·新知三联书店1997年版，第2页。

② 同上书，第50页。

等等。可以说在各民族互动交往中，风俗习惯是除了语言沟通之外最直接衡量相互适应程度的标尺。在不同民族群体、个体的交往中，如果相互之间出现贬低某些风俗、讨厌某些习惯、触犯某些禁忌，就会造成民族之间的心理隔阂，甚至引起冲突。所以，中国民间知识中的"入乡随俗"一说，就包含了对不同风俗习惯顺遂、尊重的态度。

风俗习惯的形成是一个长期的历史过程，并通过家庭传承、群体遵循、社会维系而具有稳定性。同时，一个民族的风俗习惯也并非一成不变，随着经济生产的发展和产品交换的扩大，尤其在物质文化层面会产生工具、器物的替代，饮食、服饰的改变，这些在比较效应中发生的"移风易俗"自觉，是各个民族在交往、交流中产生的必然结果，而且会随着社会发展不断扩大。但是，如果民族之间发生歧视、压迫、强制性的"移风易俗"，则会造成民族之间难以消弭的心理积怨，甚至使负面的历史记忆成为强化对现实不满的资源。这就如同当代人们关注英国的苏格兰独立公投事件时，很多追根溯源的分析都会提及18世纪汉诺威王朝对苏格兰人发布"禁裙令"一样。这种"移风易俗"属于强迫同化政策，在中国历史上也并非没有。清王朝建立后强力推行的"剃发留辫"即最为典型。

不同民族之间的相互接触，风俗习惯往往产生最直接的感受，也最容易在与自我的比较中做出价值性的判断。如果政府或者在少数民族地区开展民主改革的汉族工作者，仅仅从感受"好"或"不好"、"卫生"或"不卫生"这些表象中，得出"先进"或"落后"、"文明"或"愚昧"、"科学"或"迷信"的评价，进而急功近利地去人为鼓动"移风易俗"的改革，甚至强制推行改革，不仅违背了民族平等的政策原则，而且只能造成适得其反的效果，引起少数民族的反感和抵触。因此，新中国成立之初实施的上述政令，将法律规定的"禁止对任何民族的歧视和压迫，禁止破坏民族团结和制造民族分裂的行为"，"各民族都有使用和发展自己的语言文字的自由，都有保持或者改革自己的风俗习惯的自由"等条文，纳入了中国的宪法。成为中国民族政策的社会实践中持久坚持的法律规范。

各个民族都有"保持或者改革自己的风俗习惯的自由"，这是一个重要原则。"保持"的自由，是在国家承认和社会尊重基础上的平等权利；"改革"的自由，是建立在国家引导与民族自觉基础上的发展权利。没有"保持"的自由，就没有"改革"的自觉。如何在新中国、新社会的建设中，尊重各民族特别是少数民族的风俗习惯，是民间生活交往中细致入微的话题，也是一项慎重稳进的政策。正如1950年毛泽东所说："少数民族地区的风俗习惯是可以改革的。但是，这种改革必须由少数民族自己来解决。"[①] 也就是说这种"移风易俗"不能用强迫命令，也不能包办代替，而必须由少数民族自己来决定。"保持"的自由和"改革"的自由，包含着平等与发展的双重权利。但是，"保持"并非良莠不分。

在每一民族的文化和生活习俗中，都包含了需要随着现代经济社会发展和生活观念变革而改变的成分，尤其是一些危害身心健康、妇女权益、饮食卫生方面的习俗。诸如在汉族中风行千百年的妇女"裹小脚"恶俗，一些少数民族中流行的凿齿陋习，等等。这些堪比欧洲历史上一些妇女"残忍美丽"的"束腰"、非洲一些地区的女童"割礼"等损害人身健康的陈规陋习，必然随着现代文明的发展而被革除。而且，这会是一个长期的过程。就世界范围而言，虽然这类习俗没有任何值得尊重的文化意义，但是革除女童"割礼"的过程也绝非

---

① 毛泽东：《少数民族地区的改革要慎重》，国家民族事务委员会政策研究室编《中国共产党主要领导人论民族问题》，民族出版社1994年版，第44页。

联合国确定"反对妇女割礼日"、世界卫生组织确认其危害性、女权运动组织疾声呼吁、一些国家明令禁止就能够断然终结的。只有改变维系这些习俗的观念,才能革除这类陋习。发展经济、开启教育、改善生活才能转变观念,实现"移风易俗"的自觉。

按照马克思主义的观点,物质生活的生产方式制约着整个社会生活,包括精神生活。一个民族的发展,是随着经济生产的进步而实现的。由于社会历史和自然环境等条件的制约,在中国的偏僻乡村存在着多种多样的生活"陋习",人畜共处的居家生活环境,缺水造成的"水窖""水坑"存水,四壁透风的茅草陋室,缺医少药造成的地方病,等等。适应或延续的这类生活方式,不属于风俗习惯而是生产水平低下、生产能力缺失造成的生存贫困。这是需要通过经济社会发展来改变的生活境遇。尊重少数民族的风俗习惯,不是对少数民族生产生活中的困苦境遇麻木不仁,而是通过发展经济生产、改善物质生活来摆脱旧观念的束缚,实现自觉自愿的"移风易俗"和新的社会风尚。

在这方面,所有不利于一个民族文明进步、身心健康、发展生产、改善生活的习俗或传统,都需要在新社会的建设进程中加以变革。例如,诸如汉族中的"童养媳"妻妾传统,一些少数民族中的一夫多妻、一妻多夫、"走婚"等习俗,甚至习惯法中诸如"赔命价"这类违背法治社会原则的传统,都需要通过国家的立法禁止或社会教育而逐步革除。一些少数民族生产生活中存在"分光吃尽"的交换式消费习俗,虽然在文化相对论视野中赋予人类学的"夸富宴"(potlatch)文化理解,但是这种原始的分配交换关系绝非一个民族适应现代性发展的文化动力。在历史上,很多少数民族的对外交换,采取以物易物的方式,缺乏商品价值的观念,甚至羞于经商、耻于经商。这些观念也随着国家的产品收购和供给、统一的货币流通和公平的市场价格而逐步改变。国家的统一，对各民族的经济社会生活都产生着共同的影响，诸如国家确定全国性的节日。但是，这并不影响少数民族的传统的节日得到尊重，并且在少数民族聚居地区成为法定的地方性节日。

尊重各民族的传统的风俗习惯，是文化尊重和文化理解的题中之义。文化并不是抽象的概念，文化渗透于各民族的社会生活和思想观念之中，其中包括宗教信仰、民间崇拜在社会生活中的观念渗透，以及生活禁忌等活态的日常生活规矩。例如，信仰伊斯兰教的穆斯林群体禁食猪肉，就是最大的禁忌之一。这样的禁忌既不存在文化上的优劣之分，也不存在生活中的良莠之别，这是精神依托中信念追求的一种生活态度和方式。因此，1950年国家发布《关于伊斯兰教的人民在三大节日屠宰自己食用的牛羊应免征屠宰税并放宽检验标准的通令》，1955年发布的《关于对回民小商贩安排及在食品供应工作中注意民族习惯的指示》《关于牛羊肉经营中有关回民风俗习惯的几点注意事项的指示》等国家政策，不仅是对穆斯林群体生活禁忌的充分尊重，而且是对穆斯林群体生活需求给予的国家政策保障。

在当代中国，"清真"的观念、标识和实物性社会供给，是尊重和保障信仰伊斯兰教的少数民族风俗习惯最广泛的事务，包括在计划经济时代的国家机关、企事业单位、学校大都在食堂设立了"清真灶"。改革开放前，中国长期实行粮食、肉类、食用油等生活必需品的定量供给制度。即便在这种物质供给十分贫乏的条件下，城镇居民的粮食、肉食供应也十分注意少数民族的需求。如对信仰伊斯兰教的少数民族供给牛羊肉，并对蒙古族等一些有畜牧业生产传统的少数民族，给予牛羊肉或猪肉的选择，在粮食种类方面专门供给炒米等。这种尊重禁忌、顺应习惯、满足需求的细微政策，在当时的历史条件下的确难能可贵。随着改革开放以后中国经济社会的快速发展，国家对各民族人民的物质文化需求的供给形成了市场化的机制，日益强劲的物质生产在满足各民族人民的生活需求方面，提供了丰富多样的自由选择，定量性配给政策也自然失去了意义。但是，满足少数民族生产生活特需用途的产品，仍是国家民族政策所关注的重要事务。

三 满足少数人的多样性需求

中国少数民族的经济、文化和社会生活，在生产工具、文化表达和生活器物，乃至衣、食、住、行等方面，具有多种多样的特点。承载这些特点的物化产品，既是文化传承的载体，也是民生必需的物资。这些在漫长的历史进程中积淀的生活必需品，既包括少数民族自己制作、生产的用品，也包括少数民族与汉族长期交往的交换产品。中国古代的"茶马互市"，即是少数民族与汉族、边疆地区与内地、畜牧与农耕交往关系中最具象征意义的描述。所谓"茶马互市"，是以内地茶叶为代表的产品与边疆马匹为代表的产品进行的易物贸易。这种贸易关系在民间源远流长，唐、宋时期形成并完善了官方的规制，设置专门的茶马管理机构。这种易物交换的经济、文化关系，形成了内地通往西南、西北和北方边疆地区的传统商路，"茶马"标志的交易，事实上包括了丝绸、布帛、铁器、盐巴和皮毛、编织、干果、药材等广义的土特产品交流。

古代西藏、西域、蒙古等边地对茶叶的需求，使中国内地的茶叶生产形成了专供产品——"边销茶"。这种以黑毛茶、老青茶等为原料的茶叶，经过加工压制成砖头一般，故称"紧压茶"或"砖茶"。便于运输，更易于保存，是边疆地区少数民族不可或缺的生活资料。蒙古、哈萨克等游牧民族的奶茶，藏族的酥油茶，维吾尔等农业民族的日常茶饮，对此极其依赖。因此，"茶马互市"也成为影响民族关系、边疆与内地关系的重要因素。一些中原王朝的统治者通过官方控制茶叶等必需品，除了贸易方面的互补之需外，也会以此为羁縻、安抚或牵制、制裁边疆少数民族的手段。明清时期，民间商人对推动内地与边疆茶马贸易发挥了重要作用，以晋商为代表的"旅蒙商"成为开通北方草原"茶叶之路"的功臣。讲究诚信的"旅蒙商"从南方产茶地收购茶叶，长途运输到北方蒙古地区，入乡随俗、学习蒙古语、尊重蒙古地区的宗教，成为密切民族关系的友好使者。[①] 他们也是中俄"茶叶之路"上最活跃的商旅。

新中国成立后，中央人民政府高度重视内地与边疆地区的贸易，目的是最大限度地满足少数民族生产生活的需求，使少数民族地区的土特产品物有所值地得到开发和流通。1951年召开的第一次全国民族贸易会议，确定了"依据各民族地区的特点和需要，通过物资交流，以增进民族团结，促进少数民族生产发展和生活改善"的基本方针。国家通过建立国营贸易机构、供销合作社，扶持各民族的民间商人，扩大供给和收购的市场。通过平抑物价、杜绝不法私商贱买贵卖，彻底改变了旧社会"50公斤羊毛只能换一块半砖茶"等经商恶习。[②] 国家以公平合理、低价供给和价格补贴的政策，改善和满足少数民族的经济生活和精神生活（文化和宗教活动）的需要，这是尊重少数民族社会文化生活特点，增进各民族人民团结，构建新型民族关

[①] 参见邓九刚《茶叶之路》，内蒙古人民出版社2000年版，第173—174页。
[②] 参见黄光学主编《当代中国的民族工作》（上），第73—74页。

系的重要措施。因此，开展民族之间的贸易，成为中国民族政策的重要组成部分。

对一个人口众多的泱泱大国来说，在发展现代经济的进程中，满足人口只占百分之几的少数民族生产生活特需用品，既是一件轻而易举之事，又是一件行之不易之事。所谓"轻而易举"是总体需求少，而且砖茶等一些产品在内地有传统生产的基础；而"行之不易"则是因产品规模小且多样化，运输成本高、产品在市场中所占份额很低。这是一个照顾少数人、满足多样性的经济活动。如果以经济价值去衡量，对企业来说并非一笔划算的生意，但是对少数民族的传统生产生活而言又是关系生存权、发展权的重大事务。现代经济社会的发展，生产生活用品的标准化、普适性特点日益显著，对传统产品的替代性不断增强。在这种产品升级和消费趋同的进程中，保障少数民族的特需用品的生产和供给具有了事实上的定制、定做性质，这在一般经济学、市场经营中属于成本高、价格贵的范畴。然而，在中国的民族政策实践中，这是一个享有优惠政策的生产和供给领域。

从20世纪60年代开始，少数民族特需用品生产和供给享有了以"价格补贴""补充企业自有流动资金""提高企业利润留成比例"为主要内容的民族贸易"三项照顾"政策。这些政策保证了特需产品供给的价格稳定，提高了生产和供销特需产品企业的积极性，满足了少数民族生产生活的需求。但是，在"文化大革命"开始后，随着社会文化领域的"破四旧"，使少数民族特需用品的生产和供给受到严重影响，其中也包括对发展和保障少数民族特需用品不同的价值评判。例如，认为少数民族对特需用品的需求属于旧习俗，特需用品属于"短命产品"很快会被"淘汰"等。以致一些特需用品出现了短缺现象，如朝鲜族锅、苗族鼎锅、藏族炒锅、瓷碗、藏刀、蒙古刀、奶桶、羊毛剪子、藏族礼帽、维吾尔族小花帽、民族绸缎、花边、金银饰品等，供应严重不足。这种现象在举国陷入"文化大革命"的政治、经济秩序极度混乱的条件下，实属不可避免。

但是，难能可贵的是，1973年12月国务院批转了轻工业部和商业部《关于加强少数民族特需用品生产和供应工作的报告》。这份报告从"加强民族政策的再教育，切实克服大汉族主义，把恢复和发展少数民族特需用品提高到落实党的民族政策，增强民族团结，建设边疆，巩固边防的高度"，对恢复和发展少数民族特需用品的生产和供给做出安排。其中特别强调了少数民族特需用品具有鲜明的民族和地方特色的意义，以及针对特需用品"品种多、批量小"的特点，对生产布局做出了调整。即由以往沿海城市生产为主，改变为在呼和浩特、兰州、成都、昆明、乌鲁木齐、贵阳、西宁、延吉、海拉尔等九个城市建立发展少数民族特需用品生产基地，实现地产地销。并要求沿海传统产区继续组织好少数民族地区没有条件生产或暂时不能生产的产品供给，并在物质技术上支援新建的生产基地。① 这是"十年动乱"中首次对贯彻落实民族政策做出的全局性部署。显然，这与当年3月邓小平复出担任国务院副总理直接相关。

改革开放以后，随着民族工作全面恢复，少数民族特需用品生产和供给的政策实践也展开了新局面。1981年5月，国务院所属11个部门联合召开了全国民族贸易和民族用品生产工作会议，全国25个省、自治区、市的代表与会。少数民族特需用品的产供销回归到"三项照顾"的政策轨道，并突出地强调了"做好民族贸易和民族

---

① 参见《国务院批转轻工业部、商业部关于加强少数民族特需用品生产和供应工作的报告的通知》（国发〔1973〕171号），人民网，1973年12月2日。

用品生产工作，关键是要照顾少数民族特点"的原则。[①] 财政部、商业部也相继出台了促进少数民族地区商业发展，对实施"三项照顾"县（旗）的商业企业继续减免税收，保障特需用品生产的原材料等进行了具体规定，推动了少数民族特需用品的生产规模。截止到 1989 年年底，全国从事这方面生产的定点企业为 2100 家，分布在全国 26 个省、市、自治区，产品包括少数民族专用的丝绸、服装、靴鞋、家具等生活用品，以及手工艺品、金银饰品、边销茶等十多类。[②]

但是，"三项照顾"毕竟是计划经济时期的政策，在适应社会主义商品经济到市场经济的转轨变革中，原有的经营体制已经难以为继。在市场逐步放开的改革进程中，原材料价格上涨与产品价格形成的倒挂问题日益突出，偏远地区的供销网络也因成本等问题出现缺失。从 20 世纪 90 年代初开始，国家民族事务委员会和国务院相关部门，在调查研究的基础上提出了少数民族特需用品生产经营的新政策。实施少数民族特需用品生产供销的改革，"积极探索在社会主义市场经济条件下企业为少数民族群众生产和生活的特殊需要服务的新路子"，成为国家第九个五年计划的题中之义。为此确定了新的"三项照顾"政策：定点生产企业的正常流动资金贷款利率实行低息，"九五"期间人民银行每年安排 1 亿元贴息贷款，实行定点企业税收

[①] 《国务院批转全国民族贸易和民族用品生产工作会议纪要的通知》（1981 年 7 月 14 日），载国家民族事务委员会、中共中央文献研究室编《新时期民族工作文献选编》，中央文献出版社 1990 年版，第 113 页。

[②] 参见《国家民委、商业部、轻工部、纺织部关于加强民族贸易和民族用品生产供应工作的意见》，载国家民族事务委员会、中共中央文献研究室编《民族工作文献选编（1990—2002）》，中央文献出版社 2002 年版，第 9 页。

优惠政策。① 这些政策措施对保障少数民族特需用品生产供销企业的权益发挥了重要作用，相应地也保障了少数民族对特需用品日益增长的需求。

同时，国家民族事务委员会专门颁布《少数民族特需用品目录》，确定了针纺织、服装、鞋帽、日用杂品、家具、文化用品、工艺美术品、药、生产工具和边销茶 10 个大类，共 500 余个品种。其大到毡房帐篷，小到锅碗瓢盆；华丽到上百种丝绸锦缎和布帛麻纱，精美到金银珠宝配饰；粗放到勒勒车帐，细微到金丝银线。2001 年，根据少数民族生产生活水平的提高和对特需用品多样化的需求，以及对特需产品生产的规范化要求，再度修订了《少数民族特需用品目录》，在满足传统生产生活等传统需求的同时，增加了一系列适应现代生产生活、因地制宜的工具和器物，如粉碎机、山区用微型碾米机、微型水轮发电机、割草机、搂草机、牧区用微型太阳能、风能发电装置、牧区用塑料棚膜、家庭牧场用移管式喷灌设备、活动羊圈、网围栏、剪毛机、牛奶分离器，等等，甚至包括了少数民族语言文字软件。

一块穆斯林的礼拜毯，一条藏、蒙古等民族的哈达，林林总总的特需用品生产和供销，精耕细作地体现了对少数民族生产生活、风俗习惯、宗教信仰和文化表达的尊重。2003 年，国家民族事务委员会发布通知，将清真食品列入少数民族特需用品目录，把清真食品生产加工企业纳入少数民族特需用品定点生产企业管理范围，享受国家对少数民族特需用品定点生产企业的有关优惠政策。将清真食品列入少数民族特需用品名录，不仅表明对穆斯林民众饮食产品质量的社会化

---

① 参见《国务院关于"九五"期间民族贸易和民族用品生产有关问题的批复》(1997 年 6 月 10 日)，载国家民族事务委员会、中共中央文献研究室编《民族工作文献选编（1990—2002）》，第 171 页。

保障,而且其产业化也为丰富全国的食品市场提供了更加多样的产品。事实上,少数民族特需用品的生产和供销,不仅惠及了少数民族群众的民生需求,而且其中越来越多的商品已经融入了全国的大市场,除了手工艺、编织、蜡染、配饰、服饰、器物等制品外,很多传统的食品,诸如奶酪、风干肉、炒米、奶茶粉等都实现了现代性的产业开发。照顾少数人的政策实践,正在产生惠及多数人的认同效果,这也为少数民族特需用品生产企业打开了更加宽广的市场之门,而且诸如宁夏等西北地区信仰伊斯兰教的少数民族特需产品,在满足国内穆斯林需要的同时,一些产品已经走出了国门,成为中国的国际品牌产品。

少数民族特需商品的生产,既是满足少数民族生产生活需要的政策实践,也是保护、传承和发展少数民族文化的重要措施。这些特需产品的生产所需的材料、工艺和加工技术,都包含着很多历史悠久的古老知识和专门技艺。发掘和提炼这些知识,传承和发展这些技艺,不仅是特需产品形制、质量和功能的保障,而且是少数民族文化保护和发展的必要条件。随着现代加工工业的发展和原材料的多样性开发,很多手工技艺和因地制宜的原材料使用,都面临着失传和替代。但是,这种替代过程绝非电灯取代油灯、手扶拖拉机取代牛车那样自然而然地顺理成章,很多特需产品所服务的生活传统、所满足的生活习俗,包含着许多文化内容和专业技能,其精神层面的价值观和技艺能力的原创性,是一个民族为人类社会做出的独特贡献,也是文化多样性的非物质文化遗产保护、传承和发展宝贵资源。

因此,中国在扶持发展少数民族特需产品生产和供给的同时,对传统工艺和技术知识的收集、整理和研究,也成为政府与学术界合作开展的社会工程。从2007年开始,国家民族事务委员会和相关科研部门，逐年开展了中国少数民族特需商品传统生产工艺和技术保护的工程。先后完成了边销茶、地毯、乐器、体育用品、传统医药、工艺美术和特需用品名录的研究工程。2015年5月，又启动了以少数民族服饰为主题的第八期工程，对浙江、福建、江西、湖北、湖南、广东、广西、海南和台湾等省、自治区的9个少数民族中的18类服饰，展开调查研究。诸如瑶族、黎族和土家族的刺绣，黎族、壮族、土家族的纺织，瑶族、黎族的印染，畲族、京族、高山族、毛南族的衣帽裙，瑶族、畲族的饰物等。这些调查研究的科学活动，立足民间社会技艺传承的活力，提出保护的措施和发展的建议，这是中国少数民族文化保护和发展政策的重要组成部分。

四 发展少数民族的语言文字

展开中华人民共和国的人民币，简体汉字的"中国人民银行"几个字，除了标注通用的汉语拼音外，还有四种文字——蒙古文、藏文、维吾尔文和壮文。除了"语言建邦"的印度货币，这在世界各国的货币上也并不多见。货币的经济价值无须多言，而货币蕴含的国家标志和文化内涵则具有国家"名片"的象征意义。中国在人民币上标注的少数民族文字，以内蒙古、西藏、新疆和广西几个自治区的自治少数民族传统和创制文字为代表，[①] 体现了宪法规定的"各民族都有

---

① 中国的民族区域自治地方有5个自治区，宁夏回族自治区的自治民族是回族，而回族通行的语言文字是汉语文，其他4个自治区通行的自治民族的传统文字中，广西壮族的传统文字是以汉字形制构造的方块字，在人民币上体现的是新创制的壮语拼音文字："CunghgozYinmimzYinzhangz lt bakmaenz。"

使用和发展自己的语言文字的自由"这一基本原则。在具有国家"名片"意义且流通最为广泛的货币上，展示少数民族的文字，其意义并非为了提供流通的方便——因为中国少数民族通行的传统文字并不限于这几种，而是通过这种细微表达，向全社会传递了统一的多民族的国情意识，突出了国家对少数民族平等权利和文化地位的高度重视。

语言文字是人类最重要的交际工具和知识载体，构成了文化的基础要素和文化传承、表达的力量。中国的汉语及其方块字构成的语言文字系统源远流长，是通行几千年、使用最广泛的语言文字。近代以来，汉语文经历了由"雅言""官话"到"国语"的演化，产生了以"白话文"取代"文言文"的变革，这为新中国成立后确定汉语普通话、汉字简化和汉语拼音的改革奠定了基础。对人口高达12亿多的汉族来说，虽然绝大多数人家庭传承的语言并非普通话，而是语音奇异、词汇多样、语法有差的多种方言，甚至一些方言在口语交流中难以沟通。但是，无论操何种方言，只要习得识文断字的能力，就能够在统一的汉字时空中获得阅读、书写和交流的自由。但是，对人口1亿多的55个少数民族而言，绝大多数少数民族的语言文字，属于与汉语文不同的语言和文字。中国是一个语言文字资源丰富的国度。

新中国在法律上没有规定"国语"，以汉语普通话、规范汉字作为国家通用语言文字，体现了国家统一的意志和中华民族整合的要求。2000年颁布的《中华人民共和国国家通用语言文字法》规定，"公民有学习和使用国家通用语言文字的权利，国家为公民学习和使用国家通用语言文字提供条件"。可以说，国家通用语言文字是中华民族多元一体大家庭的"母语文"，56个家庭成员都要学习和使用。同时，这部法律依据宪法原则重申：中国"各民族都有使用和发展自己的语言文字的自由"。即中华民族大家庭的每一个成员的语言文字，都必须得到保护、使用和传承。不仅是少数民族的语言文字，汉语文中的多种方言和繁体字也在其中。"学习和使用"国家通用语言文字的权利，"使用和发展"本民族语言文字的自由，是中国公民并行不悖的双重权益。中国依法尊重和保障各民族语言文字使用的自由，是立足于各民族一律平等基础上的语言平等政策，也体现了对语言文字多样性资源的尊重、珍惜和保护。

从 20 世纪 20 年代开始，中国的学术界就展开了现代意义的汉语方言和少数民族语言的调查研究。新中国成立后，1950 年建立中国科学院语言研究所，1956 年建立中国科学院少数民族语言研究所，标志着中国现代语言学的科学发展和组织机构化，代表了中国政府在国家语言政策方面进行的基本建设。其中，对少数民族语言的大规模调查，既是全面把握国家语言资源的科学活动，也是确立保护少数民族语言政策的实践基础，它与国家同步开展的民族识别、推行民族区域自治制度直接相关。语言是一个民族的重要特征，但不是民族识别的唯一标准。历史形成的语言关系十分复杂，同源一族操不同的语言，异源多族讲同一种语言，多种语言相互渗透，不同的语言与同一语言中的不同方言相互交织，等等。这些现象，反映了中国历史上各民族相互影响、互动交融的族际关系。在这种纷繁复杂的语言调查中，对每一种语言进行语系、语族、语支的科学归属，是中国语言学界长期进行的科学活动。

通过持续、深入的语言调查，语言学界确认中国的语言谱系分别归属于汉藏语系 76 种语言、阿尔泰语系 21 种语言、南岛语系 16 种语言、南亚语系 9 种语言、印欧语系 1 种语言、混合语 5 种，以及系属未定 1 种语言（朝鲜语）。在《中国的语言》这部厚重的著作中，展示了中国（含台湾）129种语言的现状。[①] 其中，除了汉语外128种语言都属于少数民族语言。可以说，中国语言谱系的复杂性和多样性，集中体现在少数民族的语言之中。其中有几十种少数民族语言的使用人数在千人以下，甚至不足百人，属于国际社会公认的"濒危语言"。就世界范围而言，通常认为在现存的6000多种语言中，在绝大多数人中通行或广泛使用的也不过百种，有2500余种语言处于濒危状态。在这方面，中国对少数民族语言持续不断的调查、采集、记录、描写和建立语言资料库（含音档）等措施，在保护语言资源特别是少数民族语言资源方面，做出了重大的努力。

中国少数民族不仅承载着数以百计的语言，而且还有几十种文字。现存的少数民族文字，包括历史悠久的拼音文字、音节文字和象形文字。拼音文字如脱胎于古印度梵文字母创制的藏文、傣文（4种）；以回鹘文字母创制的蒙古文及其衍生的满文、锡伯文，以阿拉伯字母创制的维吾尔文、哈萨克文、柯尔克孜文、乌兹别克文和塔塔尔文；音节文字的彝文、纳西族的哥巴文、汉字式的方块壮文和方块白文；象形文字中的纳西族东巴文、水族的水书；还有近代西方传教士以拉丁字母拼写的景颇文、拉祜文、傈僳文，图案与拉丁字母结合的伯格里苗文；等等。其中一些少数民族文字主要在宗教生活中使用。同时，也有许多少数民族语言没有形成文字。在现代社会，没有文字的语言因不能书面记录和印刷传播，难以在社会教育体系中使用。因此，为无文字的少数民族创制书写系统，成为少数民族语言保护、传承和发展的重要政策实践。

文字是记录思想、传播知识的符号，是超越语言传承时间和使用

[①] 参见孙宏开、胡增益、黄行主编《中国的语言》，商务印书馆2007年版，第13页。

空间的载体。古文字学家可以破译几千年、数百年前的古文字，但是这些古老文字所记录的那种语言却无法恢复。从这个意义上说，赋予现存无文字的少数民族语言以书写系统，不仅可以增强语言的传承活力和表达规范化，而且能够提高一个民族在现代化发展中的自尊和自信。从 1954 年开始，国家批准了帮助无文字少数民族创制文字的建议，本着"自愿自择"的原则，确定了以拉丁字母为基础，兼容汉语拼音中的相关字母读音，相继创制了壮、布依、苗、彝、黎、纳西、傈僳、哈尼、佤、侗、景颇、土 12 个少数民族的 16 种拼音文字，其中苗文包括了湘西、黔东、川黔滇、滇东北 4 种，哈尼文则为哈雅哈尼、碧卡哈尼 2 种。在此期间也对一些少数民族原有文字进行了改进和改革。创制和规范少数民族文字及其在实践中试行，为民间扫盲、学校教育、普及知识、行政司法、新闻传播、文学创作等活动发挥了重要作用。

少数民族文字的创制、改进和改革，是一个需要不断探索、实验和逐步完善的复杂事务。在这些创制、改进和改革的文字实验推行进程中，是否能够为相关少数民族广泛接受和普及通用，面对着许多复杂因素。其中新创制文字的拼音所确定的标准音点，在方言多样的语言环境中，由于语音、词汇的差异，会产生接受程度、学习难度不一的效果，有的方言区甚至如同学习另外一种语言，所以全面推行颇为困难。同时，一些少数民族在历史上已经采用汉字形制创制了"方块字"书写系统，如壮、布依、侗、水、白、哈尼、彝、傈僳、瑶、苗等民族中的"方块字"。这些汉字式的少数民族文字，在使用中也有类似汉语方言林立但文字统一的效果，所以在民间生活中仍具有较强的活力。为少数民族创制文字是统一走拉丁化拼音文字之路，还是尊重历史、因地因族地完善原有的汉字式"方块字"，也成为人们立足国情去思考新创拼音文字与传统表意文字利弊得失的重要课题。①

中国新创制少数民族文字之所以处于试行状态，不仅是遵循文字产生和通行的历史规律，关键是始终坚持少数民族"自愿自择"这一基本立场。在新创制文字的试行过程中，有些文字方案试行的效果不彰，其中既包括文字方案本身存在的技术性问题，也包括不能满足相关少数民族的语言使用习惯和文字需求愿望的问题。尤其是一些改进和改革的文字，都需要在实践中接受少数民族社会生活的检验。如以拉丁字母为基础改革的维吾尔文、哈萨克文，曾在1976年全面推行，因难以为少数民族接受于1982年终止，恢复了原有的以阿拉伯字母为基础的文字。而景颇文、拉祜文、德宏傣文的改革方案，因基本保持了原有文字的形体和结构，得到民众的认可故得以推行。新创制的拼音彝文，经过20多年的教学实验未能取得民众的认可，也于1980年经国务院批准终止试行，转而推行经过整理和规范的原有彝文，等等。② 可见，创制和改进文字并非没有必要，但是必须尊重客观规律、顺应人心。

为少数民族创制文字，改进或改革原有文字，是国家履行"各民族都有使用和发展自己的语言文字的自由"这一宪法原则的责任，是保障对少数民族语言文字使用权和发展权的重要措施。在民族区域自治地方，自治机关执行职务时必须依法"使用当地通用的一种或者几种语言文字"，而且"可以以实行民族区域自治的民族的语言文字为主"，并"保障各民族公民都有用本民族语言文字进行诉讼的权利"等。在社会生活中，少数民族语言文字在学校教育、教材编写，报

---

① 参见邓卫荣《论文字理论的发展与民族文字工作实践的调整》，《民族研究》1997年第5期。

② 参见黄光学主编《当代中国的民族工作》（下），第307—308页。

纸、出版、广播、电视、互联网和手机等传播渠道中，得到广泛的应用，而且渗透于街头巷尾的标识、商品包装等诸多生活细微之处。因此，在中国以汉语文为主的社会语言环境中，全面保障少数民族语言文字使用和发展的权益，这是中国民族政策尊重差异、包容多样的重要实践。

任何一种语言文字，都需要通过现代教育体系得以广泛传承、通行使用和丰富发展。少数民族的现代教育事业，是新中国统一的现代国民教育的重要组成部分。但是，由于语言文字的关系，不谙汉语文的少数民族教育，大都起步于母语文教学，进而逐步增设汉语文课程，这是中国现代教育中"双语"教学的发展基础。"双语"教学，是保障少数民族"学习和使用"国家通用语言文字的权利、"使用和发展"本民族语言文字的自由的必由之路。"双语"教学是一个循序渐进的过程。民族区域自治法规定：以少数民族学生为主的学校（班级）和其他教育机构，"有条件的应当采用少数民族文字的课本，并用少数民族语言讲课"。同时规定，"根据情况从小学低年级或者高年级起开设汉语文课程，推广全国通用的普通话和规范汉字"。这是少数民族"双语"教学的基本原则。

在实践中，少数民族聚居地区的民族小学、民族中学、民族学院和地方大学，乃至国家层面的十多所民族大学，形成了较完整的民族教育体系，"双语"教学也取得了显著的效果，特别是在蒙古族、朝鲜族等少数民族中培养了大批的"双语"人才。但是，少数民族地区普遍存在的经济社会发展滞后性，使少数民族教育事业的发展存在诸多困难。正如2002年《国务院关于深化改革加快发展民族教育的决定》指出的：少数民族地区普遍存在"教育观念相对滞后，教育改革进程缓慢；教育基础薄弱，普及义务教育和发展其他各类教育相对迟缓；教师队伍数量不足、质量不高；教育投入不足，办学条件难以改善，学生上学困难问题较为突出，教师待遇需要进一步改善"等一系列特殊困难和问题。其中，缺乏合格的"双语"教师成为"双语"教学的"瓶颈"。因此，上述决定专门提出"少数民族和西部地区教师队伍建设要把培养、培训'双语'教师作为重点，建设一支合格的'双语型'教师队伍"的任务。

实施西部大开发以来，国家对少数民族教育事业的发展给予了持续不断的大规模扶持，在不断改善教育设施、教学条件的同时，"双语教学"的规模和质量成为国家高度重视的事务。由于少数民族地区经济社会发展滞后和贫困问题突出，一些少数民族学生的教育程度低、汉语文水平差，甚至本民族语文也未学好，他们在适应工业化、市场化、城镇化的经济社会发展中，面对着流动、就业、择业的诸多困难。因此，采取多种方式培训合格的"双语"教师、科学编制"双语"教学的课本，因地制宜地设置"双语"课程的比重，推动了"双语"教学的普及性发展。例如，到2014年年底，西藏自治区实施双语教育的小学、教学点达到1217个，在校学生近30万人；初中93所，在校学生近12.5万人；高中29所，在校学生近5.6万人；中等职业学校9所、高等院校6所实施"双语"教学，学生总数超过5万人。在"十二五"期间，建设了10个"双语"教师培训基地，从事基础教育的专任"双语"教师达到30641人，[1]西藏的"双语"教学的覆盖率达到99%。

在"双语"教学中，少数民族学生具有母语的优势，尤其是小学阶段母语文教学比重较高，加之家庭语言环境和当地的社会语言环

---

[1] 边巴次仁：《西藏双语教育体系基本形成》，新华网，2015年3月18日。

境，汉语文学习和使用的条件相对不足。所以，从 1985 年开始举办的内地西藏班、2000 年开始设立的内地新疆班，成为提升"双语"教学和教育质量的新措施。这是少数民族地区与内地、东部发达地区的教育协作模式，通过利用发达地区的教育资源，为加快少数民族地区教育事业发展注入了新动力。在西方国家中，诸如加拿大、澳大利亚等国，都曾对土著居民采取离乡离土的隔离性办学经历。即强制性地将土著居民的学龄儿童带离家庭，在异地封闭性地进行同化教育，从语言、衣着、行为、生活习俗等方面割断学生与家乡、家庭的文化联系。包括美国在印第安人保留地中设立的学校，也采取与家庭、社区隔离的严厉管制措施。这种针对土著居民的强迫同化教育政策实践，为美国、加拿大、澳大利亚这些典型的移民国家教育历史留下了黑暗的一页。这也是进入 21 世纪以后，在联合国关于土著人权利宣言形成的国际舆论压力下，加拿大、澳大利亚政府相继举行向土著人道歉仪式的原因。

中国政府针对西藏、新疆地区教育事业滞后的现状，在对口支援的共同发展机制中，利用内地的教育资源举办"内地班"，开展基础教育和职业教育，目的是加快少数民族地区教育事业的发展，培养少数民族的各类人才，以适应当地经济社会现代化发展对本民族人才的需求。近些年来，相继在内地和东部 21 个省市的 32 所学校设立了西藏班、15 个省市的 120 多个学校设立了新疆班。这是国家对加快西藏、新疆地区经济社会发展，实行差别化政策在教育事业方面的重要体现。这些初中、高中"内地班"以少数民族学生为主（90%），通过少数民族语文、汉语文等科目的考试录取，尤其注重招收农村、牧区的少数民族学生。同时，各类少数民族职业技术班、高等院校的预科班等也应运而生。这些"内地班"以汉语文授课为主、加授少数民族语文，起到巩固少数民族语文、提高汉语文水平的"双语"成效，大幅度地提升了进入高中、大学的升学率。30年来的实践证明，少数民族"内地班"的学生，在显著提升学业水平的同时，也增强了为家乡繁荣发展贡献才智的信心，毕业后的学生绝大部分选择了返回家乡创业发展。

在统一的多民族国家的现代教育体系中，实行"双语"教学，培养汉语文和少数民族语文兼通的"双语人"，这是少数民族从语言条件局限转为语言条件优势的标志。"双语"教学的成功例证表明，通用语言和故里"乡音"的有机融合，为少数民族打开了广阔的社会空间。从这个意义上说，少数民族在学习和使用国家通用语言文字方面，没有任何心理障碍。同样，在中华民族大家庭的成员中，也没有哪一个民族对本民族的语言文字缺乏珍重、爱惜之心，包括汉族保护汉语方言、繁体字的意愿和努力。毫无疑问，随着经济社会发展推动的各民族人口在全国范围的流动，各民族人民在不断融入城镇化的密切交往中，对共同语言文字交流能力的自觉需求会日益增强。国家加大力度推广通用语言文字，顺应了社会发展的趋势和社会交流的需求。同时，如何在国家通用语言文字影响力日益广泛的发展前景下，科学保障各民族语言文字使用和发展的权益，也成为国家高度重视的问题。

在中国全面建成小康社会的目标设计中，包括2020年"国家通用语言文字在全社会基本普及，全国范围内语言交际障碍基本消除"的预期目标。事实上，这将会是一个长期的过程。值得注意的是，在这份国家中长期语言文字事业的发展规划中，特别强调了"尊重各民族使用和发展自己的语言文字的自由"的原则，要求全社会"树立各民族语言文字都是国家宝贵文化资源的观念"，对各民族语言文字提出"有针对性地采取符合实际的保护措施"的指导意见。[①] 如建设中国语言资源有声数据库,对普通话、汉语方言和少数民族语言的有声语料进行科学的语言实态保存;加快研制少数民族语言文字规范标准,推动少数民族语言文字的信息化建设,增强其在信息网络系统中的传播能力;建设少数民族语言文化资源库和传统通用少数民族语言的大规模语料库;对 20 种少数民族濒危语言调查和保护;等等。在保护的基础上,把语言文字传承和弘扬文化的作用,提高到"构建中华民族共有精神家园"的高度,则赋予了保护少数民族语言文字更深刻的意义。

五　依法保障宗教信仰自由

中国是一个信仰体系复杂的多宗教国家。先秦时代以孔子思想为核心产生的儒家学说,是中国传统精神信仰和文化脉络的主体,也是中原王朝统治"天下"、教化民间的意识形态。其植根深厚、影响广泛、渗透民间,故有儒教、儒术、儒学之称,是为中国传统的礼乐之规、治世之道、教化之本。佛教传入、道教产生后,在历史上并称儒释道"三教"。在中国古代历史上,不同宗教之间虽然出现过竞争高下、相互毁诽的多次争论,也发生过"三武一宗"的灭佛事件,但是没有发生类似欧洲历史上延续几百年的宗教战争。儒家思想不可动摇的地位,儒释道三教调和的内在哲理,"有容乃大"的相互包容,是历朝各代政治思想、民间意识的主流。至于儒学是不是典型意义的宗

[①] 《国家中长期语言文字事业改革和发展规划纲要(2012—2020)》,中国新闻网,2013 年 1 月 6 日。

教（religion），虽然至今仍存见仁见智的分歧，但是儒学思想对本土的道教传播，对佛教、伊斯兰教等外来宗教立足中国的"本土化"过程，都产生过重要影响则是事实。明朝西方天主教在中国打开传教局面，也大多利用儒家思想来解释天主教的教义。[1] 这也是中国历史上多种宗教相容并存的重要原因。

西方天主教、基督教几度传入中国。元朝时期，岭北行省所辖蒙古故地的哈拉和林都城，即是多种宗教并存的一个缩影。13世纪中叶的法国圣方济各会士鲁布鲁克看到城内"有十二座各族的偶像寺庙，两座清真寺，念伊斯兰教的经卷。城的尽头有一座基督徒的教堂"[2]。那些"偶像寺庙"即是中国的佛教寺院和道教观宫。唐代、元朝都曾对西方传教士给予礼遇，明朝和清朝对西方传教士也多所重用，传教士的天文历算、地理测绘、绘画艺术、建筑技艺和火器武备等西方知识颇受朝廷重视，这为宗教的传播提供了空间。不过，1624年荷兰人侵占台湾后，基督教传教士在台南地区土著居民"番社"中的宣教活动，则开启了在中国以传教为工具，殖民征服土著居民、扩大领地和攫取物产的历史。[3]

1840年之后，帝国主义列强在加诸中国的种种不平等条约中，加入了"传教宽容"等特权条款，为天主教、基督教大举进入中国打开了大门。各种教会假列强之势，纷纷设立教堂、建立教区，并向西藏、蒙古和新疆等边疆地区渗透，影响日益广泛。这种影响既产生了洪秀全以"拜上帝会"组织发动的太平天国农民起义；也造成了教会

---

[1] 参见顾长生《传教士与近代中国》，上海人民出版社2004年版，第17页。
[2] 《柏朗嘉宾蒙古行纪、鲁布鲁克东行纪》，耿昇、何高济译，中华书局1985年版，第292页。
[3] 参见郝时远、陈建樾主编《台湾民族问题：从"番"到"原住民"》，第36页。

横行乡里、强占民田、干预行政、包揽词讼、欺压百姓等种种恶行，引起西方"洋教"与中国传统政治、文化和社会伦理观念的激烈冲突，导致民间社会与教会之间、教民之间数百起"教案"发生，并最终爆发了1900年"扶清灭洋"的义和团运动。这些抗拒行动，无法摆脱西方列强以传教为殖民侵略先导、以宗教为社会征服工具的受挫后果：武力相加、攫取权益、勒索赔款。因此，近代天主教、基督教在中国立足并非单纯的"和平"传教，而是在西方列强殖民侵略中国的政治气候中实现的，这是外来宗教与中国社会互动中最为严重的冲突。

辛亥革命后，随着民国宪法宣示宗教信仰自由、实行政教分离，天主教、基督教的传播也趋向于"本土化"的发展。当时，一方面中国兴起的新文化运动、民族主义思潮、反帝爱国运动，对帝国主义列强扶持的西方宗教提出了挑战；另一方面因儒家意识形态在现代国家建构中的终结、"孔教"运动的失败和移植西方制度的尝试而为西方宗教提供了机遇。天主教、基督教除了主动适应中国礼仪文化、建筑风格和话语体系外，开办的多种慈善事业，如医疗、弃婴孤儿收养、盲童学校、民间赈济，以及举办各类学校、出版印刷等，呈现了世俗化的发展，对城市和农村（包括少数民族地区）的民间社会产生了诸多积极影响。美国退还"庚子赔款"建立清华学堂之举，也是出自传教士的建议。[①] 这些善举也赢得了更加广泛的传教空间。尤其是中国本土神职人员的修院培育和出任包括主教在内的教职，也激发了中国神职人员对教会"自立、自养、自传"的意识。这也成为新中国成立后，中国基督教界发表中国教会"自治、自养、自传"宣言，中国天

---

① 参见顾长生《传教士与近代中国》，第315页。

主教界确立自选自圣主教、独立自主自办教会道路，脱离外国教会和罗马教廷控制的"中国化"抉择。

中国共产党是信仰马克思列宁主义的政党，中共党员是无神论者。中共如何在一个宗教多元、植根深厚的多民族国家中，坚守信念、凝聚人心、开创统一的多民族国家繁荣昌盛的未来？这是一个关系到国家全局、各民族人民切身利益的重大问题。早在中共建立之初，就确立了尊重宗教信仰自由的基本理念。1930年就提出在苏维埃政权之下的"劳动者"不分民族、不分男女、不分宗教信仰一律平等的主张，强调了"绝对实行政教分离的原则"和"一切公民可以自由的信教"的基本原则。[①] 其中"劳动者"这一具有鲜明阶级属性的群体，是指各民族中遭受阶级压迫的劳动人民，不包括享有封建特权和外国教权的宗教上层。因为在宗教上层享有的特权中，包括了干预政治、阶级压迫、经济剥削、等级欺压、宗教裁判和刑罚的权利，以及帝国主义操控的"治外法权"等。尤其在政教合一体制中，宗教上层往往属于统治阶级的组成部分和重要力量，这在西藏地区的藏传佛教中尤为显著。

因此，废除宗教领域这些特权，是新中国宗教事务首先要解决的问题。废除各种宗教中的特权，并不意味将整个宗教上层作为阶级斗争的对立面。而是在"反帝""爱国""爱教"前提下，尊重他们在宗教界的权威和信教群众中的影响力，实现中国各民族人民的平等、团结和保障信教民众的平等权利。这是中共在倡导和建立抗日民族统一战线的实践中，已经确立的基本原则，即团结反帝、爱国的宗教上层共同抗日。在新中国的建设事业中，爱国、爱教的宗教上层人士，

---

① 中共中央统战部编：《民族问题文献汇编（1921.7—1949.9）》，第122、124页。

也是宗教界平等参与国家政治生活的代表。虽然在对待宗教现象认识中，存在唯物论与唯心论的意识形态对立，也有人提出取缔宗教的激进言行。但是，国家对宗教事务的方针十分明确。1955年召开的全国宗教工作会议指出："当前宗教工作所要解决的问题是'反帝爱国'，并不是'唯心唯物'。"① 中共认为，宗教现象伴随着人类社会发展而有着久远、漫长的历史，宗教的消亡和民族的消亡一样，是未来久远的话题。

在少数民族地区的民主改革中，废除宗教的封建特权是改革的重要内容。期间也同样出现过把少数民族的宗教信仰，混同于民间社会普遍存在的封建迷信，主张通过移风易俗予以取消等错误言行。对此，周恩来曾予以严肃批评："汉族首先应该尊重少数民族的宗教信仰。……怎么能够取消宗教呢？况且，对全民族信仰一个宗教的少数民族来说，宗教对家庭关系、社会关系影响就更大些。中国的宗教信仰自由政策是实实在在地执行着的。我们要造成这样一种习惯：不信教的尊重信教的，信教的尊重不信教的，和睦相处，团结一致。"② 所以，在中国的宪法原则和宗教管理事务中，保护宗教信仰自由与保护不信仰宗教的自由并行不悖，信教与不信教都是公民的平等权利，没有"高低贵贱"之分，必须相互尊重、相互理解、和睦共处、团结共存。中共在理论上确立了宗教现象具有的基本特性：群众性、民族性、国际性、复杂性和长期性。这些基本特性，在中国多宗教并存、多宗教在各民族中并存的格局中，使中国宗教事务的管理呈现了纷繁

---

① 习仲勋：《在第三次全国宗教工作会议上的总结》，《习仲勋论统一战线》，中央文献出版社2013年版，第161页。
② 周恩来：《要尊重少数民族的宗教信仰和风俗习惯》，载中共中央文献研究室、中共新疆维吾尔自治区委员会编《新疆工作文献选编（1949—2010）》，第145页。

复杂的特点。

在当代中国，佛教、道教、伊斯兰教、天主教和基督教（新教、东正教）是国家承认的五大合法宗教。宗教信仰是中国各民族人民精神生活的重要组成部分，渗透于民间文化和生活习俗之中。多民族、多宗教的交集，使同一民族信仰不同的宗教、不同民族信仰同一种宗教、同一民族和不同民族信仰同一种宗教的不同教派等现象颇为普遍。在汉族社会，汉语系（北传）佛教、道教植根深厚、影响广泛，同时天主教、基督教在汉族中的影响也很大。在少数民族的宗教生活中，五大宗教均有程度不同的影响。中国历史形成的各民族"大杂居""小聚居"的分布格局，使宗教信仰既有以民族为特征的区域性分布，也有多民族相间杂处中的多种宗教交织并存的现象。同时，在各民族特别是少数民族中都存留着程度不同的自然崇拜、图腾崇拜、祖先崇拜、多神崇拜和萨满教等诸多原始宗教形态。

在中国的佛教信仰体系中，汉语系佛教对少数民族有普遍影响，在白、满、彝、朝鲜、壮、瑶、土家、京、黎、布依、侗、拉祜、高山、毛南、仫佬、畲等少数民族中均有较广泛的信众。作为中国佛教信仰体系中的藏语系（藏传）佛教、巴利语系（南传）佛教，其传统影响则集中于一定区域和相关的少数民族。藏传佛教集中于西藏自治区、内蒙古自治区、四川、青海、云南、甘肃和新疆等地，是藏、蒙古、土、裕固、门巴、珞巴、普米等少数民族人民广泛信仰的宗教。藏传佛教的教派众多，以格鲁派（俗称黄教）影响力最大。南传佛教集中于云南省，是傣、布朗、阿昌、佤、拉祜等少数民族普遍信仰的宗教。同时，在这些地区、这些民族中，也存在着其他宗教及其信仰群体。道教、天主教、基督教都有程度不同、信众规模不一的影响。比较而言，在信仰伊斯兰教的少数民族中，宗教信仰的单一性最为显著。

中国的伊斯兰教是覆盖全国性的宗教。穆斯林在全国范围内的广泛分布，使清真寺的数量在中国五大宗教的宗教活动场所中位居第一，达4万余座。不过，穆斯林人口的聚族分布重心在西北地区，新疆维吾尔自治区、宁夏回族自治区、青海省、甘肃省等地的维吾尔族、回族、哈萨克族、东乡族、撒拉族、保安族、柯尔克孜族、乌兹别克族、塔吉克族、塔塔尔族，构成了中国穆斯林信众的主体。在中国的伊斯兰教信仰群体中，除了塔吉克族穆斯林和极少数维吾尔族穆斯林属于什叶派外，其他都属于伊斯兰教的逊尼派，但是从未有过什叶派与逊尼派的歧见或冲突。清代以降，在伊斯兰教神秘主义派苏菲教团影响下，形成了以回族穆斯林为主的门宦制度，即虎非耶、哲合忍耶、嘎达忍耶、库布忍耶四大门宦。各门宦的教权渗透于世俗生活，并通过道堂、教区和教坊产生诸多分支，在回族等少数民族的穆斯林中影响深远。

少数民族中的天主教、基督教信仰，是随着近代西方宗教再度传入出现的。如果说1624年荷兰人侵占台湾以严酷手段在"番社"强制传教，是中国少数民族中的一段伤痛经历；那么1905年英国传教士柏格理（Samuel Pollard）在贵州苗族村寨的传教活动，则留下了至今令信教民众感怀的历史记忆。他融入苗乡的社会生活，学习苗语、创制伯格里苗文、创办学校、开展医疗、倡导卫生、克服陋习、改善生产条件，赢得了当地苗族民众的信任和宗教皈依。其创制的伯格理苗文至今仍在民间使用。在当时的历史条件下，像伯格理这样的一批传教士，为偏远山区的少数民族做出了民国政府、当地官府无力举行的善举，实属难能可贵。当然，这也是从晚清到民国西方宗教植根中国民间社会、影响少数民族的重要原因。伯格理收获了一部分苗族民众皈依耶稣,但是并没有改变苗族宗教信仰多元化的特点。苗族普遍尊崇传统的原始信仰,包括祭祖、鬼神、巫术等,而且也有一部分苗族信仰天主教。这种现象在傈僳、彝、拉祜、怒、哈尼、景颇、佤等少数民族中也十分多见。

少数民族中多种宗教信仰并存的现象,特别是在多民族交错聚居的环境中,既会受到一定区域内宗教生活大环境的影响,也会因历史上不同宗教的传播过程而形成"嵌入式"的小单元。在西藏自治区有信仰伊斯兰教的穆斯林群体,也有信仰天主教的纳西族群体;在内蒙古自治区有信仰伊斯兰教的回族穆斯林群体,也有信仰伊斯兰教的蒙古族穆斯林;在青海省化隆县有被称为"藏回"的穆斯林群体;等等。甚至在一个乡村、一个家庭中也存在着不同宗教信仰。西藏昌都地区芒康县纳西民族乡的上盐井村,坐落着一座天主教堂,这在藏传佛教寺庙林立的大环境中可谓"独树一帜"。这个 149 户人家 800 多人的村落,80% 的村民信仰天主教。在村民方济格的家中,既供奉着天主教的圣母画像,也供奉着藏传佛教的活佛画像,象征着家庭成员不同的宗教信仰。[①] 这种民间乡里、深入家庭的不同宗教信仰和睦相处的微小例证,如果放大来看即是全国范围各种宗教在各个民族中交织并存的图景。同族不同教、同教不同族,五大宗教的寺、庙、观、宫、教堂遍及全国(包括台湾、香港和澳门)各省、自治区、直辖市。

新中国的历史,是一个开创中国新历史的过程,期间难以避免地经历曲折和挫折,诸如 1958 年的经济社会"大跃进",1966 年出现的"文化大革命"。在这种举国遭逢曲折的过程中,民族事务、宗教事务蒙受激进、错误的"革命"浪潮的冲击在所难免。但是这些冲击

---

① 参见《探访西藏唯一的天主教堂》,新华网,2014 年 7 月 22 日。

并非针对少数民族及其宗教信仰，汉族及其宗教信仰遭受的"疾风暴雨"更加广泛、更加深入。"破四旧"的造反行动，批判斗争、毁佛拆庙、遣散僧侣并无民族、宗教之分。正是由于中国探索发展道路遭受了如此重大挫折，才能开拓出改革开放的正确道路，从而也展开民族、宗教事务的新局面。1982年中共中央发布的《关于我国社会主义时期宗教问题的基本观点和基本政策》，即是系统总结新中国成立后在宗教事务方面经验和教训基础上，确立的宗教政策原则。这份文件是中共建立以来，对宗教现象、宗教事务、宗教政策做出的全面阐释。其中对宗教信仰自由政策的实质做出了具体解释，"就是要使宗教信仰问题成为公民个人自由选择的问题，成为公民个人的私事"①。这是从人权保障范畴对公民宗教信仰自由权利的新认识。同时，对宗教事务依法管理也成为中国依法治国实践的重要组成部分。

依法管理宗教事务，是当代世界范围的通则。虽然只有极少数国家制定了专门的宗教法律，但在国家宪法中宣示保障宗教信仰自由，却是最普遍的现象。其中实行政教分离、公立学校不得进行宗教教育、宗教团体登记管理等规定，也是具有普遍性的法律原则。在中国，目前虽然尚未制定出专门的宗教事务基本法律，但是宪法规定的有关宗教事务的基本原则，已经渗透于选举、教育、劳动、广告、民法等多种基本法律之中，并且在民族区域自治法中做出较全面的规定。其基本内容涉及权利保障、反对歧视、尊重信仰，任何人不得利用宗教进行破坏社会秩序、损害公民身体健康、妨碍国家教育制度的活动等。同时，政府通过行政法规的制定，不断完善国家对宗教事务

---

① 《中共中央印发〈关于我国社会主义时期宗教问题的基本观点和基本政策〉的通知》(1982年3月31日)，载国家民族事务委员会、中共中央文献研究室编《新时期民族工作文献选编》，中央文献出版社1990年版，第161页。

的规范化管理,则是保障中国各民族人民宗教生活的重要措施。在这方面国务院相继颁布的《宗教活动场所管理条例》《宗教事务条例》等,即是国家管理宗教事务的基本遵循。除了这些适用于各种宗教的行政法规外,2007年国家宗教事务管理部门也制定了适用于藏传佛教的《藏传佛教活佛转世管理办法》。其中明确规定:"历史上经金瓶掣签认定的活佛,其转世灵童认定实行金瓶掣签。"①

藏传佛教的活佛转世独具特色,是各教派、寺庙首领的地位和教权以"化身"方式传承的一种宗教制度。13世纪由藏传佛教噶玛噶举派首创,后为其他教派所借鉴并形成为数众多的活佛转世系统。清代以格鲁派的达赖喇嘛、班禅额尔德尼等几大活佛转世系统最具影响力,并且构成了西藏、蒙古地区政教合一体制的教权传承形式,所以也纳入了国家管理的范畴。清代对西藏地区的统治,根据其政教合一的地方权力结构,实行施政必"治教"的管理方式。乾隆年间确立的金瓶掣签制度,即是对西藏地区政教权力承袭、避免转世弊端、赋予国家认定的施政措施。即便根据实际情况免于金瓶掣签,也需要得到朝廷的批准。民国时期因袭了这一制度,制定了活佛转世的规定。新中国成立后,政教分离不仅是宪法原则,也是国家政治统一的实践。西藏的民主改革、人民建政就是解决这个问题。在政教分离的情况下,废除宗教的封建特权并不意味取消宗教的教权,即依法布教、遵循仪轨、自我管理等权利,其中包括活佛转世制度。

对藏传佛教而言,不同的教派、不同的活佛是否有条件转世,在不同的历史条件下情况不尽相同。但是如果废除活佛转世制度,事实上等于阉割了藏传佛教的传承系统。因此,尊重宗教信仰自由,包括

---

① 《藏传佛教活佛转世管理办法》,国务院宗教事务局令第5号,2007年7月18日,国家宗教局网站。

了尊重宗教的教义、制度、仪轨和正常活动，国家的立法、行政管理为这种尊重提供保障。新中国成立后，遵循藏传佛教历史定制、转世仪轨、寻访灵童、金瓶掣签、中央批准的活佛转世实践，保障了藏传佛教的传承和发展，顺应了僧俗信众的虔诚追求。1989年1月24日，第十世班禅额尔德尼曾专门就他的幻化转世问题说：先找出3个预选灵童，然后逐一调查。"我想到在释迦牟尼跟前，采取'金瓶掣签'办法来确定是最好的。"[①] 四天后，班禅大师圆寂。经国家批准宗教界展开了历时6年的灵童寻访认定过程，于1995年在西藏拉萨的大昭寺举行了金瓶掣签仪式，在3名候选灵童中产生了第十世班禅额尔德尼转世灵童的真身，实现了班禅大师的遗愿。这是格鲁派大活佛系统的一次规范、成功的转世活动。然而，就在班禅大师转世灵童履行"金瓶掣签"仪轨之前，流亡国外的第十四世达赖喇嘛，以政教合一的宗教领袖身份擅自指定了一名"灵童"，以图干扰灵童转世，破坏"金瓶掣签"，制造僧俗信众的分裂。这种行为不仅违反中国的法律法规，而且是对藏传佛教历史定制和宗教仪轨的背弃。其行为与第十世班禅额尔德尼大师尊崇历史定制、宗教仪轨的转世幻化境界，可谓天壤之别。

第十四世达赖喇嘛，作为背弃祖国和藏传佛教家园的政治流亡者，在第十世班禅大师转世之后，不断释放自己在"国外转世"或"不转世"等奇谈怪论，无非是利用"达赖喇嘛"这个宗教权威的名号，来绑架僧俗信众尊崇"上师"的虔诚。他将"转世"的谬说和所谓"西藏问题"付诸"全体藏人"决定的"民主宣示"，只是为他姗姗来迟的"政教分离"和所谓"政治退休"，披上了一袭"民主

[①] 转引自赵朴初《"金瓶掣签"认定灵童是班禅遗愿》，《中国西藏》，1995年增刊。

化"的袈裟,目的是将其无法实现的"西藏独立"政治目标、自我意识的"转世危机"转嫁于广大僧俗信众,以期不断挑起包括骚乱、"自焚"等极端事件,来获得某些国际舆论的支持和渲染。事实上,在藏传佛教的发展历史上,从来没有过由全体僧俗信众决定宗教仪轨或活佛转世的例证,而活佛转世需要中央政府认定和批准却是几百年来的条法定制。而且中央政府有权力革除某一活佛名号或废止某一教派转世,如噶玛噶举派红帽系活佛转世在乾隆年间被废止。[①] 这种利用藏传佛教的"教权",推行其政治目的的行径,不过是"政教合一"变为"教政合一"的政治游戏,与一些西方国家政要、所谓"援藏势力"干预中国内政的言行并无二致。所以,中国保障藏传佛教信仰自由的实践,一直受到来自境外达赖集团等势力的干扰和破坏。

宗教现象具有的国际性特点,中国的五大宗教中除了道教起源于本土,其他宗教都具有国际性的传播背景。道教也随着海外华人的世界性分布而形成国际性的影响。因此,这也使中国的宗教生活必然形成国际性的交流和互动。中国的宗教团体,如中国佛教协会、中国道教协会、中国伊斯兰教协会、中国天主教爱国会、中国天主教主教团、中国基督教三自爱国运动委员会、中国基督教协会等,既是独立自主自办教务的全国性宗教团体,也是与世界各国宗教团体开展友好交往的窗口。2005年成立的中华宗教文化交流协会,则为中国的宗教界搭建了更大的国际交流平台。中国宗教与世界的交流,既不干涉他国的宗教,也不接受别国宗教的干预,而是立足于平等交往、相互尊重、和平合作、和谐共处的立场,共同发挥宗教信仰对人类社会文

[①] 参见白玛朗杰、次仁德吉、王春焕《论藏传佛教活佛转世制度实施中的中央权威性》,《西藏研究》2015年第1期。

明进步的积极作用。同时，宗教界的国际交流，也是满足国内信众精神生活需求的重要保障。例如，中国伊斯兰教协会的重要职责之一，即负责组织全国各民族穆斯林赴圣地麦加履行朝觐功课。

新中国成立后，1952 年中国穆斯林组成了第一个朝觐团，但是因当时的外交关系局限，朝觐团在途中未能获得沙特阿拉伯的签证。对这一关系宗教信仰自由权利的问题，周恩来总理在 1955 年著名的亚非"万隆会议"上，专门就中国穆斯林朝觐的问题与沙特阿拉伯国家领导人进行了沟通，达成了当年中国穆斯林赴圣地朝觐的夙愿，开启了新中国穆斯林朝觐的新历程。[①] 改革开放以来，中国穆斯林朝觐事务呈现了规范化的管理和发展，朝觐团人数也由最初的几十人扩大到数百人、几千人、上万人，2015 年中国穆斯林朝觐团人数达到 1.45 万。穆斯林朝觐人数的逐年攀升，本身就反映了中国公民宗教信仰自由权利保障的实现程度，同时也体现了国家依法管理宗教事务所产生的积极成效。中国穆斯林人口众多，朝觐意愿既要遵循麦加圣地对朝觐人数的规模控制，又要公平合理地满足穆斯林朝觐的迫切心愿。所以，国家宗教管理部门与中国伊斯兰教协会共同制定的《中国穆斯林出国朝觐报名排队办法》，即是公正、有序组织穆斯林朝觐活动的管理措施。

中国的各种宗教是独立自主的开放性信仰体系，不受外国教会的影响和支配，也反对境外民间组织或人士在中国非法传教，维护自传的爱教传统。同时，国家也依法打击和取缔各种妄立教名、欺蒙民众、危害社会的"邪教"活动。这是维护宗教合法权益、保障宗教信仰自由的国家责任。改革开放以来，中国出现过多起流布甚广的"邪

[①] 参见敏俊卿《新中国穆斯林第一次朝觐的前前后后》，中国民族宗教网，2009 年 9 月 15 日。

教"活动，其中一些"邪教"就是从境外传入，滋生蔓延，对社会秩序、民众利益造成严重损害。在少数民族地区，除了达赖喇嘛从境外对藏传佛教施加政治影响外，最突出的问题是新疆地区受到境外伊斯兰教极端主义的侵袭。宗教极端主义是假宗教"正道"之名，通过歪曲宗教教义、实施暴力恐怖等极端行为来谋求政治目标的邪恶势力。多年来危害新疆地区的"三股势力"，即是以宗教极端思想蛊惑民间，以暴力恐怖行为危害社会，以民族分裂为政治目标的国际犯罪集团。这些由极少数人组成的势力，将其政治目标和极端行为与民族、宗教绑架在一起，力图充当中国某个少数民族、某种宗教信仰的代表。

作为"三股势力"的核心组织，诸如栖居欧洲、美国等西方国家以"世界维吾尔代表大会"为代表的几十个民族分裂组织，通过谋求西方政要、媒体和社会舆论的支持，以各种方式制造"新疆问题""维吾尔问题"和诋毁中国民族政策、宗教政策的舆论，并以各种传播手段持续不断地向境内进行民族分裂主义的政治动员，以期挑起事端、制造事件，为其谋求西方一些政治势力的支持提供"证据"。而寄生于中亚、西亚和南亚地区以"东突厥斯坦伊斯兰运动"等为代表的多股势力，则以传播宗教极端思想、培训恐怖分子、筹措制造武器、潜入境内发展组织、动员"圣战"、制造暴力恐怖事件等为目标，形成内勾外联之势。其中，通过地下讲经、"泰比勒合"（流动宣讲经文）、录像视频、手机、印刷品等方式传播的所谓"宗教"，无不突出其对"异教徒"发动"吉哈德"（圣战）的宗教极端思想和行动指南，成为纠结暴力恐怖团伙的主要动因。

事实上，根据参与暴力恐怖活动的罪犯交代，他们对伊斯兰教信仰最基本的教义、功课毫不知晓，他们受到的蛊惑仅仅是"杀人—升天"的所谓"圣战"逻辑,而根本不知道"穆斯林绝不能透过杀人来赢得真主的认可"这一《古兰经》的基本教义。① 而且,这些罪犯并非针对"异教徒",包括爱国爱教的当地知名大阿訇也是其刺杀的对象。这类宗教极端思想的传播者自己使用手机、电脑和网络却宣扬排拒一切现代文明,宣扬不看电视、不听广播、不读报刊,甚至"婚礼不许笑、葬礼不许哭",以所谓"宗教"的名义对维吾尔族传统的风俗习惯、文化生活施加压迫,将年轻人蓄胡须、女性穿戴黑色蒙面罩袍作为穆斯林的标准,等等。这些现象,严重危及了新疆一些地区的宗教信仰自由和穆斯林的正常生活。因此,依法打击和严厉惩治"三股势力",在宗教生活中"去极端化",在民间生活中保护文化传统,这是中国政府维护社会稳定、巩固民族团结、保障宗教信仰自由义不容辞的法律责任。

中国依法保障宗教信仰自由,确立了爱国爱教、独立自主自办的基本原则,努力为中国各民族人民的宗教生活需求,提供"保护合法、制止非法、遏制极端、抵御渗透、打击犯罪"的保障。在"保护合法"方面,涉及的宗教事务十分广泛,从具有文化遗产保护价值的宗教活动场所、地景的维护和修缮,到各类宗教用品的生产和供给;从宗教典籍的收集、整理和刊布,到经院神学教育机构的教职人员培养,包括藏传佛教格西学位的考试;从全国性、地方性宗教团体的广泛设立,到各个宗教内部管理体制的完善;从宗教教职人员享有医疗等社会保障,到各个宗教场所共享当地经济社会发展成就;等等。宗教作为对中国社会特别是在少数民族中影响广泛的一个社会界别,宗教界人士是中国统一战线工作的重要范围和对象,是中华民族伟大复

---

① 埃尔古恩·查潘编:《伊斯兰与恐怖主义》,黄思恩译,台北,希泉出版社2006年版,第5页。

兴爱国者联盟的成员。因此，宗教与中国特色社会主义社会相适应，使宗教在构建社会和谐、促进经济社会发展中发挥积极作用，同样是国家依法保障宗教信仰自由的题中之义。

六　保护和发展少数民族文化

2015年10月1日的早晨，在新疆维吾尔自治区首府乌鲁木齐的街头广场中，盛装的新疆各民族群众演出了一场多姿多彩的"广场舞"。虽然这种民众性的自娱自乐形式，早已遍及中国大江南北的城镇广场、公园和街头空地，成为民众清晨锻炼、傍晚休闲的普及性文化活动。但是乌鲁木齐的这场"广场舞"却通过中央电视台直播传达到全国各地，因为它表达了新疆各民族人民对祖国66年华诞、新疆维吾尔自治区成立60周年的欢欣鼓舞。欢快的音乐激扬着人们的热情，手鼓的节奏牵动着人们的舞姿，体现着新疆地区民族文化多样性的特色。"麦西热甫"这一维吾尔族传统音乐舞蹈艺术形式，已经成为地方性"新疆舞"的核心元素。少数民族的艺术形式，成为地方文化的一种象征，这是各民族交往、交流、交融最显见的标志，也是理解中国民族区域自治制度的民族因素与地区因素相结合这一基本原则的文化视点。"中国特色、新疆特点""中国特色、西藏特点"之论中的"特点"，最重要的指向就是少数民族广义的文化特点。

此前不久，中国手机用户的微信平台上，传播着一则题为"我们新疆娃娃的课间操"视频，引起了人们广泛的关注和普遍的热议。这段视频是新疆乌鲁木齐一所中学课间休息时集体操练的场景。"课间操"作为中国小学、中学教育中一种集体活动，缘起于1951年国家体育、卫生、教育、工会、妇女、青年、学联等部门和社会团体，发起和创制的一种全民性"广播体操"，是新中国开展全民体育锻炼的一种民间普及形式，目的是使人们在工作、学习的间歇，伴随着音乐与口令进行几分钟的全身性舒展运动。时至今日，全国统一"广播体操"，经历了从第一套到第九套的改进和完善。而"我们新疆娃娃的课间操"，则是将"广播体操"因地制宜地融入了新疆多民族文化的氛围，在蒙古族、维吾尔族、哈萨克族、塔吉克族传统音乐的伴奏下，编排出一组融合各民族舞蹈动作的"健身体操"。让领操的老师十分感叹的是，这套新编排的舞蹈式体操，全校900多名学生操练了一天就基本掌握。学生们的这种学习热情和模仿能力，透出了对新疆多民族文化的由衷喜爱，表达了对"新疆特点"的强烈认同。这套舞蹈式体操丝毫没有降低锻炼体能的意义，反而因多民族文化的渗入增强了学生的自觉和自豪。这段视频的传播引起了网络上一片羡慕性的赞扬，甚至外地网友跟帖称自己学校的"课间操"跳流行的"小苹果"舞蹈算不上什么创意了。[1]

这一区区小事，其实在新疆早已不是新闻，改编"课间操"在国内其他地区的学校中也多有例证。随着中国经济社会的发展和人民群众对文化生活、身心健康的追求，"广播体操"的统一性已经不能满足人们多样性表达的体育文化需求，日益活跃的"广场舞"和"流行舞"已经广泛地融入民间生活，而且也传入了新疆的城镇和农村，甚至在能歌善舞的少数民族中也开展了"小苹果"这类流行集体舞的比赛活动。然而，新疆的一些中小学陆续展现的植根于本土的"民族舞操"，显然更具有"新疆特点"的凝聚力和认同感，彰显了少数民

---

[1] 参见《新疆"妖娆"课间操 一曲柔和维吾尔塔塔尔哈萨克蒙古族舞》，天山网，2015年8月28日。

族传统文化的现代活力。这与一度风靡的"江南 style"、广泛流行的"小苹果"完全不同，它不属于流行音乐和舞蹈范畴，而是植根新疆多民族文化土壤生长起来的"新疆 style"。这种新疆风格，不仅是抵御宗教极端主义排拒、压抑新疆文化传统最有效的民间力量，而且是少数民族传统文化传承发展、发扬光大的现代响应。它体现了国家保护和发展少数民族文化的政策指向和实践成效。

中国少数民族的文化，是中华文化的有机组成部分。如果说汉文化构成了中华文化源远流长、博大精深的特点，那么少数民族文化则构成了中华文化色彩斑斓、交相辉映的特征。习近平在有关中国多民族优势的"家底"盘点中，指出少数民族聚居地区是中国的"文化多样区"，这是对中国文化多样性国情的准确把握。在一般的文化接触和理解中，少数民族具有能歌善舞的天分，但这仅仅是少数民族文化特质中的一种外溢性表征。虽然"文化"概念至今仍旧纷繁复杂、莫衷一是，但是每一种文化都包含着丰富内涵则是事实。不同民族承载的多样性文化，是他们在谋求生存、创造生活的漫长历史过程中，"通过个体和集体努力而获得的知识、经验、信仰、价值观、态度、意义、社会等级、宗教、时间概念、角色、空间关系、宇宙观，以及事物和物质财富等所有一切的积淀"[①]。这种积淀既构成了文化本身，也彰显了文化差异的特性。文化差异性是文化多样性的本质。

古往今来，如何对待不同民族之间的文化差异，既是一个涉及对文化价值做出优劣判断的古老话题，也是一个关系到"文化冲突"进而放大为"文明冲突"的现代问题。中国历史上的"夷夏之辨"和"化内""化外"，虽然并非固化的政治边界，但是其中文化优劣的价

[①] [美]拉里·A.萨默瓦、理查德·E.波特主编：《文化模式与传播方式——跨文化交流集》，麻争旗等译，北京广播学院出版社2003年版，第7页。

值判断也显而易见。以中原文化体系"教化"天下，包含了对"四夷"文化的轻视和贬低，尤其通过生活习俗等物质生产生活的差别判断所谓"开化"程度，往往是文化比较最直接的主观标准。农耕文明代表了古代社会先进的生产生活水平，产生了"城郭之制"、商业之道、手工业等文明成就，这一点毋庸置疑。但是，在草原、森林、山地等不适于农耕发展的地区形成的生存之道，同样是人类的文化创造，它在不同地理环境和自然条件中，产生了"适者生存"、因地制宜的传统知识和技能。这就是文化，其意义简洁地如同经过科学识别和确认的世界现存的6000多种语言——即便有的语言只有几个人会讲——没有一种不属于人类的语言。

人类社会的文化创造和发展，在文明发祥的原初社会，呈现着普遍相似的特征。农业社会、铁器时代，以及工业革命、科技时代的到来，人类社会的文化发展和进步呈现了从停留在石器时代到航天时代的巨大差距。极而言之，这就如同美国科学家们因接收到来自近50亿公里之外"新视野号"太空探测器传回的冥王星图片而欢呼雀跃，而巴西热带雨林中手持弓箭长矛的印第安人部落对空中掠过的直升机茫然费解一样。这些传统部落并非"从猿到人"的后来者，他们的智力机能与科学家的大脑组织并无二致，他们都是20多万年前再度走出非洲的现代智人后裔。那种用物质文化差距评判文化优劣，进而从体貌肤色特征来证明"种族优劣"的西方观念，已经导致了人类社会的文化浩劫和生灵涂炭，而且至今仍是影响种族、民族、文化、宗教、族裔关系的罪恶之源。

如何看待文化，怎样评价不同民族的传统文化，在全球性保护文化多样性的倡导中，并不是一个已经解决的问题。实现这种文化尊重和保护，不仅需要各个国家在观念和实践方面做出切实而长期的努力，而且需要人们从社会生活的细微之处去体会文化的意义和价值。在这方面，一位在巴布亚新几内亚从事研究的美国生物学家曾生动地表达了他的感受："来自偏远村庄的未上过学的新几内亚人在进城时，在西方人看来他们显得呆头呆脑；反之，当我和新几内亚人一起在丛林中时，我表现得连做一些简单的工作（如沿着丛林小路行走或搭建一个遮蔽物）都不能胜任。在这种时候，我始终明白，我在新几内亚人看来又是多么地呆头呆脑。"[1] 物质文化表象的差距，如同弓箭虽能"百步穿杨"，但狙击步枪却能"千步取物"一样。但是，将这种显而易见的优劣比较作为判断文化价值的标准，必然会忽视了"弓箭文化"的内涵和意义。事实上，"文化地理学不仅关注不同民族形式上的差异即物质文化的差异，同时也关注思想观念上的不同，而正是思想观念把一个民族凝聚在一起"[2]。这种"凝聚"即是文化认同的力量。

在新疆维吾尔自治区，伊犁地区的察布查尔锡伯自治县享有"中国箭乡"之称。居住在这里的锡伯族，祖籍中国的东北辽宁地区，历史上善骑射。清朝乾隆年间被征调到新疆伊犁地区屯垦戍边、落地生根。西迁的历史经历，对家乡的铭心记忆，使他们非常珍惜本民族的文化传统和生活习俗，保留、传承了锡伯语文、弓箭制作和使用的技能，以及风俗习惯等。当地发行的《察布查尔日报》是中国唯一的锡伯文报纸，锡伯语文的传承，对增强处于消亡状态的满语文的专业性使用，具有十分重要的作用；而锡伯族引弓射箭的历史传统，失去军

---

[1] ［美］贾雷德·戴蒙德：《枪炮、病菌与钢铁——人类社会的命运》，谢延光译，上海译文出版社2000年版，第10页。

[2] ［英］迈克·克朗：《文化地理学》，杨淑华、宋慧敏译，南京大学出版社2005年版，第2页。

事、射猎的意义之后，却在民族文化的现代发扬中展现了新的魅力。古老的"弓箭文化"，在当地已经成为振奋民族精神的文化动力，而且为现代体育运动中射箭项目的发展创造了万众引弓的社会基础，当地的专业射箭学校为自治区、国家培养和输送着优秀的射箭运动员和教练员。

在中国的少数民族文化保护传承、发展繁荣政策实践中，察布查尔锡伯自治县"弓箭文化"的传承和发展成效，在多姿多彩的少数民族文化中只是一个微型的例证。但是，从理解中国民族政策的理念和实践来说，它又是一个见微知著的窗口。在中华民族大家庭的成员中，锡伯族属于人口较少民族之列，总计不足20万人，生活在新疆地区的锡伯族不到4万人。可是锡伯族的弓箭制作技艺，则列入了国家级非物质文化遗产项目的名录，确定了传统技艺的传承人。2012年在当地建成的"中华弓箭文化博物馆"，具有非物质文化遗产保护、传承基地的功能，它使"弓箭文化"超越了某一个"引弓民族"的局限，为中国传统兵家习射、儒家礼射、游猎骑射展开中华文化的新视野。中国政府对少数民族文化的保护，不以少数民族人口规模的大小为据，也不局限于某些文化类型，而是关涉少数民族社会生活的方方面面。所以，锡伯族近250年间难以忘却的西迁历史，不断追忆的亲情乡愁，形成了民俗文化中戍边卫国纪念日的"西迁节"，也列入了国家非物质文化遗产的保护范围，包括锡伯族最具特色的贝伦舞也在其列。这种保护措施，在中国各个少数民族的传统文化的现代传承中，可谓比比皆是。

从2003年开始，中国政府根据联合国非物质文化遗产保护的公约精神，也启动了中国非物质文化遗产的保护工程。2006年，国务院批准了第一批国家级非物质文化遗产名录，包括民间文学、民间音乐、民间舞蹈、传统戏剧、曲艺、杂技与竞技、民间美术、传统手工技艺、传统医药、民俗等10个大类518个项目。众所周知，中国是一个以汉文化为主体的多民族国家，少数民族人口只占全国总人口的8.5%左右，但是在首批518个国家级非物质文化遗产名录中，少数民族的项目达到166项，占32%。当然，这并非偶然，在2008年、2011年颁布的第二批、第三批国家级非物质文化遗产名录中，少数民族的项目分别占到38%、35%，55个少数民族在文化遗产名录中都榜上有名。在全国1986名国家级非物质文化遗产传承人中，少数民族项目的传承人达524名，占26.4%。[①] 2013年12月，国家民族事务委员会、文化部主办了"中国少数民族非物质文化遗产展示周"。以实物、图片、声像等多种载体，展示了列入这三批国家级非物质文化遗产中的少数民族项目。2014年国务院批准的第四批国家级非物质文化遗产代表性名录和扩展名录，同样体现了少数民族文化遗产占有比重高的特点。

在通常的理解中，非物质文化遗产往往被称为文化的"活化石"，其中包含了其稀有、脆弱和流失的意味。的确，在现代化的经济社会发展进程中，日益强劲的社会生活趋同性，正在从细微之处取代和改变传统文化。传统生活器物被材料、形制和功能多样的新器物所替代，传统手工技艺在机械、数控工具的发展中失传，等等。随着种种物化载体趋同性的替代性变革，使多样性的民族风格和文化特质及其所蕴含的知识、精神、价值观念也随之流失的现象，可谓俯拾皆是。无疑，这对一个国家、一个社会、一个民族具有悲剧意义。这是一个

---

① 参见《第一批国家级非物质文化遗产名录（少数民族部分）》《第二批国家级非物质文化遗产名录（少数民族部分）》《第三批国家级非物质文化遗产名录（少数民族部分）》，国家民族事务委员会网站，2014年1月13日。

全球性的问题，也是中国致力于应对和解决的问题。少数民族非物质文化遗产项目，在国家保护名录中之所以占有远远超过人口比例的份额，无疑包括了其失传、流失程度高的显性原因。但是，如果从中国文化多样性的国情来看，55个少数民族多样性的文化特色，在中国非物质文化遗产名录中占有显著的高比重亦属必然。

因此，非物质文化遗产不能笼统地以"濒危"去理解。少数民族非物质文化遗产在全国范围占有的比重，主要在于其作为中华民族优秀文化的价值、传承活力和认同的意义。2011年颁布的《中华人民共和国非物质文化遗产法》，对"非物质文化遗产"做了规范性的解释："是指各族人民世代相传并视为其文化遗产组成部分的各种传统文化表现形式，以及与传统文化表现形式相关的实物和场所。"① 非物质文化的"遗产"性，具有长期积淀的传统意义。因此，传统文化的民族特性也不言而喻。各民族非物质文化遗产项目的认定，取决于这些文化现象在各民族中的精神价值、认同程度和传承能力。这些文化遗产列入国家、地方各级政府的保护范围，体现了国家力量对各民族传统文化实施保护的责任，同时也为各民族文化遗产展开了广泛传播和普遍认同的发展空间，进而在中华文化的意义上实现了"民族的，也是世界的"升华。正如中国入选联合国教科文组织非物质文化遗产名录的38个项目中，占37%的14个少数民族项目，② 植根于这些少数民族的社会生活，构成了中华民族的优秀传统文化，成为了世

---

① 参见《中华人民共和国非物质文化遗产法》，中国政府网，2011年2月25日。
② 包括藏族的"藏戏"、藏传佛教的"热贡艺术"、民间史诗"格萨尔"，柯尔克孜族的民间史诗"玛纳斯"，蒙古族的"长调"民歌、"呼麦"艺术，侗族的"大歌"，朝鲜族的"农乐舞"，西北地区多个少数民族中流行的"花儿"民歌，维吾尔族的"木卡姆"、麦西热甫艺术，黎族传统纺、染、织、绣技艺，赫哲族的说唱艺术"伊玛堪"，羌族的传统节日"羌年"。

界共同保护的文化遗产。

中国的民族政策有其实施范围的特殊性，同时又有融入国家政策体系的普遍性。非物质文化遗产保护和传承，是国家统一的文化政策之一。在这一政策的实践中，少数民族非物质文化遗产体现的规模和意义，并非是政策"倾斜"或"照顾"的结果，而是文化特点及其价值比较的产物，是对"各民族都为中华文化的发展进步做出了自己的贡献"的证明。[①] 因此，中国的民族政策实践中对保护和发展少数民族文化，具有深思熟虑、全面布局的特点。正如上文所述，尊重少数民族的风俗习惯、满足少数民族特需商品的生产和供给、保护少数民族语言文字的使用、发展少数民族教育事业、保障少数民族宗教信仰自由，都属于尊重和保护少数民族文化发展权利的范畴。同时，在收集整理少数民族古籍文献，记录出版少数民族口传文学、史诗，扶持发展少数民族传统医药学，发扬光大少数民族音乐舞蹈艺术等方面，都在国家的民族政策实践中形成专项规划或工程性项目。其中包括在国家层面组织开展的大型文化展示活动，全国少数民族传统体育运动即是"中国特色"的民族性传统体育盛会。

2015年8月9—17日，第十届全国少数民族传统体育运动会在内蒙古自治区鄂尔多斯市举行。这一中国各民族的体育文化活动，始于1953年举办的全国少数民族体育运动表演和比赛。改革开放以后，从1982年形成了规范性、制度化的一项少数民族体育文化活动，每4年举行一次。体育文化，普遍存在于世界各民族的文化传统之中，现代国际体育运动中的绝大多数竞技项目都有民族性的历史渊源。在中

[①] 《国务院关于进一步繁荣发展少数民族文化事业的若干意见》，载国家民族事务委员会、中共中央文献研究室《民族工作文献选编（2003—2009）》，中央文献出版社2010年版，第341页。

国的各民族传统文化中，同样包含了形式多样的传统体育文化，其中既有竞技性的项目，诸如摔跤、射箭、马术、划龙舟、荡秋千、武术等，但更多的是本民族特有的竞技性和娱乐表演性项目。例如，第十届全国少数民族传统体育运动会设立的竞赛项目仅有17个，而表演项目则为178个。因此，这项全国各民族都参加的体育盛会，不以竞技比赛为目标，其宗旨在于通过国家搭建的体育文化交流平台，汇集和展示各民族传统体育运动，促进各民族之间的文化交流、文化理解和文化欣赏，进而实现对各民族传统体育文化的保护和传承。

中国少数民族文化的传承和发展，离不开地方文化和民族文化并育不悖、相辅相成的密切关系。在少数民族地区的经济社会发展中，体现地方文化事业发展的各类基础设施建设，与当地民族性的文化特色相得益彰地结合在一起。这就如同少数民族地区的电视广播的基础设施统一，但是节目播出实行双语、多语一样。民族区域自治地方的文化事业，无不体现了民族因素与地方因素相结合的原则。因此，少数民族文化产业的发展，也成为地方文化产业的有机组成部分。在少数民族文化产业的发展中，开展生态、文化旅游是重要的支点之一，除了自然风光、文化古迹、手工技艺、特色饮食和多种形式的传统文化项目展示外，少数民族的民居建筑形式和传统村寨风貌，形制多样、风格奇特，是一道人文风景线，也是重要的文化资源。因此，从2009年开始，少数民族特色村寨的保护和发展，纳入了国家的规划，并在国家财政的支持下，在全国28个省区市的370个少数民族村寨开展了试点工作。①

2012年，国家民族事务委员会颁布了《少数民族特色村寨保护

---

① 参见《少数民族特色村寨保护与发展规划纲要（2011—2015年）》，中国政府网，2012年12月10日。

与发展规划纲要（2011—2015年）》，这项保护文化资源的发展规划，是发挥少数民族特色村寨在经济社会发展中人文优势的重要措施。它提出在"十二五"期间重点保护和改造1000个少数民族特色村寨的阶段性计划，这在全国范围具有重要的示范意义。改革开放以来，中国的农村面貌发生了持续的变化，农民住房条件的翻新改善，新农村建设的整齐划一，民居建设形式的现代性追求，在体现发展成效的同时也改变了传统建筑群落的文化特色。一些适应乡村田野旅游的"拆真建伪"现象，令农村传统特色的村寨、田园风貌迅速消失。根据国家城乡建设部在全国范围的调查，具有传统特色的村落数量不足全国行政村总数的2%，有较高传统文化保护价值的也不到5000个。已经纳入国家传统村落保护名单的1561个村寨，包括相当数量的少数民族特色村寨。[1] 可见，少数民族特色村寨在中国传统村落文化中，同样占有重要的地位。

2014年9月，在经过全国公示后，国家民族事务委员会向遍及全国28个省、自治区和直辖市的首批340个少数民族村寨，正式授予了"中国少数民族特色村寨"铭牌。仅贵州一省就有62个少数民族特色村寨入选，且主要集中于黔东南苗族侗族、黔南布依族苗族、黔西南布依族苗族三个自治州。广西壮族自治区59个，云南省41个，等等。这些少数民族特色村寨的"特色"，并非"保留原始"的"冷冻"，而是在保留村寨聚落、民居特点、文化特色、生态环境基础上，实现了包括"五通十有"基本建设、充满发展活力的新农村。这是中国在解决农民问题、农村问题方面的新探索，也是保护和发展少数民族文化的政策实践，深入少数民族乡村生活的集中体现。农村、牧区

---

[1] 参见《留住民族DNA——聚焦传统村落中的少数民族村寨》，《中国建设报》2014年4月24日。

是各民族传统文化的活力源泉和肥沃土壤，但是守卫和传承民族文化传统的农民、牧民同样需要实现现代化的发展。因此，中国保护和发展少数民族传统文化的意义，不是为了保留一个"活化石"的"博物馆"，而是为了使各民族的文化在中华文化的大家庭中获得广阔的发展空间。

中国政府保护和发展少数民族文化的政策方针，集中体现在2009年颁布的《国务院关于进一步繁荣发展少数民族文化事业的若干意见》之中。意见提出了对民族文化、少数民族文化、中华文化的基本理论判断："文化是民族的重要特征，是民族生命力、凝聚力和创造力的重要源泉。少数民族文化是中华文化的重要组成部分，是中华民族的共有精神财富。在长期的历史发展过程中，我国各民族创造了各具特色、丰富多彩的民族文化。各民族文化相互影响、相互交融，增强了中华文化的生命力和创造力，不断丰富和发展着中华文化的内涵，提高了中华民族的文化认同感和向心力。"[①] 因此，保护传承、发展繁荣少数民族文化，就是保护传承、发展繁荣中华文化。从这个意义上说，尊重少数民族文化，就是热爱中华文化，这是构筑各民族共有精神家园的必由之路。

七　中华文化的认同之道

中华文化不等同于汉文化，中华文化是中国各民族文化之集大成。这是2014年中央民族工作会议向全国各民族人民再次昭示的中

[①] 《国务院关于进一步繁荣发展少数民族文化事业的若干意见》，载国家民族事务委员会、中共中央文献研究室《民族工作文献选编（2003—2009）》，第341页。

华文化认同导向。① 中华民族多元一体的大家庭，决定了中华文化多样一体的集大成。维护中华民族大家庭的平等，要使56个家庭成员共享经济社会发展的成就；巩固中华民族大家庭的团结，要使56个家庭成员共建中华文化精神家园的认同。因此，中华文化认同，成为中国各民族人民集体认同境界升华的关键词。它关系到中国人、中国各民族、中华民族心理共识的深层基质，是"民族团结之根、民族和睦之魂"。无论是中国海峡两岸、香港和澳门特别行政区的人民，还是离散、侨居世界各地的海外华人，"身上都有鲜明的中华文化烙印，中华文化是中华儿女共同的精神基因"②。

中国正在致力于解决生活在960万平方公里土地上的56个民族13亿人的经济社会现代化问题。其人口规模之庞大、发展难度之艰巨、变迁速度之迅速，在世界范围前所未有。同时，中国维护国家统一、巩固民族团结，实现中华民族伟大复兴，更需要构筑顺应人心、凝聚人心的共同精神家园。经济社会发展所创造的现代性物化成就，大都具有标准化、统一性、社会化甚至全球性的特点。但是，人们对经济生活中物化水平趋同性的接纳，不能替代和改变人们对精神生活中文化表达多样性的需求。这就如同不需要民族特色的电视机，但需要民族特色的电视节目一样简单。对一台电脑来说，这是一个"硬件"与"软件"的关系。一台硬件配置最先进的电脑，如果没有功能多样的先进软件支撑，这台电脑就不具备"强大的功能"。对一个国家来说，这就是经济"硬实力"和文化"软实力"的问题。

---

① 参见国家民族事务委员会编《中央民族工作会议精神学习辅导读本》，第74—75页。

② 习近平：《实现中华民族伟大复兴是海内外中华民族儿女共同的梦》，《习近平谈治国理政》，第64页。

中国经济社会发展的进程，对支撑国家、民族、民众的"软实力"需求，已经到了极其紧迫的阶段。中国深刻地意识到"一个没有精神力量的民族难以自立自强，一项没有文化支撑的事业难以持续长久"①。所以，在社会主义核心价值引领下的文化建设，成为凝聚各民族人民认同的根本性问题。中华文化是中国国家统一的文化标志，是中华民族伟大复兴的精神动力。这种动力来源于植根中国土壤的各民族文化。从这个意义上说，保护传承和发展繁荣中国各民族的文化，特别是少数民族的文化，是整合中华文化、弘扬中华文化、认同中华文化的必由之路。但是，这并非轻而易举之路，较之缩小差距的经济社会发展，要更加纷繁复杂、更加艰难长久。国民意志"多元一体"的整合，既包括56个民族在经济社会现代化进程中"一个也不能掉队"的要求，也包括56个民族在共同精神家园的构建中"各美其美、美人之美、美美与共、天下大同"的自觉。

统一的多民族国家的"统一"、多元一体的中华民族大家庭的"一体"，是"多民族""多元"的整合。从民族因素来说，"统一"不是"同一"；从文化因素而言，"一体"不是"单一"。"统一"和"一体"都是多样性的整合，即构成"统一"、组成"一体"的"各个组成部分在共享和互利秩序中的协调"，而不是对多样性的否定。整合是使事实上存在的多样性民族群体和多样性文化类型之间"建立彼此间更紧密和更共生的关系"②。中国的民族区域自治制度、各项民族政策，即是各民族"共享和互利秩序中的协调"机制，目的是使

---

① 习近平：《在实现中国梦的生动实践中放飞青春梦想》，《习近平谈治国理政》，第53页。

② ［美］E. 拉兹洛：《决定命运的选择》，李吟波等译，生活·读书·新知三联书店1997年版，第136、135页。

各民族形成"更紧密和更共生的关系"。这种紧密的共生、共荣关系，建立在各民族的利益共生、各民族的文化共荣基础之上，从而实现中华民族命运共同体的整合、中华文化精神家园的认同。对中国来说，理想与现实的整合、认同的过程，不可能超越国家发展所处的社会主义初级阶段，是一个任重道远的正在进行时。

认同（identity）作为人类的一种心理、感情现象，始终伴随着人类社会而存在，并在每一个人的社会生活经历中自觉或不自觉地做出稳定的、经常的、流动的、随机的表达。因此，人们关注和讨论的认同，不仅"是复杂的和多层次的"，而且"事实上，我们的认同比我们对它的任何可能的表达都更深刻和更具多面性"[1]。在国家范畴讨论认同问题，主要聚焦于国家—民族认同（national identity）的问题，看起来单一但却十分复杂，在世界范围被称为"全球化症候"的"身份焦虑"。西欧是现代民族—国家的创始地，也是继苏联之后建构国家联盟的先行区。这种"超国家联盟"似乎显现了超越和取代民族—国家的发展趋向。但是，在欧盟发展的进程中，一方面产生了构建一个"欧洲民族"（European nation）更高层级的认同理想；另一方面也伴随着回归"姆庇之家"的保守和"再度各自退缩到自己的洞穴中"的愿望。[2] 况且，一些欧盟成员还面临着国内以经济利益为诉求的地区—民族分离主义运动的现实挑战。因此，在现有的世界国家格局中，国家—民族的构建和认同仍是一个普遍性的问题。

---

[1] ［加拿大］查尔斯·泰勒：《自我认同的根源：现代认同的形成》，韩震等译，译林出版社2001年版，第39页。

[2] ［美］哈罗德·伊萨克：《族群：集体认同的政治变迁》，邓伯宸译，台北，立绪文化事业有限公司2004年版，第4页。

在中国，构建国家—民族的"一族"，就是中华民族。中华文化是中华民族认同的民族性特征，是连接中国各民族的精神纽带。中国历史，特别是近代百年历史经历，赋予了中华民族形成和发展的精神动力，"爱国主义始终是把中华民族坚强团结在一起的精神力量"；中国现实，特别是改革开放以来现实经历，赋予中华民族发展和繁荣的精神动力，"改革创新始终是鞭策我们在改革开放中与时俱进的精神力量"[1]。因此，中华民族既不是一个虚无主义的人为构建，也不是一个原初意义的既成实体。中华民族是一个在伟大复兴进程中，不断整合的国家—民族，是一个在中华文化发扬光大中不断认同的现代民族过程。对中国这个统一的多民族国家来说，中华文化认同与56个民族自我的文化认同并育不悖、相辅相成、相得益彰，将这两种文化认同视为相互对立、相互折损是对中华文化包容品质的曲解。同样，对构成中华民族大家庭的56个家庭成员而言，只知道本民族的文化归属、不知晓中华文化的归宿，则必然步入认同的误区，甚至陷入狭隘的民族认同"陷阱"。

中华文化认同，是中国特色民族观的基质。压迫、歧视、排斥、疏离、分裂是不认同的结果，平等、尊重、团结、互助、和谐是认同的标志。中华文化认同包容各民族的自我认同，主导各民族之间的相互认同，支撑中华民族的认同。那种认为承认少数民族的身份、实行民族区域自治制度、保障少数民族权益的政策实践，"强化"了少数民族的自我意识而"淡化"了中华民族的认同，甚至试图通过取消民族身份、取消民族区域自治制度来强化中华民族认同的主张，只能导致民族隔阂、矛盾、冲突和"认同"撕裂的后果。这是一种以激进理

---

[1] 习近平：《在第十二届全国人民代表大会第一次会议上的讲话》，《习近平谈治国理政》，第40页。

念和简化方式，处理具有长期性、复杂性等特性的民族问题的偏激思想方法。这样的思想方法，在新中国成立后的历史上曾有过深刻的教训，"其中极重要的原因就是患急性病"[①]。这种"急性病"在新中国的历史上，不仅总是与"左"的错误相伴而生，而且在民族事务方面也总是投射出"大民族主义"的阴影。

在中国解决民族问题的理论和实践中，最突出的政策指向之一是"反对两种民族主义"，主要是反对"大汉族主义"的问题。所谓"大汉族主义"并不是儒家思想或汉文化的历史特征，而是近代西方民族主义思潮和"种族—民族主义"革命的产物。作为其对立面，则是少数民族中的"狭隘（地方）民族主义"。这两种民族主义，都属于资产阶级民族观的意识形态范畴。一般而言，大民族主义具有优越感和外溢性，狭隘民族主义具有保守性和抗拒性，两者之间存在因果关系，大民族主义的张扬往往促发狭隘民族主义的回应。马克思主义不否认民族主义在反对帝国主义和殖民解放运动中的积极作用，但是坚决反对国内民族关系中的任何民族主义表现，将其视为危害和破坏民族关系的毒素。因此，中共历来反对存在于民族关系中的"两种民族主义"，并在宪法中明确规定了"在维护民族团结的斗争中，要反对大民族主义，主要是大汉族主义，也要反对地方民族主义"的基本原则。

新中国成立初期，在推进少数民族地区民主改革、社会主义改造的进程中，一些汉族干部在工作中存在急于求成、颐指气使、越俎代庖等问题，出现了"不尊重少数民族的风俗习惯，不尊重少数民族的语言文字，不承认少数民族有宗教信仰的自由，不承认少数民族有管理自己内部事务的权利，在少数民族地区工作不尊重少数民族干部，

[①] 邓小平：《关于西南少数民族问题》，《邓小平文选》第一卷，第165页。

不同他们商量办事，不相信他们能够在实际工作中提高自己管理各种事务的能力等等"①。以至于"有些汉族人总觉得他自己的都是好的，人家的是落后的"②。对此，毛泽东曾进行了严厉批评："此种情形，对于共产党人说来，是不能容忍的。……在许多地方的党内和人民中，在民族关系上存在的问题，并不是什么大汉族主义的残余的问题，而是严重的大汉族主义的问题，即资产阶级思想统治着这些同志和人民而尚未获得马克思主义教育，尚未学好中央民族政策的问题。"③ 没有学好民族政策的根源，在于居高临下的优越心理，简单、激进的替代愿望，缺失了对少数民族平等尊重的基本立场。

在主要反对大汉族主义的同时，中国共产党也清醒地意识到问题的"另一方面，在各少数民族中存在着一种地方民族主义思想。这种地方民族主义同大汉族主义同样是长期历史的遗物。应当指出，这种地方民族主义的思想和行为，同样足以妨害各民族间的团结，而且完全有害于自己民族的利益，所以同样是应当克服的"④。少数民族中的狭隘或地方民族主义，在当时的历史条件下主要表现为对民主改革持消极保守态度，对汉族怀疑和排斥，集中反映了少数民族统治上层维护其统治地位和既得利益的顽固性。而且，少数民族统治上层中的民族主义意识中，包含着近代帝国主义列强利用民族问题挑拨离间、

---

① 刘少奇：《关于民族区域自治问题》，载中共中央文献研究室、中共新疆维吾尔自治区委员会编《新疆工作文献选编（1949—2010）》，第120页。
② 周恩来：《关于我国民族政策的几个问题》，载中共中央文献研究室、中共新疆维吾尔自治区委员会编《新疆工作文献选编（1949—2010）》，第200页。
③ 毛泽东：《中央关于批判大汉族主义的指示》，《建国以来毛泽东文稿》第四卷，中央文献出版社1990年版，第128页。
④ 刘少奇：《关于民族区域自治问题》，载中共中央文献研究室、中共新疆维吾尔自治区委员会编《新疆工作文献选编（1949—2010）》，第120页。

肢解分裂中国的政治因素。这也导致在"左"的"政治运动"中，"狭隘（地方）民族主义"在"以阶级斗争为纲"氛围中，往往与"右"倾联系在一起，成为反对"两种民族主义"的主要对象。

如何解决影响民族关系的"两种民族主义"问题，在今天中国的民族事务实践中仍是一个现实问题。这个问题不解决好，中华民族的整合、中华文化的认同、中国各民族共有精神家园的构筑，就不可能健康发展。怎样消除"两种民族主义"在中国各民族中的影响？邓小平曾做出十分辩证的说理："只要一抛弃大民族主义，就可以换得少数民族抛弃狭隘的民族主义。我们不能首先要求少数民族取消狭隘民族主义，而是应当首先老老实实取消大民族主义。两个主义一取消，团结就出现了。"① 虽然当代中国民族关系中存在的"两种民族主义"表现，在很大程度上已经不同于新中国成立初期改革开放之前。但是"首先老老实实取消大民族主义"的论断及其对"两种民族主义"对立统一关系的揭示，并没有过时。

2014年召开的中央民族工作会议，针对现实中抽象地反对大汉族主义、具体地反对狭隘民族主义的偏颇现象，重申和强调了反对"两种民族主义"的重要性。习近平指出："反对'两种主义'问题，从共同纲领到现行宪法都做了规定。大汉族主义要不得，狭隘民族主义也要不得，它们都是民族团结的大敌。大汉族主义错误发展下去容易产生民族歧视，狭隘民族主义错误发展下去容易滋生离心倾向，最终都会造成民族隔阂和对立，严重的还会被敌对势力利用。"② 事实也是如此。境外达赖集团、"东突"组织等分裂中国的势力，无不以

---

① 邓小平：《关于西南少数民族问题》，《邓小平文选》第一卷，第165页。
② 丹珠昂奔：《沿着中国特色解决民族问题的道路前进——中央民族工作会议精神学习体会》，《中国民族报》2014年11月15日。

民族主义的极端性来挑拨民族关系、制造民族矛盾、灌输分裂意识。在中国各民族中存在的"两种民族主义"思想残余，总体上属于人民内部矛盾的思想意识范畴，需要通过正确的民族观教育加以克服，其中建立各民族之间在精神文化层面"各美其美、美人之美"观念尤为重要。

中国尊重差异、保护少数民族文化，体现着"各美其美、美人之美"的民族关系导向。每一个民族的文化，都有其独特品质和表达方式。对此，不能以"我族"的文化、习俗和价值观去评判优劣或表达好恶。文化作为一个民族的有别于其他民族的独特标识，为本民族所传承、维护、热爱和认同，是自然而然的事情，无可非议且值得尊敬。在中国的民族政策宣示中，"对各民族在历史发展中形成的传统、语言、文化、风俗习惯、心理认同等方面的差异，我们要充分尊重和理解"的意义，[1] 就是"各美其美、美人之美"的高尚境界。在中国，汉文化、汉族人口规模的主体性，并不意味着汉族等于中华民族、汉文化等于中华文化。在中华民族共有精神家园中，少数民族文化多样性的斑斓色彩，为中华文化锦上添花、增光添彩、无可替代。因此，在汉族与少数民族之间的"跨文化"交流和交往中，"各美其美"的互相尊重、"美人之美"的相互理解，是实现各民族人民和睦相处、和衷共济、和谐发展的观念基础。国内外的经验都表明，"在跨文化交流中，如果不懂得如何尊敬他人及其文化差异，其结果往往使满意度降低"[2]。

---

[1] 胡锦涛：《在中央民族工作会议暨国务院第四次全国民族团结进步表彰大会上的讲话》，载国家民族事务委员会、中共中央文献研究室《民族工作文献选编（2003—2009）》，第70页。

[2] ［美］拉里·A. 萨默瓦、理查德·E. 波特主编《文化模式与传播方式——跨文化交流集》，第453页。

第六章 尊重差异:构筑各民族共有精神家园 **311**

无论是一国之内的民族关系,还是世界范围的国际关系,概莫能外。

中国改革开放以来,在经济社会发展的推动下,各民族人口的多向流动展开了族际之间日益广泛的接触,形成了各民族相互认知、相互适应更大范围的社会互动。在这种接触、互动中,"跨文化敏感"的问题也必然普遍产生。在民间社会生活中,各民族之间,特别是汉族与少数民族之间,对文化和风俗习惯的理解既存在着历史遗留的一些观念痕迹,也存在着现实交往中对奇风异俗的直观感受,出现不理解、不尊重、不适应的现象也在所难免。一些文学、影视、报刊和网络作品中,猎奇性的描述、嘲弄性的评价、排斥性的态度,包括无意识地触犯少数民族风俗习惯、宗教信仰中的"禁忌",也会引起民族关系方面的不良反应,甚至投诉和抗议。最近,一篇《云南最原始的傈僳族部落烟酒不离手》的图文报道,突出了傈僳族人"手指由于长期抽烟已经被熏黑"的照片,引起了傈僳族民众的强烈不满。事实上,记者所看到的"黝黑手指"并非"烟酒不离手"的结果,而是收获季节村民剥青核桃染上的颜色。[①] 记者想当然的失真、失实报道,不仅违背了新闻报道的道德准则,而且无端伤害了傈僳族的自尊。

中国是一个正常的国家,执政党的理念,国家的法律、政策,在实践过程存在着实现程度的差距,并不是奇怪的事情。任何制度、法律、政策并不是一经确立就能够产生"立竿见影"的效果,而在实践中不断地去实现制度的优越性、法律的权威性和政策的保障性,则是中国政府治国理政始终坚持的方向,在民族事务领域也是如此。民族关系中存在和出现问题,是一种常态,解决现存的问题和防止新的问题发生也是常态。比较而言,在中国的民族事务工作领域,对影响民

[①] 参见《中新社云南分社刊登致歉信:失实报道给傈僳族同胞造成了伤害》,云南网,2015 年 9 月 26 日。

族关系的不良因素关注程度相当敏感，对少数民族的权益、愿望、诉求十分重视。这并非"强化"民族之间的界限，而是为了强化各民族人民团结共事、和睦相处之道。

中国的民族事务并非孤立的工作领域，而是与社会各个领域相互交织、相互渗透、深入民间生活的事务。特别是在各民族人民日益扩大的交往、交流中，所谓学理性的"跨文化敏感"现象，政策性的平等、团结、互助、和谐民族关系准则，已经超越了少数民族聚居地区而呈现了在全国、全社会的扩散。所以，进行广泛和深入的民族政策教育，使民族团结的自觉意识深入各民族人民的心田，渗透于家庭、幼儿园、学校和社会生活的方方面面，使各民族之间平等相待、相互尊重、相互理解，不仅作为国家政策的社会化要求，而且作为一种公民道德的基本修养，这正是需要不断强化的意识。

如果说各民族"各美其美、美人之美"的相互尊重、相互理解和相互欣赏，解决的是尊重各民族的自我认同和实现各民族相互认同的问题；那么"美美与共、天下大同"则是各民族相互学习、相互借鉴、相互吸收的过程，培育的是中华民族大家庭的认同问题。所谓"美美与共、天下大同"观念中的"共"和"同"，对中国各民族来说就是"共同团结奋斗、共同繁荣发展"。"共同"，基于国家在政治、经济、文化和社会生活各方面保障各民族一律平等的实现程度。各民族文化共生共荣，才能赋予中华文化现代意义的发展繁荣，才能使各民族传统文化中的优秀品质在中华民族精神家园展现花团锦簇的风貌。中国民族政策中的尊重差异指向及其实践，如同缩小差距的发展一样，核心都是"共同"。中共在构建社会主义和谐社会中，提出了尊重差异、包容多样的理念，这是一种高尚的文明观。承认和尊重差异，是包容多样的前提。中国保护和发展少数民族文化的政策实践，不是为了强化各民族之间的文化差异，而是为了实现各民族之间的相互认同。因为只有这种相互认同，才能使"民族的"融入"地方的"，升华为"国家的"，从而构筑起各民族人心所向的中华民族共有的精神家园。从这个意义上说，在尊重差异中维护统一、在包容多样中熔铸一体，就是中华文化认同之道的中国智慧。

结　语

任重而道远

　　中国特色解决民族问题的道路，是中国共产党在延安时期探索和确立的。"道路"的比喻，表明了一个目标明确的前进方向，而非一条已经开通的顺直平坦、畅通无阻之途。如果以新中国成立为标志，这条道路的实践已经走过了66年的历程。作为中国特色社会主义道路的组成部分，它同样经历了中国发展进程中的多重曲折和种种艰难。中国的改革开放之路，正是经过了国家建设和发展的曲折之后，找到了突破发展困境的思想方法和前行路径，开拓出了能够向着既定目标更好、更快大步行进的道路。因此，从"道路"所寓意的目标而言，并没有改革开放"前"或"后"的区别，中国建设社会主义的目标没有改变过。改革开放以后，中国解决民族问题的道路，在制度完善、法律保障和政策完备等方面的种种努力，都是在纠正错误、克服偏颇、总结经验基础上的开拓发展，目标就是使中国各民族人民在平等、团结、互助、和谐的社会关系中，实现共同繁荣发展，成就中华民族伟大复兴的现代化事业。当然，这还有很长也很艰难的路要走，新的历史阶段会面对新的问题，解决民族问题对中国来说依然任重道远。

一

广义的民族问题（种族、民族、语言、宗教、移民等）不仅普遍存在于世界各国，而且在各种社会问题中属于具有特殊性的难题。很多社会问题都有一定的阶段性特征，通过相应的政策实施和社会调整能够显著地得到消解，甚至消除。但是涉及种族肤色、民族意识、语言文字、宗教信仰和方兴未艾的各色移民现象，以及其中关涉的文化多样性因素，则随着时代变迁、社会发展等变化，不断产生着新现象和新问题。这在发达国家也无例外。几十年前，英、法、德等欧洲国家，没有人会料到国内会出现五六百万穆斯林移民及其引起的社会融入问题。美国作为典型的移民国家，也不会料到在与墨西哥接壤的一些地区会通行西班牙语，甚至加利福尼亚迅速的"拉美化"特征已被俗称为"墨西福尼亚"（Mexifornia）。[①] 英国作为资格最老的民族—国家，并没有预见到会遭逢苏格兰地区以全民公决方式谋求独立建国的挑战，等等。这都表明：在社会主义国家将近百年的历史中，虽然出现了前苏联、前南斯拉夫等国解决民族问题的失败教训；但是在资本主义国家经历了几百年的发展历史，也没有产生解决民族问题的成功经验。

中国解决民族问题的进程总体上是健康的，民族区域自治制度和各项民族政策的实践是有效和成功的。中国没有像前苏联那样盲目乐观地宣布历史上的"民族问题遗产"已经"一劳永逸"地解决了，

[①] ［美］塞缪尔·亨廷顿：《我们是谁——美国国家特性面临的挑战》，第204页。

中国也不会妄自菲薄地认为在解决民族问题方面"技不如人"。中国很注意研究国内、国外的民族问题和民族政策,也进行理论和实践的比较。但是立足中国的国情实际,这是世人普遍关注且不乏赞赏的"中国模式"或"中国道路"中最根本的经验。就解决民族问题而言,立足国情实际的历史因素,是几千年来"五方之民"及其后裔共同建立的统一的多民族国家历史;立足国情实际的现实因素,是中国仍处于并将长期处于社会主义初级阶段。因此,如果无视多民族共生、互动和维系"大一统"的历史过程,中国近代百年的历史遭遇必然会导致国家的分崩离析;不实行尊重差异、缩小差距的民族区域自治制度,新中国的国家统一、民族团结就得不到基本保证。同样,不坚持和完善民族区域自治制度及其所涵盖的各项民族政策,就不可能彻底消除帝国列强留给中国的民族问题"遗产",也无法团结各民族人民共同为实现中华民族伟大复兴的中国梦而奋斗。

中国的改革开放事业,是新中国成立以来对内实施改革、对外实行开放的宏大构思和伟大实践,集中体现了社会主义制度自身发展和完善的要求。制度的发展和完善,是为了充分发挥其优越性,在"中国特色"的前提下实践科学社会主义的理想。中国没有向任何国家推介这一制度的意图,但是中国希望其他国家了解、理解和尊重中国的道路选择,正如中国坚持和践行尊重他国的社会制度、发展道路一样,和而不同。中国是一个发展中国家,国家能力、人民福祉、世界影响没有值得"故步自封"的资本,所以改革开放也没有完成时。在经济发展、制度建设、依法治国、社会管理等方面,中国一直在学习和借鉴。目的都是为了发展和完善中国特色社会主义制度,而非其他。正如习近平指出的:"我们需要借鉴国外政治文明有益成果,但绝不能放弃中国政治制度的根本。中国有960多万平方公里土地、56

个民族,我们能照谁的模式办?谁又能指手画脚告诉我们该怎么办?"①包括解决民族问题也是如此。

中共十八大以来,在中国领导人治国理政的对内、对外宣示中,"960多万平方公里土地""13多亿人口""56个民族"的话语出现的频率很高,前所未有。这不是话语风格问题,而是中共立足国家发展实际,在深化对中国基本国情认识基础上最简约的概括。广大的地域、众多的人口组成的一个"56个民族"的大家庭,要实现全面建成小康社会的近期目标,要实现中华民族伟大复兴的远期目标,就现实的人口规模而言,可以说在世界范围还没有任何一个国家、任何一个执政党肩负如此重担。中国的改革开放事业,包括国家的根本政治制度、基本政治制度的建设和完善,是中共履行这一重任、实现这一目标的制度保证。西方发达国家的制度有其形成和发展的历史过程和文化背景,也的确为诸多发展中国家主动引进或被动效法。中国在晚清到民国时期也曾尝试这类体制,但没有成就中国仁人志士的强国梦想。中国选择的道路虽然有"以俄为师"的肇启和经历,但是立足本土的探索和开拓则是"中国特色"。对此,中国会倍加珍惜。

中共提出坚持制度、道路、理论自信,把中国解决民族问题的制度、法律、政策、理论凝练地概括为"中国特色解决民族问题的正确道路",并不是自吹自擂、虚张声势,而是深刻认识到"一个民族、一个国家,必须知道自己是谁,是从哪里来的,要到哪里去,想明白了、想对了,就要坚定不移朝着目标前进"②。中国实行民族区域自

---

① 习近平:《在庆祝全国人民代表大会成立60周年大会上的讲话》,《人民日报》2014年9月5日。
② 习近平:《青年要自觉践行社会主义核心价值观》,《习近平谈治国理政》,第171页。

治制度，是中共"想明白了、想对了"的结果。坚持和完善这个制度，是中国改革开放的题中之义，没有什么其他的路径可选、捷径可走。在道路问题上，"不能想象突然就搬来一座政治制度上的'飞来峰'。也不能看到别的国家有而我们没有就简单认为有欠缺，要搬过来；或者，看到我们有而别的国家没有就简单认为是多余的，要去除掉。这两种观点都是简单化的、片面的，因而都是不正确的"①。因此，2014年中央民族工作会议明确宣示："民族区域自治是党的民族政策的源头，我们的民族政策都是由此而来、依此而存。这个源头变了，根基就动摇了，在民族理论、民族政策、民族关系等问题上就会产生多米诺效应。"② 这也是中国从苏联解体、南斯拉夫内战、形形色色的"颜色革命"中得出的结论。

二

对中国解决民族问题的制度设计和政策实践，在国内外的确存在着不同的认识和评价。尤其是2008年西藏拉萨"3·14"事件和接踵而至的2009年新疆乌鲁木齐"7·5"事件发生后，对中国民族问题的关注成为国内外社会舆论的"热点"。2008年是中国为世界举办"奥运会"履行责任的年份，也是中国通过"百年奥运"的梦想振奋民族精神、提升国际声望的一件盛事。在这种情况下出现了拉萨

---

① 习近平：《在庆祝全国人民代表大会成立60周年大会上的讲话》，《人民日报》2014年9月5日。
② 参见拙文《民族区域自治：中央民族工作会议讲了什么》，《中央民族大学学报》2015年第2期。

"3·14"事件并波及其他省的藏区,同时奥运火炬在西方国家传递中遭遇了种种暴力恶行,以及在奥运会期间西方所谓"援藏人士"在北京街头上演的幕幕丑剧,都严重伤害了中国的国家形象,深深刺痛了中国人的内心。对此,美国学者威廉·恩道尔说:"西藏'深红色'革命的幕后操纵者承认,华盛顿一直在筹划另外一场臭名昭著的颜色革命,这次煽动民众抗议的目的是,最大限度地使北京难堪。"[①] 如果说的确存在这种"难堪",就是这一事件的确对中国的民族关系产生了恶劣影响,对中国民族政策实践的成效也造成了疑虑、负面的舆论。

对中国普通民众来说,至少从媒体中能够不断获得中央扶持西藏发展、全国援助西藏建设,以及西藏经济社会发展迅速变化等信息,故而对发生如此暴烈的事件难以理解。而时隔一年后的乌鲁木齐"7·5"事件,则以更加血腥暴力的场景展现在国人面前,脍炙人口的"新疆是个好地方"的歌声,一时间成为了"历史回声"。中国的民族关系怎么了?中国解决民族问题的政策出了什么问题?这使时过境迁的苏联解体效应,再度成为人们重新比较和审视中国的参照物。中国的民族区域自治制度是"苏联模式",民族区域自治是"区隔"民族关系的"大拼盘",民族政策的优惠性"强化了民族意识"、培植了"民族分离意识"等评价,不胫而走。进而延伸到对一些具体政策的质疑,诸如计划生育政策中对少数民族的照顾,少数民族学生高考加分和就业保障等政策。由此引起一场以学术界为主的中国民族政策论辩,见诸国内外报刊、网络,产生了很大影响,甚至国外学者也参

---

① [美]威廉·恩道尔:《霸权背后:美国全方位主导战略》,第83页。

与到讨论之中。[①] 如何评价中国解决民族问题的理论、政策和实践，一度成为关系中国形象，甚至民族政策存废的重要话题。相应地国际舆论中有关中国民族问题的诋毁、非议之声也形成高潮。

改革开放 30 多年来，中国创造了经济社会持续、快速发展的奇迹，这是有目共睹的事实。国际学界、政界和舆论界对此多所论述和评价，其中既有赞扬之声，也有"唱衰"之音，包括"中国威胁论"与"中国崩溃论"的交响。其中无视中国经济社会的发展进步，专注于"人权""民主""宗教信仰""生态环境"等议题，大都涉及中国的"少数民族问题"。认为中国解决民族问题"失败"的舆论四起，危言耸听的判断和预言也接踵而至。其实，这些非议和评判的依据，基本都来自境外达赖集团、"东突"势力等谋求分裂中国、分裂中华民族的政治流亡组织的舆论炒作。而且一些人以乐见其成的心态期待中国发生的问题，诸如拉萨"3·14"乌鲁木齐"7·5"事件之后出现的藏区"自焚"、新疆"暴恐"等极端事件，以此来证明其评判的正确性和预见性。这种心态的根源脱不开"冷战思维"的巢穴，因为有些人总是期盼着苏联解体的所谓"民族主义战胜共产主义"效应能够在中国上演。

苏联解体后的世界，结束了东西方的"冷战"对抗。但是，"冷战思维"并没有随着苏维埃联盟大厦的轰然倒塌而被埋葬。以美国为首的西方世界掀起了"趁热打铁"推动"多米诺骨牌"效应的冲动，

---

① 参见拙文《评"第二代民族政策"的理论与实践误区》，《新疆社会科学》2012 年第 2 期；《美国是中国解决民族问题的榜样吗？——评"第二代民族政策"的"国际经验教训"说》，《世界民族》2012 年第 2 期；《巴西能为中国民族事务提供什么"经验"——再评"第二代民族政策"的"国际经验教训"说》，《西北民族大学学报》2012 年第 4 期；《印度构建国家民族的"经验"不值得中国学习——续评"第二代民族政策"的"国际经验教训"说》，《中南民族大学学报》2012 年第 6 期。

以期通过各种"颜色革命"制造全球性的"第四波民主化浪潮"。中国是最重要的目标之一，中国的民族、宗教问题也是最重要的切入点之一。因此，对流亡在外的达赖喇嘛、热比娅及其所代表的政治势力来说，诋毁中国、"诉说悲情"就成为他们合法栖身外国的"本钱"。他们十分明白，只有迎合西方的意识形态的政治取向，才能得到一些政客、组织、舆论的支持。包括博得西方社会基于对殖民主义时代罪恶的反省，而产生的"同情弱者"的道德怜悯。他们声称中国的民族区域自治是"假自治""政治花瓶"，达赖喇嘛提出所谓"中间道路"的"名副其实自治方案"，热比娅则要求日本人把新疆"买下来"交给她，等等。中国老百姓很难理解为什么西方国家会收留和支持这些人，而且还通过具有象征意义的政治高层会见，来触犯中国的核心利益，伤害中国人民的感情。

西方民主制度中的选票，政治家迎合选民的作秀，拉票的承诺与当选后的不兑现，这都是尽人皆知的西方政治游戏，无须别人去评说，西方人自己就不断在揭露和批判。当然，西方社会也以此为荣，认为这是言论自由价值观的优越性。但是，在一个国家、一个社会，乃至放大到一个国际社会中，如果这种"自由"触犯和伤害了他人的利益，或干预和伤害了他国的利益，包括他国坚守自己的价值观念、文化传统的道路选择，那就不再是"民主"意义上的"自由"了。事实上，无论在西方的人权传统中还是在《世界人权宣言》中，这种"自由"都受到法律规定的限制，"确定此种限制的惟一目的在于保证对旁人的权利和自由给予应有的承认和尊重，并在一个民主的社会中适应道德、公共秩序和普遍福利的正当需要"。[①] 所以，在实践中

[①] 北京大学法学院人权研究中心编：《国际人权文件选编》，北京大学出版社2002年版，第6页。

一旦突破包括种族、民族、宗教关系等社会生活中"应有的承认和尊重",丹麦"漫画事件"、法国《查理周刊》的悲剧就会上演。防止这类极端事件的发生,绝不是欧洲领导人和民众手挽手地走上街头,以"我是查理"的宣示来维护"言论自由"价值观所能解决的。这是《查理周刊》的"言论自由"是否侵犯了他人的宗教信仰权利的问题,而不在于哪一种宗教被"漫画"讥讽、丑化后其信众做出强烈反应,甚至成为极端宗教主义势力制造恐怖活动的"口实"。

应该看到,在涉及中国民族事务方面,西方也在发生变化。正如所谓"西藏问题"的始作俑者英国,在 2008 年 10 月 29 日以外交部的名义发表书面声明:承认西藏是中国的一部分,承认中国对西藏的主权。从 1907 年大英帝国与沙俄签订《西藏协定》,以"宗主权"取代中国对西藏地区的主权,到英国承认中国对西藏的主权,过去了 101 年。虽然姗姗来迟,毕竟其承认了历史的错误。包括当年投靠美国谋求"西藏独立"的嘉乐顿珠(达赖喇嘛的二哥),也在其不再保持沉默的书中,揭示了依靠美国中央情报局培训特工、空投武器、组织叛乱的经历,声称他一生最悔恨的事就是与美国中情局进行合作。从 1956 年嘉乐顿珠向美国输送"自由战士"接受培训,到 2015 年美国总统奥巴马在某个场合以"偶遇"的形式向达赖喇嘛示意,美国介入属于中国内政的西藏事务也经历了近 70 年。回顾这 101 年或 70 年,英国、美国因此而得到了什么?中国因此而失去了什么?这是政治家、智库、学者需要仔细盘算和认真思考的问题。

1982 年,嘉乐顿珠作为达赖喇嘛的代表来北京与中央联系时,习仲勋在接见他时明确表示:"你们还提出要搞什么大藏族自治区,这个根本不现实,也绝对不可能。……我们实行民族区域自治是非常好的,全国各族人民也是一致拥护的。我们在西藏建立了西藏自治区，在四川、云南、青海、甘肃藏族聚居的地方建立了自治州或自治县，真正实行民族区域自治。这就是社会主义制度的优越性。"① 这段话距今也已经过去 30 多年。今天，中国对达赖喇嘛的所谓"名副其实自治方案"的回应，依然是这个态度，没有改变，也不会改变。因为民族区域自治制度的道路选择，尊重中国的历史、符合中国的国情、顺应中国各民族人民的人心。2009 年 9 月，英国议会几大政党的议员代表应邀访问了中国西藏自治区。他们在与中方对话中表达了赞同达赖喇嘛"不谋求独立"和"在中国实行联邦体制"的态度，并且介绍了英国处理北爱尔兰问题的政策，建议中国研究英国寻求"统一和高度自治平衡"的权力下放模式，即苏格兰地方议会模式。其实，推介这一看似成功的"经验"，英国的政治家们真有"想明白了、想对了"的"制度自信"吗？事实最能说明问题。

时隔 4 年，2013 年苏格兰民族党（Scottish National Party）发表了"苏格兰独立公投白皮书"，并于 2014 年举行了独立建国的全民公投。中国不会接受这样的"经验"。达赖喇嘛声称"名副其实自治方案"的参照样本，是苏格兰地方议会，还是西班牙加泰罗尼亚自治区？赞同达赖喇嘛主张的西方人首先要研究清楚自己身边发生的问题，而不是将这种自认为能够达到"统一和高度自治平衡"的模式，以西方民主制度的"优越感"去为他国"出谋划策"，甚至将"民主制度"中付诸行动的独立公投，称之为："这也能为全世界提供一个文明处理分离主义的典范。"② 这种"典范"的指向包括了中国的西

---

① 习仲勋：《接见达赖喇嘛代表谈话要点》，中共中央统战部、中共中央文献研究室《习仲勋论统一战线》，中央文献出版社 2013 年版，第 249 页。
② 吉迪恩·拉赫曼：《让苏格兰公投成为典范》，《金融时报》（FT 中文网），2014 年 2 月 25 日。

藏地区，甚至台湾地区。而在西方国家则是加拿大魁北克的"国中之国"模式。或许，英国会从中接受教训，即便没有国家宪法也设法通过一个维护国家统一、不可分割的全国性法律。西班牙加泰罗尼亚的独立公投受阻，正是由于西班牙宪法中明确规定了西班牙各个地区不可分割的原则，所以国家的宪法法院能够依法阻止加泰罗尼亚的非法公投。这就如同中国宪法中做出的规定一样："各民族自治地方都是中华人民共和国不可分离的部分"。这倒不是说中国有先见之明，而是说明中国的宪法同样立足统一的多民族国家这一"中国特色"。

从这些"国际经验"去观察近些年来中国有关民族政策的争论，那种在所谓"民族问题去政治化"引导下的"取消民族区域自治""取消民族身份"等主张，以及建议效法美国、学习印度、模仿巴西"大熔炉"的"成功经验"，也只能被评价为"就是都要给印度和美国的民族政策唱赞歌"[①]。因为这些盲目推介的所谓"成功经验"根本不符合事实。包括用20世纪70年代在美国流行开来的"族群"（ethnic group）概念，来置换中国56个民族（nationalties）的概念，使中国话语中国家认定"民族"的政治特征"文化化"，从而遏制民族分裂主义的建议，看似以最简单的"逻辑"解决了最复杂的问题，但只能是闭门造车、误导民众的想象。如果这一"概念"变化，就能够化解当今世界民族问题的紧张态势，那么加拿大将魁北克人、西班牙将加泰罗尼亚人、英国将苏格兰人改称为"族群"（ethnic group），是不是就可以消弭独立公投、国家分裂的隐患了？然而，这些流行"族群"话语的国家并没有服用这副"灵丹妙药"，甚至向相反的方

---

① 沙伯力：《中国民族政策能否采用美国或印度模式》，林紫薇、张俊一译，张海洋校，《中央民族大学学报》2014年第4期。

向做出了政治选择。① 问题在于，以简单到"美国没有民族区域自治、没有身份证，所以没有民族分裂"的"推理"，的确容易使人们对费解的问题产生不切实际的幻想。这也正是2014年中央民族工作会议，对妄议民族区域自治制度给予回应的原因。

习近平指出："有人认为这个制度是苏联模式，现在国内有人这样说，当年苏东剧变后西方也有人这样说。这种说法不符合事实，是张冠李戴。"他认为在这项制度的安排方面，"老一辈领导人想得是很深很远的"。因此，"有人说，民族区域自治制度不要搞了，民族自治区可以同其他省市实行一样的体制。这种看法是不对的，在政治上是有害的。我再次明确说一遍，取消民族区域自治制度这种说法可以休矣"②。这就是中国对自己解决民族问题的制度设计和实践成效的自信，这一点不会因国内外一些人为中国民族问题"把脉"的"药方"而动摇或改变。因为这一制度，属于中国"坚持独立自主，就要坚定不移走中国特色社会主义道路，既不走封闭僵化的老路，也不走改旗易帜的邪路"范畴，中国"要虚心学习借鉴人类社会创造的一切文明成果，但我们不能数典忘祖，不能照抄照搬别国的发展模式，也绝不会接受任何外国颐指气使的说教。"③ 无疑，这些批评是严厉的，足见解决民族问题的道路问题对中国之重要。

---

① 2006年11月27日加拿大国会通过了总理哈珀的"魁北克人是统一的加拿大中的一个民族（Québécois form a nation within a united Canada）"的动议。西班牙加泰罗尼亚人、英国苏格兰人等，国家赋予的民族身份是nationality、national minority，而其独立公投的目标则是为了拥有独立建国的民族（nation）身份。

② 参见拙文《民族区域自治：中央民族工作会议讲了什么》，《中央民族大学学报》2015年第2期。

③ 习近平：《坚持和运用好毛泽东思想活的灵魂》，《习近平谈治国理政》，第30页。

三

坚持和完善民族区域自治制度，是中国一贯强调的基本原则。坚持就是不动摇，因为"实践证明，民族区域自治制度符合我国国情，在维护国家统一、领土完整，在加强民族平等团结、促进民族地区发展、增强中华民族凝聚力等方面都起了重要作用"。[①] 完善就是要为充分发挥这项制度的优越性，不断创造条件，不断使制度设计的理念、法律规定的原则得到实现。对中国来说，国家的根本政治制度、基本政治制度都是在建设和完善的过程之中，中国所处的社会发展阶段、综合国力水平还不足以支撑先进的制度设计应有的优越性，制度设计与实现程度之间存在差距的现象很普遍。不仅中国是如此，其他国家也是一样，包括西方国家发达国家也是如此。中国特色社会主义制度的设计，是"想明白了"的产物；中国特色社会主义制度的实践成效，是"想对了"的证明。这是中国制度自信所依托的"理想与现实"基础，也是"坚定不移朝着目标前进"的动力。因此，观察中国事务，理解中国道路，不是囿于或纠结于中国"说了什么"，而是要看到中国为"说了什么"已经"做了什么"、正在继续"做着什么"。这也是中国观察世界、理解他国的基本视点。

在美国的现代历史上，关涉种族关系的著名讼案是1954年的"布朗案"。这一讼案的胜诉，使一名小女孩在警察护送下成为第一个进入白人公立学校的黑人。这一讼案也因此被称为"在美国历史上是

[①] 参见拙文《民族区域自治：中央民族工作会议讲了什么》，《中央民族大学学报》2015年第2期。

一个不容置疑的分水岭",[①]它撕开了种族隔离藩篱的第一道缝隙。从此,美国的法律"不再允许政府阻止少数民族成员就读于白人学校"。美国黑人争取平等权利的民权运动也因此拉开了序幕。所以,在美国种族关系研究领域,学术界普遍认为1954年的"布朗案",体现了美国的司法公正,虽然"种族、性别和民族方面的歧视并未从美国人生活中根除,但不再得到法律的实质性支持"[②]。然而,时隔60年,在2014年美国"弗格森事件"引起的又一桩"布朗案"判决后,激起的民众抗议和社会舆论却再度指向了美国司法不公的种族歧视问题。而且这并非偶然的例证,实现种族平等的司法公正并非易事,解决复杂的问题需要一个长期的过程。这就如同美国宪法赋予了公民拥有枪支的权利,但是却没有办法遏制持续不断发生的"校园枪击案"等恶性事件。对此,美国社会管控枪支的争议仍在继续,不过奥巴马已经意识到:一个制度的好坏,要看我们如何不断地对之进行完善。而这一点,正是中国在国家治理体系和治理能力现代化建设中不断推进的实践。

中国是一个统一的多民族国家,民族关系是中国社会关系中长期存在且十分复杂的一个领域,存在旧问题,面临新问题,也会有将来的问题。对此,中国既不回避,也无须掩饰。2014年,中央民族工作会议专门指出了在看待和处理民族问题方面的错误表现,如一些人存在"把多民族当作'包袱',把民族问题当作'麻烦',把少数民族当作'外人'"的心理,表现出"把某个民族区域自治地方局部出

[①] [英] J. R. 波尔:《美国平等的历程》,张聚国译,商务印书馆2007年版,第303页。

[②] [美] 托马斯·帕特森:《美国政治文化》,顾肃、吕建高译,东方出版社2007年版,第154、186页。

事同这个民族区域自治地方整体捆绑在一起""把某一少数民族中极少数人闹事同这个民族全体捆绑在一起""把发生在少数民族人员身上的事同实践已经证明并长期行之有效的民族政策捆绑在一起"的错误认识和歧视行为。[1] 这都属于毛泽东早年严肃批评过的"尚未学好中央的民族政策的问题",其中也包括以简化和激进方式处理民族关系的胡乱作为。将这类问题算在中国民族政策的"头上",不仅是张冠李戴,而且是指鹿为马。将这类现象作为认识中国的民族政策、评价民族关系的依据,只能陷入理解中国的误区。而且,这种错误言行只能为境外的"三股势力"及其支持者提供诋毁中国民族政策的口实。

在中国解决民族问题的实践中,国际性的因素仍将长期存在,中国与达赖集团、"东突"组织等"三股势力"的斗争,与一些西方势力利用民族、宗教等问题干预中国内政的较量,还会旷日持久。但是,这毕竟是外因。在中国的思想方法中,外因是变化的条件,内应是变化的依据,外因只能通过内因起作用。来自外部的消极影响,是客观存在,而且随着传播手段的多样化、便捷性,其传播能力和影响力显著增强。这对中国抵御外来思想渗透的确构成了新的挑战。但是,片面强调外部因素,甚至夸大外部因素的影响,必然导致掩盖内部问题的后果。因此,中国始终坚持把自己的事情办好的基本原则。在民族事务方面,就是牢牢把握"各民族共同团结奋斗、共同繁荣发展"的主题。因为这一主题所指向和要解决的问题,正是中国社会基本矛盾在民族问题领域的集中体现,即少数民族及其聚居地区迫切的发展愿望与自我发展能力不足的矛盾。中国"缩小差距"的种种努

---

[1] 参见拙文《民族区域自治:中央民族工作会议讲了什么》,《中央民族大学学报》2015年第2期。

力，都是为了加快少数民族及其聚居地区各民族人民经济发展、社会进步、生活改善，提升少数民族及其聚居地区的自我发展能力，实现各民族人民共同富裕。

在未来5年全面建成小康社会的进程中，全国民族区域自治地方的经济社会等各项事业，都将发生更加显著的发展和变化，这一点完全可以预期。在这一过程中，消除贫困、提升教育、扩大就业、改善生活、保护生态、发展文化，都是少数民族及其聚居地区所面对的紧迫任务。而且，这些问题伴随着少数民族人口的全国性流动和城镇化进程，而变得更加复杂、多样和在非聚居的城市环境中体现出来。随着经济社会的发展，民族区域自治地方产业结构的变化和调整，少数民族人口从农村和牧区向城镇、从西部地区向内地和东部的流动，规模在扩大，速度在加快。全国范围各民族的"大散居"格局，发生着持续扩大的变化，少数民族流动人口达到2000多万，其中流向东南沿海地区的现象十分显著。浙江省121.5万少数民族中，96.1万来自外省区；广东省320万少数民族中，250万来自外地。全国少数民族人口的城镇化率从2000年的23.36%，提高到了2010年的32.84%。[1]这是一个方兴未艾的过程。

城镇化是各民族人口流动和融散的社会生活场域。各民族，特别是少数民族从群体聚居到个体融散的流动过程，展现了民族关系在全国范围社会化、民间性的发展趋势，同时，城市管理、民族之间在相互适应方面，也会出现一系列新的问题。城市管理和服务，如何为经商、打工、就学、创业和生活的少数民族人员提供帮助，包括满足一些少数民族在宗教信仰、文化习俗等方面的特殊需要；城市生活环

---

[1] 参见国家民族事务委员会编《中央民族工作会议精神学习辅导读本》，第201、202页。

境，怎样为民族团结创造尊重差异、包容多样的社会氛围，以及有效化解在双向适应过程中产生的摩擦和矛盾；尤其是防止包括发达国家在内的许多国家，在高度城市化过程中普遍出现的问题，如种族、族裔群体之间的"社区隔离"居住，或者在城市经济社会生活中处于"边缘化"等问题。承载着不同语言、文化、宗教信仰和风俗习惯的少数民族，在"离乡离土"的城镇化流动中，如何适应城市的社会环境，城市怎样接纳和留住少数民族，这是当代中国民族事务高度关注和着力解决的重要问题。

中国各民族之间的经济交往、文化交流、生活交融，已经进入了一个范围不断扩大、接触日益密切的时期，中国的民族政策实践也已经进入了一个涉及社会各个领域的事务。可以说，中国的民族政策体系相当完备，而且民族政策的基本原则以条法的形式体现于民族区域自治法之中。该项法律是国家基本法律，它规范和保障的民族区域自治制度是国家的基本政治制度，体现着国家统一意志与民族区域自治政策相结合的特征。维护这一制度、落实这一法律，是举国的责任，而非局限于民族事务机构和民族自治地方。因此，习近平强调的民族工作涉及方方面面、方方面面都有民族工作，展开了国家民族事务的新视野。学习、理解和贯彻民族区域自治法，掌握和执行民族政策，是全面依法治国、全面正确贯彻落实民族政策的必然要求。在实践中出现的很多问题，并不是没有政策，而是"不知道""不熟悉""未学好"或"不会用"的问题。不论在少数民族聚居的自治地方，还是多民族杂散居的地区，特别是各民族融散居住的城镇化环境，贯彻落实民族政策是国家治理体系和治理能力现代化的重要内容。在执行中慎重稳进地完善民族政策、精耕细作地创新管理方式，是解决好民族问题"内因"、更有效地抵御"外因"的必由之路。

四

中国解决民族问题的道路及其实践，无疑是国际社会"中国形象"的一个重要面向。因为中国是一个统一的多民族国家，这个特点无法改变。而且，关注少数民族的平等权益，又是国际社会普遍且重要的人权视点之一，因为这个国际社会是一个"民族大千世界"。但是，在西方的一些舆论中，对中国解决民族问题的关注，往往不是去看中国做了什么、解决了什么，而是关心发生了什么"事件"。中国是13多亿人口的大国，55个少数民族的人口也超过1个多亿，那些发生的"事件"及其所涉及的人，究竟在这些"数字"中占什么样的比重？有多少人在脱贫致富，有多少人在上学就业，有多少人在就医养老，这些关系中国各民族人民福祉的"大事件"为什么不是"中国形象"的主色？这的确是令人费解的奇怪现象。所谓"有色眼镜"之说也因此而起。

如前所述，中国解决民族问题的进程，包括解决所有社会问题的进程，不可能超越中国社会的发展阶段。所以，既不能用北京、上海这类已经步入中等发达现代化行列的地区来评价中国，也不能用主要集中于西部的14个集中连片贫困地区来判断中国。同样，在看待中国民族关系方面也是如此，不能用发生在西藏自治区或其他省的藏族聚居区出现的问题，以及新疆自治区出现的问题，去评判汉族与少数民族的关系、中国各民族的关系。中国倡导的民族团结进步事业，无论在国家层面还是省、直辖市、自治区，直到地区、市、县和乡镇，表彰和树立的民族团结模范人物，来自各民族人民之中，代表了中国基层社会、民间生活中的民族关系和谐程度，反映了民间社会的人心所向。不过，像这类中国内政之属的事务，在国际社会的舆论中，除了中国媒体的报道几乎没有引起其他反应。可是，这恰恰是中国解决民族问题的政策实现程度最重要的标志。做好中国的民族工作，需要精耕细作。观察中国的民族关系，也需要见微知著。很多人们习以为常的社会现象，事实上都在反映中国各民族之间相互认同、共筑中华文化认同的进程。

随着经济社会的发展，中国少数民族在摆脱贫困、走向富裕、融入更大社会空间的进程中，发展的自信、文化的自尊也不断加强。特别是随着文化产业、文化—生态旅游业、特色产品、特色餐饮业等的发展，呈现了从民族性特点到地方化特色的发展过程，在全国范围产生着日益广泛的影响。这就如同由西北地区回族、撒拉族经营的牛肉拉面，在全国范围的名声是"兰州拉面"（2万家）、"青海拉面"（3万家）一样，而且已经发展到新加坡、马来西亚等国，形成了民族的—地方的—中国的—世界的渐次放大效应。这些极其微小又不胜枚举的"民间琐事"，事实上却反映了中国多民族整合进程中的认同因素。认同不是表态，是在日常生活中各民族人民和睦相处的交往、和衷共济的交流、和谐发展的交融形成的自觉。中华文化的认同也只能在民间社会的这种自觉的积累中，经历从民族文化认同、地方文化认同到中华文化认同的升华的过程。从这个意义上说，中国在实现国民整合、中华民族大团结的共有精神家园进程中，同样是"一个民族也不能少"。这不仅在于少数民族文化为中华文化增添了斑斓色彩，而且在于少数民族文化的精神价值是中华民族优秀品质的组成部分。

中国的民族事务是国家内政，不容干预。但是，对外宣传和介绍中国的民族政策及其成就，又是国际社会全面准确认识中国不可或缺的重要部分。从 1991 年中国政府发布第一部白皮书开始，白皮书成为中国政府宣示国家外交内政的大政方针、介绍社会各领域发展成就的重要载体。其中涉及人权、文化、生态环境、少数民族事务、宗教事务的白皮书不在少数，包括以西藏、新疆为主题的多种白皮书。相应地中国也在不断在国际交往中，拓展民间公共外交，"走出去、请进来"，对外译介中国的文化经典、学术著作，等等。也都包括了少数民族、少数民族文化、少数民族发展进步的内容。通常，中国的这些做法往往被揶揄为"宣传"。可是，哪一个国家的对外政策中不包括"宣传"，哪一家国际性的传媒不是为了"宣传"。世界上对外"宣传"能力最强大的国家是美国，但是美国的对外"宣传"是为了让世界追随和效法美国，并且为道路不同的国家制造一个负面形象。对中国来说，对外宣传是为了让世界了解和理解中国，是把中国作为世界的一员去说明一个道理："世界上有 200 多个国家和地区，2500 多个民族和多种宗教。如果只有一种生活方式，只有一种语言，只有一种音乐，只有一种服饰，那是不可想象的。"[①] 中国领导人对世界的这种认识，也源自对中国多民族、多宗教、多语言、多文化关系的深刻理解。

  国际社会要不要理解中国？这的确是中国关心的一个问题。中国改革开放的重要特征之一就是融入国际社会，为"地球村"这个国际"大家庭"的和平发展、互利互惠、合作共赢贡献一分力量。在这方面，中国解决内政的一些政策理念和成效，也会延伸到对外关系之中，所谓"外交是内政的延伸"即是这个道理。中国解决民族问题的基本理念——缩小差距、尊重差异，中国民族政策倡导和保障的民族

[①] 习近平：《文明因交流而多彩，文明因互鉴而丰富》，《习近平谈治国理政》，第 262 页。

关系——平等、团结、互助、和谐，与对外关系中提出的许多主张和基本原则，在精神内涵上是一致的。尊重他国社会制度和发展道路选择基础上的"和平合作、开放包容、互学互鉴、互利共赢"，"求同存异、兼容并蓄、和平共处、共生共荣"，使各国人民"相逢相知、互信互敬，共享和谐、安宁、富裕的生活"，等等。中国的民族、宗教政策的国内实践，包括坚决反对针对特定民族和相关宗教的"捆绑"性错误认识和歧视行为；在对外关系中，"中国将继续毫不动摇支持阿拉伯国家维护民族文化传统，反对一切针对特定民族和宗教的歧视和偏见。我们应该一道努力，倡导文明宽容，防止极端势力和思想在不同文明之间制造断层线。"① 因此，认识到中国内政和外交理念的统一，不仅有助于理解中国的内政，也有益于理解中国的外交。

"世界上没有两片完全相同的树叶。"② 对中国这个多民族的人口大国而言，彻底摆脱贫困、实现各民族人民的共同发展、共同富裕，是一项极其艰巨的任务。中国特色社会主义的道路正在继续开拓前行，中国解决民族问题的进程也在不断推进。中国强调历史文化的独特性，强调中国道路的特色，不是为了自外于国际社会的孤芳自赏，也不是为了"独树一帜"地与众不同，而是为了向世界传达"和而不同"的相处之道。中国解决民族问题的道路及其政策实践，虽然具有指向少数民族、民族区域自治地方的明显特征，但是目标则是构建中华民族命运共同体，实现中华民族伟大复兴的中国梦。在多样中维护统一，在差异中实现和谐，这本身就是一条艰难的道路。中国将义无反顾地在这条道路上"逢山开路""遇水搭桥"地前行。

---

① 习近平：《弘扬丝路精神、深化中阿合作》，《习近平谈治国理政》，第 315 页。
② 习近平：《青年要自觉践行社会主义核心价值观》，《习近平谈治国理政》，第 171 页。

五

  中国特色解决民族问题的正确道路，是建设中国特色社会主义的有机组成部分。这条道路的开拓前进，只有在毫不动摇地坚持中国共产党的领导、坚持中国特色社会主义方向、凝聚中华民族大团结的坚定意志下，才能克服和解决那些"躲不开""绕不过"的困难和问题。现阶段，少数民族及其聚居地区经济社会发展差距问题，不仅是中国解决民族问题的关键因素，而且关系到全面建成小康社的大局。中国按照既定的"两个百年"目标，2020 年将全面建成小康社会，这对中国 960 万平方公里土地上的 56 个民族、13 多亿人口来说，将是实现中华民族伟大复兴最重要的节点，也将是实现中华人民共和国建国 100 年的第二个"百年"目标的最坚实的起点。因此，全面布局未来 5 年的发展战略成为中国"十三五规划"的中心任务。

  2015 年 10 月召开的中共十八大五中全会，通过了《中共中央关于制定国民经济和社会发展第十三个五年规划的建议》（下简称"建议"）。在这份"建议"中，"坚持人民主体地位"列为实施"十三五规划"的首要原则。即"把增进人民福祉、促进人的全面发展作为发展的出发点和落脚点。"立足这一"出发点"和"落脚点"所确立的发展理念，即是"创新、协调、绿色、开放、共享"。这是中国统筹国内外两个大局，稳中求进，破解发展难题，厚植发展优势，对科学发展理念的进一步完善。少数民族及其聚居地区的经济社会发展、各民族人民的发展、人的全面发展，都将在这一关系中国发展全局的深刻变革中取得突破性的进步。

总体而言，少数民族的经济社会生活中，传统因素的成分仍比较显著，山地农业、干旱农业、草原畜牧业等都需要在转型升级的创新发展中，获得科技、制度、政策和市场创新发展的支持。包括少数民族特色、优势产品，以及旅游业、文化产业，都需要通过创新而获得更广泛的发展空间。同时，民族区域自治地方大都与其他地区存在着经济社会发展不平衡的问题，无论是破解"胡焕庸线"的大格局，还是深入推进西部大开发战略，区域、城乡（含牧区）和民族之间的发展差距问题，都对协调发展提出了更加紧迫的任务。特别是西部少数民族聚居地区及其具有的水系源头、生态屏障、生物多样等区位特点，使如何在加快经济社会发展中保护和建设生态安全，成为绿色发展要求的重点。随着中国"一带一路"建设的全方位开放发展，边疆少数民族地区在对内、对外联通中，正在形成双向开放的发展新态势。"国之交"的"亲诚惠容"理念与"民相亲"的"民心相通"实践，都对加快提升边疆地区的自我发展能力（硬实力和软实力）提出了新要求。这些发展理念的所要实现的目标，即是"人人参与、人人尽力、人人享有"的共享发展。这是"坚持人民主体地位"谋发展的核心。

对中国这个统一的多民族国家来说，"共享发展"就是"各民族共同团结奋斗、共同繁荣发展"。在共享改革开放的成就，共享全面建成小康社会的福祉，共享中华民族伟大复兴的中国梦方面，中华民族大家庭的成员"一个民族也不能少"，而且各个家庭成员中"一个人也不能少"。目前，全面建成小康社会最艰巨的任务，是彻底摆脱贫困问题。"建议"明确提出了"十三五规划"期间，农村贫困人口实现脱贫、贫困县全部摘帽、解决区域性整体贫困的任务，其中革命老区、民族地区、边疆地区、集中连片贫困地区作为脱贫攻坚重点。

这是关系7000多万人（三分之一以上是少数民族）摆脱贫困的"大事业"，是没有任何一个国家曾经提出或实践过在5年之内解决如此规模贫困人口的"大事业"。因此，攻克贫困这一世界性的难题，不仅列入了国家的"十三五规划"建议之中，而且"打赢脱贫攻坚战"的号角已经吹响。

2015年11月底，中央扶贫开发工作会议在北京举行。这是根据中共"十三五规划"建议中有关扶贫开发的总要求，在全国范围做出的具体部署。习近平总书记在会议的报告中指出：消除贫困、改善民生、逐步实现共同富裕，是社会主义的本质要求，是我们党的重要使命。中共从执政党使命的高度，全力以赴消除各民族人民中存在的贫困问题，使"全心全意为人民服务"的立党宗旨，与老百姓"不愁吃、不愁穿"和得到义务教育、基本医疗和住房安全的保障紧密联系在一起，体现了中国人权事业、民族团结进步事业、共同繁荣发展事业的新目标。其中，实现贫困地区农民人均可支配收入增长幅度高于全国平均水平、基本公共服务主要领域指标接近全国平均水平的扶贫开发要求，则突出地体现了贫困人口分布地区经济社会总体发展的必然要求。"人人参与、人人尽力"的发展，会使一个家庭、一个村落、一乡一县、一州一地改变贫困落后面貌；家庭、乡村、地区经济的发展和社会进步，将为"人人共享"的"人的全面发展"提供保障。

中国消除贫困的事业并不是新话题，在既往的扶贫开发中的确存在"扶贫"后"返贫"的问题，其中的重要原因之一是扶贫开发措施在因地、因户、因人而异方面落实不够。尤其是在中西部十四个集中连片的贫困地区，扶贫开发不同于一般地区，涉及到自然地理条件、经济生产方式、语言文化特点、教育实现程度、传统生活观念等诸多复杂因素，需要精耕细作地实施扶贫政策。根据"建议"的要求,中央扶贫工作会议提出了分类实施扶贫开发的"五个一批"工程。① 这是落实到户、落实到人的"精准扶贫",目的是实现"精准脱贫"。因此,"精准"的要求既要解决"扶持谁"的对象问题,也要解决"怎样扶"的措施问题,党和国家、乃至全社会的力量则承担了"谁来扶"的责任。关键是脱贫与否的效果,不是地方政府或扶贫部门的统计数据所决定,而需要与贫困家庭一起进行比较与衡量。

在中央扶贫开发工作会议上,有6个省、区的负责人进行了大会汇报,其中广西、贵州、西藏、甘肃和新疆都是少数民族贫困人口集中的地区。同时,会议期间中西部22个省区市的负责人与中央政府签署了脱贫攻坚责任书。这都表明,在实施"十三五规划"中,西部地区、特别是少数民族聚居地区肩负着扶贫开发攻坚战的主战场的重大责任。这一责任,也将在深入推进西部大开发、"十三五"期间的"少数民族事业"、"兴边富民行动"和"扶持人口较少民族"的规划中得以体现。中国特色解决民族问题的正确道路,将在未来5年全面建成小康社的进程中,秉持"创新、协调、绿色、开放、共享"的发展理念,在理论创新、制度完善、法律完备和政策效应等方面取得新发展。彻底摆脱贫困的各民族人民,也将在"人人参与、人人尽力、人人享有"的发展中,共建中华民族大家庭的物质田园和精神家园,共享"人民主体地位"的"人的全面发展"的中国尊严。

---

① 即:一是发展生产脱贫一批,引导和支持所有有劳动能力的人,立足当地资源,实现就地脱贫;二是易地搬迁脱贫一批,因自然地理等生存条件恶劣,很难实现就地脱贫的贫困人口要实施易地搬迁;三是生态补偿脱贫一批,加大贫困地区生态保护修复力度,增加重点生态功能区转移支付,使有劳动能力的贫困人口就地转为生态保护人员;四是发展教育脱贫一批,国家教育经费要继续向贫困地区倾斜、向基础教育倾斜、向职业教育倾斜,为农村贫困家庭子女提供切实保障;五是社会保障兜底一批,对贫困人口中完全或部分丧失劳动能力的人,由社会保障来承担,加大其他形式的社会救助力度。

参考文献

一　古籍文献（年代为序）

《礼记》，阮元校刻《十三经注疏》。

《周礼注疏》卷三十三，阮元校刻《十三经注疏》。

陈澔注：《礼记集说》卷三，《四书五经》中册，天津古籍书店1988年影印本。

（汉）许慎：《说文解字》，中华书局1963年版。

（晋）陆云：《陆士龙集》卷三，《四库全书》。

（唐）皮日休：《皮子文薮》卷一，《四库全书》。

（宋）石介：《徂徕集》卷十，《四库全书》。

（宋）赵汝愚编：《宋名臣奏议》卷一百三十五、一百三十七，《四库全书》。

（宋）陈旸：《乐书》卷一百五十八，《四库全书》。

（明）叶子奇：《草木子》卷三，中华书局1959年版。

（清）王植：《皇极经世书解》卷六，"观物内篇"，《四库全书》。

《圣祖仁皇帝圣训》卷七，《四库全书》。

爱汉者等编，黄时鉴整理：《东西洋考每月统记传》，中华书局1997年版。

二 经典著作（人物为序）

《马克思恩格斯文集》第2卷，人民出版社2009年版。

《列宁专题文集·论资本主义》，人民出版社2009年版。

《列宁全集》第23卷，人民出版社1990年版。

《斯大林选集》（上），人民出版社1979年版。

《毛泽东选集》第一、二、三卷，人民出版社1991年版。

《建国以来毛泽东文稿》第四卷，中央文献出版社1990年版。

中共中央文献研究室、中共西藏自治区委员会、中国藏学研究中心编：《毛泽东西藏工作文选》，中央文献出版社、中国藏学出版社2008年版。

《邓小平文选》第一、三卷，人民出版社1994年版。

国家民族事务委员会政策研究室编：《中国共产党主要领导人论民族问题》，民族出版社1994年版。

《习近平谈治国理政》，外文出版社2014年版。

中共中央统战部、中共中央文献研究室编：《习仲勋论统一战线》，中央文献出版社2013年版。

《乌兰夫文选》上册，中央文献出版社1999年版。

内蒙古乌兰夫研究会编：《乌兰夫论民族工作》，中央文献出版社2013年版。

李维汉：《统一战线问题与民族问题》，人民出版社1981年版。

三　文献汇编（拼音为序）

北京大学法学院人权研究中心编：《国际人权文件选编》，北京大学出版社2002年版。

国家民族事务委员会、中共中央文献研究室编：《新时期民族工作文献选编》，中央文献出版社1990年版。

国家民族事务委员会、中共中央文献研究室编：《民族工作文献选编》（1990—2002），中央文献出版社2002年版。

国家民族事务委员会、中共中央文献研究室编：《民族工作文献选编》（2003—2009），中央文献出版社2010年版。

国家民族事务委员会编：《中央民族工作会议精神学习辅导读本》，民族出版社2015年版。

郭卿友编著：《民国藏事通鉴》，中国藏学出版社2008年版。

《开天辟地的时刻》编委会：《开天辟地的时刻》，中国文史出版社2009年版。

人民出版社地图室编：《百年国耻地图》，"前言"，人民出版社1997年版。

王晨主编：《中国政府西藏白皮书汇编》，人民出版社2010年版。

西藏自治区党史资料征集委员会、西藏军区党史资料征集领导小组编：《平息西藏叛乱》，西藏人民出版社1995年版。

中共中央统战部：《民族问题文献汇编》，中共中央党校出版社1991年版。

中共中央文献研究室、中共新疆维吾尔自治区委员会编：《新疆工作文献选编》，中央文献出版社2010年版。

四　中文著作（拼音为序）

白桂梅：《国际法上的自决》，中国华侨出版社 1999 年版。

陈佳宏：《海外台独运动史》，台北，前卫出版社 1998 年版。

茨仁夏加：《龙在雪域——1947 年后的西藏》，谢惟敏译，台北左岸文化出版社 2011 年版。

邓九刚：《茶叶之路》，内蒙古人民出版社 2000 年版。

德勒格编著：《内蒙古喇嘛教史》，内蒙古人民出版社 1998 年版。

《达赖喇嘛自传》，康鼎译，台湾联经出版事业股份有限公司 1990 年版。

顾长生：《传教士与近代中国》，上海人民出版社 2004 年版。

葛剑雄主编、葛剑雄：《中国移民史》第一卷，福建人民出版社 1997 年版。

葛剑雄主编、吴松弟：《中国移民史》第四卷，福建人民出版社 1997 年版。

冯天谕：《"千岁丸"上海行——日本人一八六二年的中国观察》，商务印书馆 2001 年版。

郝维民、齐木德道尔吉总主编，金海、赛航主编：《内蒙古通史》第六卷，民国时期的内蒙古（二），人民出版社 2011 年版。

郝时远、杜世伟编：《列国志·蒙古》，社会科学文献出版社 2007 年版。

郝时远、陈建樾主编：《台湾民族问题：从"番"到"原住民"》，社会科学文献出版社 2012 年版。

胡绳：《从鸦片战争到五四运动》上、下册，人民出版社 1981 年版。

黄玉生等编著：《西藏地方与中央政府关系史》，西藏人民出版社1995年版。

黄光学主编：《当代中国的民族工作》（上、下），当代中国出版社1993年版。

黄光学、施联朱主编：《中国的民族识别——56个民族的来历》，民族出版社2005年版。

姜念东等：《伪满洲国史》，吉林人民出版社1980年版。

降边嘉措：《周恩来与西藏的和平解放》，社会科学文献出版社2011年版。

金冲及：《二十世纪中国史纲》（下册），社会科学文献出版社2009年版。

厉声主编：《中国新疆：历史与现状》，新疆人民出版社2003年版。

李江琳：《1959：拉萨！——达赖喇嘛如何出走》，台北，联经出版事业股份有限公司2010年版。

梁启超：《饮冰室合集》之十三，中华书局1989年版。

梁俊燕：《英国与中国西藏（1774—1904）》，兰州大学出版社2012年版。

刘晴波主编：《杨度集》，湖南人民出版社1986年版。

刘迎胜：《海路与陆路：中古时代东西交流研究》，北京大学出版社2011年版。

刘学铫：《外蒙古问题》，南天书局2001年版。

刘学铫：《从历史看清西藏问题——揭开达赖真实面貌》，台北致知学术出版社2013年版。

孙云：《"台独"理论与思潮》，九州出版社2007年版。

孙中山：《三民主义》，岳麓书社2000年版。

《孙中山全集》第 2 卷，中华书局 1982 年版。

《孙中山全集》第 5 卷，中华书局 1985 年版。

《孙中山全集》第 7 卷，中华书局 1985 年版。

孙喆：《康乾时期舆图绘制与疆域形成研究》，中国人民大学出版社 2003 年版。

孙宏开、胡增益、黄行主编：《中国的语言》，商务印书馆 2007 年版。

沈志华主编：《中苏关系史纲要》，新华出版社 2007 年版。

沈宗濂、柳陞祺：《西藏与西藏人》，柳晓青译、邓锐龄审校，中国藏学出版社 2014 年版。

王铎：《五十春秋：我做民族工作的经历》，内蒙古人民出版社 2012 年版。

王小彬：《经略西藏——新中国西藏工作 60 年》，人民出版社 2009 年版。

王明珂：《游牧者的抉择：面对汉帝国的北亚游牧部族》，广西师范大学出版社 2008 年版。

王晓秋：《近代中日文化交流史》，中华书局 2000 年版。

吴云贵、周燮藩：《近现代伊斯兰教思潮与运动》，社会科学文献出版社 2000 年版。

萧启庆：《内北国而外中国：蒙元史研究》上册，中华书局 2007 年版。

萧致治、杨卫东编撰：《鸦片战争前中西关系纪事》，湖北人民出版社 1986 年版。

牙含章：《达赖喇嘛传》，人民出版社 1984 年版。

牙含章编著：《班禅额尔德尼传》，西藏人民出版社 1987 年版。

姚大力：《北方民族史十论》，广西师范大学出版社 2007 年版。

郑匡民：《梁启超启蒙思想的东学背景》，上海书店出版社 2003 年版。

张植荣：《美中关系与西藏问题：历史演变与决策分析》，中国文艺出版社 2009 年版。

张星烺编著、朱杰勤校订：《中西交通史料汇编》第一册，中华书局 1977 年版。

邹振环：《晚清西方地理学在中国——以 1815 至 1911 年西方地理学译著的传播为中心》，上海古籍出版社 2000 年版。

章永乐：《旧邦新造：1911—1917》，北京大学出版社 2011 年版。

周泓：《民国新疆社会研究》，新疆大学出版社 2001 年版。

周伟洲主编：《西藏通史·民国卷》上，中国藏学出版社 2015 年版。

中国藏学研究中心主编：《50 年真相——西藏民主改革与达赖的流亡生涯》，人民出版社 2009 年版。

五 中文译著（国别字母为序）

［澳］马克林：《1949 年以来中国在西方的形象》，张勇先、吴迪译，香港中和出版有限公司 2013 年版。

埃尔古恩·查潘编：《伊斯兰与恐怖主义》，黄思恩译，台北，希泉出版社 2006 年版。

［巴基斯坦］里亚兹·穆罕默德·汗：《阿富汗和巴基斯坦——冲突·极端主义·抵制现代性》，曾祥裕、赵超兰、孟雪译，时事出版社 2014 年版。

［加拿大］威尔·金里卡：《少数群体的权利：民族主义、多元文化主义与公民权》，邓红风译，台北，左岸文化出版社 2004 年版。

［加拿大］查尔斯·泰勒：《自我认同的根源：现代认同的形成》，韩震等译，译林出版社 2001 年版。

《柏朗嘉宾蒙古行纪、鲁布鲁克东行纪》，耿昇、何高济译，中华书局 1985 年版。

［法］库朗热：《古代城邦——古希腊罗马祭祀、权利和政制研究》，谭立铸等译，广西师范大学出版社 2006 年版，第 350 页。

［法］伏尔泰：《风俗论》上册，梁守锵译，商务印书馆 1995 年版。

［法］古伯察：《鞑靼西藏旅行记》，耿升译，中国藏学出版社 1991 年版。

［法］埃德加·莫林、安娜·布里吉特·凯恩：《地球 祖国》，马胜利译，生活·读书·新知三联书店。

［法］让·德克拉：《西班牙史》，管震湖译，商务印书馆 2003 年版。

［法］石泰安：《西藏的文明》，耿升译，王尧审校，中国藏学出版社 1999 年版。

［德］贡德·弗兰克：《白银资本——重视经济全球化中的东方》，刘北成译，中央编译出版社 2001 年版。

［德］康拉德·赛茨：《中国——一个世界强国的复兴》，许文敏、李卡宁译，国际文化出版公司 2007 年版。

［意］依波利多·德西迪利：《德西迪利西藏纪行》，杨民译，西藏人民出版社 2004 年版。

［日］杉山正明：《忽必烈的挑战》，周俊宇译，社会科学文献出版社 2013 年版。

［日］依田惠家：《日中两国近代化比较研究》，卞立强等译，《上海远东出版社》，2004 年。

［日］小森阳一：《日本近代国语批判》，陈多友译，吉林人民出版社 2003 年版。

［俄］尼·伊·雷日科夫：《大国悲剧——苏联解体的前因后果》，徐

昌翰等译，新华出版社 2008 年版。

［苏］维戈茨基等编：《外交史》第三卷（上），生活·读书·新知三联书店 1979 年版。

［苏］苏联科学院历史研究所编：《苏联民族—国家建设史》上册，赵长庆等译，商务印书馆 1997 年版。

［苏］苏联科学院历史所编：《苏联民族—国家建设史》下册，徐桂芬等译、黄日焰校，商务印书馆 1997 年版。

［瑞士］米歇尔·泰勒：《发现西藏》，耿昇译，中国藏学出版社 1999 年版。

［英］拉文斯坦：《俄国人在黑龙江》，商务印书馆 1974 年版。

［英］塞缪尔·特纳：《西藏札什伦布寺访问记》，苏发祥、沈桂萍译，西藏人民出版社 2004 年版。

［英］冯克：《近代中国之种族观念》，杨立华译，江苏人民出版社 1994 年版。

［英］J. R. 波尔：《美国平等的历程》，张聚国译，商务印书馆 2007 年版。

［英］埃德蒙·坎德勒：《拉萨真面目》，尹建新、苏平译，西藏人民出版社 1989 年版。

［英］艾瑞克·霍布斯鲍姆：《帝国的年代》（1875—1914），贾士蘅译、钱进校，江苏人民出版社 1999 年版。

［英］艾瑞克·霍布斯鲍姆：《革命的年代》，王章辉等译、钱进校，江苏人民出版社 1999 年版。

［英］迈克·克朗：《文化地理学》，杨淑华、宋慧敏译，南京大学出版社 2005 年版。

［英］汤因比：《历史研究》，曹未风等译，上海人民出版社 1966 年版。

［英］弗朗西丝·伍德（吴芳思）：《马可·波罗到过中国吗?》，洪允息译，新华出版社1997年版。

［英］加文·孟席斯：《1421：中国发现世界》，师研群译，京华出版社2005年版。

［英］迈克尔·曼：《民主的阴暗面：解释种族清洗》，严春松译，中央编译出版社2015年版。

［美］徐中约：《中国近代史：1600—2000，中国的奋斗》，计秋枫、朱庆葆译，茅家琦、钱乘旦校，世界图书出版公司2008年版。

［美］埃德加·斯诺：《红星照耀的中国》，董乐山译，《斯诺文集》第二卷，新华出版社1984年版。

［美］拉铁摩尔：《中国的亚洲内陆边疆》，唐晓峰译，江苏人民出版社2005年版。

［美］斯塔夫里阿诺斯：《远古以来的人类生命线》，吴象婴等译，中国社会科学出版社1992年版。

［美］斯塔夫里阿诺斯：《全球通史：1500年以前的世界》，吴象婴、梁赤民译，上海社会科学院出版社1988年版。

［美］斯塔夫里阿诺斯：《全球通史：1500年以后的世界》，吴象婴、梁赤民译，上海社会科学院出版社1992年版。

［美］杰克·威泽弗德：《成吉思汗与今日世界之形成》，温海清、姚建根译，重庆出版社2006年版。

［美］戴维·S. 兰德斯：《国富国穷》，门洪华等译，新华出版社2001年版。

［美］伊曼纽尔·沃勒斯坦：《现代世界体系》第一卷，郭方、刘新成、张文刚译，社会科学文献出版社2013年版。

［美］费正清：《伟大的中国革命》（1800—1985年），刘尊棋译，世

界知识出版社 2000 年版。

［美］里亚·格林菲尔德:《民族主义:走向现代的五条道路》,王春华等译、刘北城校,上海三联书店 2010 年版。

［美］芮玛丽:《同治中兴:中国保守主义的最后抵抗(1862—1874)》,房德邻等译、刘北城校,中国社会科学出版社 2002 年版。

［美］保罗·肯尼迪:《大国的兴衰》,梁于华等译,世界知识出版社 1992 年版。

［美］何伟亚:《怀柔远人:马嘎尔尼使华的中英礼仪冲突》,邓常春译,社会科学文献出版社 2002 年版。

［美］费正清编:《剑桥中国晚清史》上、下册,中国社会科学院历史研究所编译室译,中国社会科学出版社 1985 年版。

［美］王国斌:《转变的中国:历史变迁与欧洲经验的局限》,李伯重、连玲玲译,江苏人民出版社 1998 年版。

［美］杜赞奇:《从民族国家拯救历史——民族主义话语与中国现代史研究》,王宪明译,社会科学文献出版社 2003 年版。

［美］本尼迪克特·安德森:《想象的共同体:民族主义的起源与散布》,吴叡人译,上海人民出版社 2003 年版。

［美］兹比格涅夫·布热津斯基:《竞赛方案——进行美苏竞争的地缘战略纲领》,中国对外翻译出版公司 1988 年版。

［美］托马斯·帕特森:《美国政治文化》,顾肃、吕建高译,东方出版社 2007 年版。

［美］约翰·肯尼斯·克瑙斯:《冷战孤儿——美国和西藏为争取生存的抗争》,傅小强、胡仕胜等译,周镜校,印刷本。

［美］威廉·恩道尔:《霸权背后:美国全方位主导战略》,白德宏等译、顾秀林校,知识产权出版社 2009 年版。

[美] 斯蒂芬·平克:《人性中的善良天使:暴力为什么会减少》,安雯译,中信出版集团 2015 年版。

[美] 贾雷德·戴蒙德:《枪炮、病菌与钢铁——人类社会的命运》,谢延光译,上海译文出版社 2000 年版。

[美] 哈罗德·伊萨克:《族群:集体认同的政治变迁》,邓伯宸译,台北,立绪文化事业有限公司 2004 年版。

[美] 拉里 A. 萨默瓦、理查德 E. 波特主编:《文化模式与传播方式——跨文化交流集》,麻争旗等译,北京广播学院出版社 2003 年版。

[美] E. 拉兹洛:《决定命运的选择》,李吟波等译,生活·读书·新知三联书店 1997 年版。

[美] 西雅图酋长:《西雅图酋长谈话》,唐诺译,香港脸谱出版社 2001 年版。

六 文论资料(拼音为序)

白玛朗杰、次仁德吉、王春焕:《论藏传佛教活佛转世制度实施中的中央权威性》,《西藏研究》2015 年第 1 期。

邓卫荣:《论文字理论的发展与民族文字工作实践的调整》,《民族研究》1997 年第 5 期。

丹珠昂奔:《沿着中国特色解决民族问题的道路前进——中央民族工作会议精神学习体会》,《中国民族报》2014 年 11 月 15 日。

顾颉刚:《中华民族是一个》,《益世报》(第四版)1939 年 2 月 13 日。

《关于宁夏成立回族自治区宣传提纲》,《甘肃日报》1957 年 7 月 23 日。

江应樑:《广东瑶人之今昔观》,《民俗》,第一卷,1937 年。

吉迪恩·拉赫曼:《让苏格兰公投成为典范》,《金融时报》(FT 中文网）2014 年 2 月 25 日。

郝时远：《清代台湾原住民赴大陆贺寿朝觐考》，《中国社会科学》2008 年第 1 期。

郝时远：《评"第二代民族政策"的理论与实践误区》，《新疆社会科学》2012 年第 2 期。

郝时远：《美国是中国解决民族问题的榜样吗？——评"第二代民族政策"的"国际经验教训"说》，《世界民族》2012 年第 2 期。

郝时远：《巴西能为中国民族事务提供什么"经验"——再评"第二代民族政策"的"国际经验教训"说》，《西北民族大学学报》2012 年第 4 期。

郝时远：《印度构建国家民族的"经验"不值得中国学习——续评"第二代民族政策"的"国际经验教训"说》，《中南民族大学学报》2012 年第 6 期。

郝时远：《民族区域自治：中央民族工作会议讲了什么》，《中央民族大学学报》2015 年第 2 期。

《留住民族 DNA——聚焦传统村落中的少数民族村寨》，《中国建设报》2014 年 4 月 24 日。

沙伯力：《中国民族政策能否采用美国或印度模式》，林紫薇、张俊一译，张海洋校，《中央民族大学学报》2014 年第 4 期。

习近平：《在庆祝全国人民代表大会成立 60 周年大会上的讲话》，《人民日报》2014 年 9 月 5 日。

肖之兴：《清代的几个新疆》，《历史研究》1979 年第 8 期。

杨文元：《我国历史上第一个县级回民自治政权——豫海县回民自治政府》，《宁夏画报》1996 年第 5 期。

赵朴初：《"金瓶掣签"认定灵童是班禅遗愿》，《中国西藏》，1995

年增刊。

《中国的农村扶贫开发》,《人民日报》2001年10月16日。

张植荣:《美国国会涉华联线体制分析——以西藏问题为中心》,《美国研究》2007年第2期。

《政务院第二零四次政务会议同意绥远省与内蒙古合并的报告》,《人民日报》1954年2月28日。

朱玉福:《中国扶持人口较少民族政策实践程度评价与思考》,《广西民族研究》2011年第4期。

七 网络资料（征引为序）

《我国开展兴边富民行动成效显著》,新华网（http：www.xinhuanet.com),2014年9月23日。

《扶贫调查：直面中国贫困角落》,新华网（http：www.xinhuanet.com),2015年6月22日。

《扶持人口较少民族发展规划（2011—2015）》,中国政府网（http：www.gov.cn),2011年7月1日。

《罗甸县农村党员邓迎香夫妇率领村民12年凿通隧道的故事》,中国网（http：//www.china.com.cn),2014年4月9日。

《对口援藏20年：近6000人进藏工作 累计投入资金260亿元》,新华网（http：www.xinhuanet.com),2014年8月24日。

《国务院办公厅关于支持新疆纺织服装产业发展促进就业的指导意见》,中国政府网（http：www.gov.cn),2015年6月25日。

李佐军、张佑林:《我国西部地区环境保护的难点与对策》,中国经济新闻网（http：www.cet.com.cn),2012年9月11日。

《国务院批转轻工业部、商业部关于加强少数民族特需用品生产和供应工作的报告的通知》（国发【1973】171号），人民网（http：www.people.com.cn），1973年12月2日。

边巴次仁：《西藏双语教育体系基本形成》，新华网（http：www.xinhuanet.com），2015年3月18日。

《国家中长期语言文字事业改革和发展规划纲要（2012—2020）》，中国新闻网（http：www.chinanews.com），2013年1月6日。

《探访西藏唯一的天主教堂》，新华网（http：www.xinhuanet.com），2014年7月22日。

《藏传佛教活佛转世管理办法》，国务院宗教事务局令第5号，国家宗教局网站（http：www.sara.gov.cn），2007年7月18日。

敏俊卿：《新中国穆斯林第一次朝觐的前前后后》，中国民族宗教网（http：www.mzb.com.cn），2009年9月15日。

《新疆"妖娆"课间操一曲柔和维吾尔塔塔尔哈萨克蒙古族舞》，天山网（http：www.ts.cn），2015年8月28日。

《第一批国家级非物质文化遗产名录（少数民族部分）》《第二批国家级非物质文化遗产名录（少数民族部分）》《第三批国家级非物质文化遗产名录（少数民族部分）》，国家民族事务委员会网站（http：www.seac.gov.cn），2014年1月13日。

《中华人民共和国非物质文化遗产法》，中国政府网（http：www.gov.cn），2011年2月25日。

《少数民族特色村寨保护与发展规划纲要（2011—2015年）》，中国政府网（http：www.gov.cn），2012年12月10日。

《中新社云南分社刊登致歉信：失实报道给傈僳族同胞造成了伤害》，云南网（http：www.yunnan.cn），2015年9月26日。

索　引

自决权　3，110，134

联邦制　128，135-139，141-143

民族区域自治　9，15，115，117，120，122，128，131，132，135，136，138-157，161-163，166，172-178，180，184-188，191，192，195，202，206，213-216，237-241，248，266，268，271，272，284，291，300，304，306，308，315-319，321-330，334，336，351

抗日民族统一战线　6，10，11，13，83，112，113，115，137，248，279

民族—国家　11，12，81，91，95，97，99，105，110，119，124，125，127，128，133，135，136，305，315，347

国家—民族　105，107，114，121，126，127，305，306

五族共和　11，70，97，100，101，103，116，136，137

中华民族伟大复兴　14，15，90，127，129，130，239，290，303，304，314，316，317，334-336

五方之民　16-18，22，26，45，46，91，93，94，97，106，

索 引

114－116，118，144，253，316

东夷　17

南蛮　17，22，26，94

北狄　17，21－23，31，247

西戎　17，19，22，23

"四夷"　19，20，22，91，94，246，247，294

"蛮夷戎狄"　246－248

因俗而治　26，30，38，46，78，247，253

大一统　11，17，19，21，23，29，37，44，46，91，97，99，114，248，316

中原王朝　4，23，26，27，29－31，33，39，45，48，50，78，94，183，245－248，260，276

达赖喇嘛　34，35，37－39，64－66，69－71，84，158，160－163，165－170，172，218－221，285，286，289，321－323，342－344

班禅　37，39，54，66，160－163，165，169，171，286，351

金瓶掣签　38，39，285，286，351

和而不同　46，247，316，334

历史基因　16，46，47

西学东渐　50，51，55，95，118

茶马古道　52

藏传佛教　28，34，35，37－39，53，65，279，281，283，285－287，289，290，298，350，353

政教合一　28，40，66，67，157，161，164，166，167，172，220，279，285－287

外蒙古　5，39，51，52，63，64，69－75，78，80，86，87，100，101，343

内蒙古　5，6，8－15，34，39，40，52，75，78，113，115，116，139－141，144－146，151－153，156，184，187，190，191，196，199，213－216，241－243，250，260，266，281，283，299，340，342，344，352

西藏地区　27，38，40，46，51，53－55，58，65－67，69，71－73，80，100，104，144，

157－168，170－172，188，204，217－221，223，225，227，279，285，322，324

宗主权　59，70－72，322

西姆拉会议　5，72，73，157，224

"内藏"　72，224

"外藏"　72，224

"满洲国"　4，5，74，76，77，82，86

"回回国"　5，10，78

西域　27，34，51，57，58，78－80，226，227，237，259

"东突厥斯坦"　78，85，87，176，228，229

"归化族"　82，122

"三区革命"　84

"化内"　91，246，247，250，253，293

"化外"　91，247，250，253，293

"一族一国"　91，99，104－106，112，113，119，125，126，134－136

历史民族　95，97，114，121，135

现代民族　91，92，95－97，135，306

种族—民族主义　68，98，99，103，107，118，248，252，307

"国族"　101，104，107，138

民族主义　68，95，96，98，99，103－108，110，111，124，126，127，133，134，136，138，139，228，229，278，307－310，320，345，349

爱国主义　107，306

"种族革命"　68，99，108

三民主义　68，81，99，103－105，108，111，343

民权运动　117，125，139，252，327

多元文化主义　117，122，124－126，139，345

"平权政策"　117，125

同化　85，104－106，111，124－126，130，134，136，138，247，255，274

民族识别　116，119－122，128，268，343

索 引

宗教信仰　3，4，9，10，84，116，120，144，155，161，164，199，244，245，248，253，254，258，264，276，278－281，283－285，287－291，299，307，311，315，320，322，329，330

风俗习惯　4，10，116，120，144，155，199，244，245，248，253－258，264，280，290，295，299，307，310，311，330

族群　23，119，122，207，234，235，255，263，265，283，291，304，305，324，350

多元一体　91，123，130，187，267，303，304

地区—民族分离主义　126，305

"苏联模式"　127，130，139，176，319

民族自治　14，132，135，141，143，148，149，153，173－175，177，202，203，215，216，226，240，324，325，330

"保留地"　136，153

民族自决　81，109，114，133－138，158

民主改革　147，151，152，157，163－168，170，171，185，255，280，285，307，308，345

"三不两利"　151

"西藏问题"　71，87，158，219，220，229，286，322

"十七条协议"　160，165，167－170

"慎重稳进"　167

"大跃进"　147，167，175，185，186，283

"西部地区"　180，181

共同富裕　130，177，180，187，189，200，214，223，238，245，329，334，337

经济地理　181，192，195

"胡焕庸线"　180－184，191，212，213，239，336

对口支援　177，187，210，215，221－224，231－233，236－238，241，274

西部大开发战略　177，184，191－193，195，196，199，200，205，212，213，215，

227，234，241，243，336

"兴边富民行动" 194，212，338

"扶持人口较少民族发展" 195，212

"最后一公里" 205，206，209，210

扶贫开发 188，206－212，230，233，337，338，352

精准扶贫 209，210，338

"集中连片特殊困难地区" 212

"内蒙古现象" 211，213－216，227

差别化区域政策 212，213，221

青藏高原 216，217，224，225

达赖集团 219，221，228，287，309，320，328

"一黑一白" 227，234

"三股势力" 228－231，234，289，290，328

"新疆问题" 229，289

南疆三地州 206，229，230，232，233

缩小差距 180，213，244，245，304，312，316，328，333

尊重差异 236，244，245，272，310，312，313，316，330，333

包容多样 21，236，272，312，313，330

"丝绸之路经济带" 237，242

"西电东送" 241

"北煤南运" 241

"西气东输" 241，242

"一带一路" 237，242－244，336

民心相通 243，244，336

民族歧视 4，245，248－250，254，309

民族平等 9，83，122，125，129，130，132，135，142，149，152，155，156，162，164，174，178，201，213，221，226，249，250，255，267，308，326

民族团结 78，111，120，137，141，156，159，169，191，193，194，198，216，227，228，230，231，233，237，249，256，260，262，290，

303，307，309，310，312，316，330，331，337

认同　19，20，31，45，93，96，97，123，124，126，231，247，254，265，292，295，298，302－306，309，310，312，313，332，345，350

移风易俗　255－257，280

边销茶　259，263，264，266

"茶马互市"　259，260

"茶叶之路"　52，260

特需用品　261－266，353

民族贸易　260－263

清真食品　264

国家通用语言文字　267，268，272，275

少数民族语言文字　264，271，272，276，299

"双语"教学　272－275

"内地班"　274，275

宗教上层　63，84，279

宗教事务　35，40，279，280，283－285，288，290，333，353

人权保障　221，284

活佛转世　38，39，285－287，350，353

班禅额尔德尼　38，39，71，160，162，285，286，344

朝觐　39，81，288，351，353

少数民族文化　124，177，244，265，266，291，293，296，297，299－302，310，312，332，333

"新疆 style"　293

文化多样性　18，130，254，265，291，293，294，298，315

非物质文化遗产　265，296－299，353

少数民族体育运动　299

少数民族特色村寨　300，301，353

中华文化认同　245，302，303，306，313，332

整合　11，20，92，97，114，116，120，121，124，130，135，267，304－306，309，332

中国特色民族观　306

"急性病"　307

"两种民族主义"　307，309，310

大汉族主义　239，262，307－309

狭隘（地方）民族主义　307，309

"各美其美、美人之美"　310，312

"跨文化敏感"　311，312

"美美与共、天下大同"　312

"共同"　312

中国梦　304，316，334，336

"56个民族"　317

拉萨"3·14"事件　318，319

乌鲁木齐"7·5"事件　318，320

"名副其实自治方案"　321，323

中央民族工作会议　15，132，176－178，191，211，239，243，302，309，310，318，325－329，341，350，351

"布朗案"　326，327

民族事务　9，39，70，120，123，128，142，150，157，173，191，194，196，199，200，202，205，211，239，243，256，262－265，283，284，297，299－302，307，309－312，319，322，328－330，332，333，340，341，351，353

精耕细作　122，264，330，332，337

共有精神家园　245，276，302，309，310，332

乌兰夫　12，14，15，114，141，144，173，340

习仲勋　155，280，322，323，340